ALS MAHARISHI KAM

Die Geschichte von
Maharishi Mahesh Yogis
erster Reise in die
Vereinigten Staaten

von

HELENA OLSON

Hannemann Verlag

Titel des Originals: "Maharishi at 433"
Übersetzung nach der 2. Auflage, Los Angeles 1979,
von Brigitte Kölker
Satz: SaTex Renate Hannemann
Gesamtherstellung: WS-Druckerei, Mainz
Copyright (c) by Helena Olson
Gesamtdeutsche Rechte beim Ralf Hannemann Verlag
Nienburg 1984
ISBN: 3-88716-019-3 (Paperbackausgabe)
ISBN: 3-88716-020-7 (Leinenausgabe)

Geschrieben für die,
DIE IHN LIEBEN

*Meinem Mann Roland gewidmet,
dessen Bescheidenheit, Freundlichkeit,
Weisheit, Großherzigkeit und nie endende
Liebe den Weg zum Meister bereitete.*

Ich möchte den Mitgliedern der Geistigen Erneuerungsbewegung in Los Angeles hiermit meine Liebe und tiefe Wertschätzung ausdrücken. Sie waren die ersten in der westlichen Welt, die Maharishi Mahesh Yogi bei der Verbreitung seiner einfachen Technik der Transzendentalen Meditation unterstützt haben.

INHALTSVERZEICHNIS

Kapitel *Seite*

	Vorwort zur zweiten Auflage	11
	Einleitung	21
1	Es geschah in Hollywood	23
2	Der Einzug...Seide und Sandalen	33
3	Lachen aus der Stille	52
4	Hat jemand den Präsidenten angerufen?	67
5	Zu Hause — in ‚433'	77
6	Ich habe nie einen Teppich gepackt	90
7	Die Familie wächst	105
8	Frieden und Panik	123
9	Von Zehen und Rosen	138
10	Die große Automatik	150
11	Mittsommernächtliche Pläne	158
12	Jai Guru Dev	170
	Anmerkungen	187
	Abschließende Bemerkungen	191
	Nachwort der Autorin	194
Anhang A:	Wissenschaftliche Untersuchungsergebnisse	200
Anhang B:	Drei-Jahres-Plan der Geistigen Erneuerungsbewegung	218
Anhang C:	Niederschrift eines Vortrags von Maharishi Mahesh Yogi an der Universität von Südkalifornien	233
Anhang D:	Wichtigste Erfolge (der Jahre 1956—1978), die das Wachstum der TM-Bewegung in der ganzen Welt verdeutlichen	259

VORWORT ZUR ZWEITEN AUFLAGE
von Theresa Olson

Am 15. August 1959 betrat ich das Studierzimmer, um Maharishi guten Morgen zu wünschen. Zehn Minuten später kam ich mit einem Schatz wieder heraus: meinem ganz persönlichen ‚geheimen Wort der Weisheit'.

Damit begann im Alter von zehn Jahren mein Leben in der TM-Bewegung, und dies wurde durch die Liebe und Weitherzigkeit meiner lieben Eltern möglich gemacht.

Damals kreisten meine Gedanken jedoch mehr um die köstlichen Früchte, die, von den neuen Meditierenden mitgebracht, überall im Haus verführerisch in ihren Körbchen lagen, als um die TM-Bewegung.

Gewöhnlich spielte ich den ganzen Tag über, um dann abends zu den Vorträgen zu gehen, die von einem indischen Yogi gehalten wurden. Obwohl ich nicht ganz verstand, was er über die Verfeinerung des Bewußtseins sagte, über die Möglichkeit, 200% des Lebens zu leben — 100% spirituell und 100% materiell — erfreute ich mich dennoch an jedem seiner Worte. Heute, zwanzig Jahre danach, bin ich in Maharishis weltweitem Bemühen, das Bewußtsein in der Welt zu einem Zustand der Erleuchtung zu erheben, voll integriert.

Ich wuchs buchstäblich mit dieser internationalen Bewegung auf. Als wir in der Schule in Geographie fremde Länder behandelten, holte Maharishi Bewohner dieser Länder nach ‚433', unserem damaligen Heim am Harvard Boulevard in Los Angeles. Lange bevor andere Kinder in meinem Alter sich mit den sozialen Problemen in der Welt auseinandersetzten, lauschte ich tiefgründigen Gedanken über die Fähigkeiten des Bewußtseins und über die Möglichkeit, sie durch die Technik der TM zu erschließen, und ich hörte, welche Veränderungen dadurch im sozialen Bereich zu erwarten waren.

Als Folge davon betrachtete ich all das Gute — die Wende von einer potentiellen globalen Katastrophe zu der Möglichkeit einer weltweiten Erleuchtung hin, die sich in den letzten Jahren in der Gesellschaft abgezeichnet hat — ganz natürlich als ein Ergebnis der wachsenden Anzahl von Meditierenden. Schon damals hat Maharishi diese Entwicklung vorausgesagt, und er hat Recht behalten.

Mein erster Eindruck von Maharishi war: Jemand, der freundlich, natürlich und vollkommen ist; jemand, der sich nicht hinter dem Vorwand versteckte, ein Erwachsener zu sein; jemand, der mein wirkliches ‚Ich' kannte, nicht das ‚Ich', welches handelte, redete und Rollen spielte. Maharishi war damals sehr wirklich für mich, auf eine Weise, die nur Kinder verstehen können. Und dieses ‚Wirklichsein' hat sich nie geändert.

Sein Aussehen mag sich verändert haben, und seine Aufmerksamkeit hat sich vom einzelnen mehr der Gesellschaft zugewandt, aber seine wesentliche, innere Natur — seine Wirklichkeit — ist immer die gleiche geblieben.

Irgendwie ist es meiner Mutter gelungen, diesen, seinen inneren Wesenszug, in ihrem Buch einzufangen.

Bevor Mutter 1975 von uns ging, hat sie den Wunsch geäußert, daß ihr Buch überarbeitet und neu herausgegeben werden sollte. Nun ist es uns möglich geworden, diesen Wunsch zu erfüllen.

In der vorliegenden zweiten Ausgabe haben wir jedoch einige Veränderungen vorgenommen und einige Dinge hinzugefügt.

Als die TM-Bewegung wuchs und sich ausbreitete, wurden neue Begriffe geprägt, um bestimmte Punkte zu veranschaulichen; wir haben diese Begriffe entsprechend abgeändert.

Wir haben den Titel geändert, damit deutlicher wird, wovon das Buch handelt, und in welcher Zeit es spielt.

Wir haben einen Anhang angefügt, um Maharishis Aussagen, die er 1959 über die Technik der TM gemacht hatte, zu bestätigen. Damit der Zauber der ursprünglichen Geschichte erhalten blieb, haben wir alle Anmerkungen an den Schluß gesetzt. Wir meinen, daß diese Anmerkungen zeigen, wie weit sich

Maharishis Voraussagen bewahrheitet haben. Es ist unglaublich, wie viele ehrgeizige Pläne 1959 gemacht worden sind, und wie mühelos sie sich seitdem verwirklicht haben.

Wir möchten verschiedenen Leuten für ihre Hilfe danken, die es uns ermöglicht hat, diese zweite Ausgabe in Druck zu geben: Carol Young für ihre Geschicklichkeit an der Schreibmaschine, den Exekutiv-Gouverneuren des Zeitalters der Erleuchtung in Kalifornien für ihre Ermutigung und Unterstützung bei diesem Projekt, Ellen Wohl und Pat Hirsch für ihre zusätzlichen Anregungen und Peter Warburton, der so liebevoll das rote Tonband entwirrte.

Unser Dank geht auch an Maharishi, der Tina und mir die Weisheit gab, den Wert dieses Buches unserer Mutter im Zeitalter der Erleuchtung zu erkennen, und für seinen Segen, es in dieser Zeit neu herausgeben zu können. (1975 sprach Maharishi zum ersten Mal öffentlich von dem Heraufdämmern einer neuen Zeit, einem Zeitalter der Erleuchtung, in dem eine Wende von Chaos und Negativität in der Gesellschaft zu Harmonie, Frieden und einem ganzheitlichen Wachstum stattfinden würde, hervorgerufen durch die zunehmende Anzahl von Menschen, die diese Qualitäten in sich selbst entwickelten. Es war zum ersten Mal objektiv nachgewiesen worden, daß 1% der Bevölkerung, die das Programm der Transzendentalen Meditation ausübte, genügte, um eine tiefgreifende Wandlung zu mehr Positivität in der Gesellschaft zu bewirken. – Anm. d. Übers.).

Um die vorliegende Geschichte auf den neuesten Stand zu bringen, muß das TM-Sidhi-Programm erwähnt werden, das Maharishi 1977 der Öffentlichkeit zur Verfügung stellte. Es ist der bisher letzte Schritt in Maharishis Programm, der Welt Erleuchtung zu bringen. (Inzwischen (bis 1984) sind weitere Programme entwickelt worden. – Anm. d. Übers.).

Die TM-Sidhis sind ein Programm, durch das unser menschliches Potential voll aktiviert werden kann, was sich in der Fähigkeit zeigt, sogenannte übernatürliche Phänomene hervorzubringen, wie die Fähigkeit zu fliegen, das eigene, innere Körpersystem zu sehen, und eine verfeinerte sinnliche Wahrnehmung zu entwickeln. Die wissenschaftliche Forschung schreibt die erfolgreiche Ausführung dieser Phänomene der Entwicklung einer perfekten Geist-Körper-Koordination zu, die durch die regelmäßige Praxis der TM und des TM-Sidhi-Programms hervorgerufen wird. (Wissenschaftler, die in diesem Bereich Forschung betreiben, haben es ‚die Optimierung der Gehirnfunktion' genannt).

Was ist der Unterschied zwischen der Technik der Transzendentalen Meditation und den TM-Sidhis? Wir wissen, daß wir durch die regelmäßige Ausübung der Transzendentalen Meditation mit einem Zustand reiner, unbegrenzter Bewußtheit vertraut werden, einem Feld aller Möglichkeiten, dem Grundzustand aller Naturgestze. Es ist das Feld eines reinen, unmanifesten Potentials. Mit Hilfe der TM-Sidhis beginnen wir, dieses Potential zu aktivieren. Wir lernen, wie wir von der Ebene reiner, unbegrenzter Bewußtheit aus handeln können. Das Ergebnis ist eine spontane Erfüllung von Wünschen. Wenn der Geist wünscht zu fliegen, reagiert der Körper entsprechend. Jeder Wunsch, der im Einklang mit den Naturgesetzen steht, wird spontan erfüllt, wenn wir in der Lage sind, auf der Ebene reiner, unbegrenzter Bewußtheit zu denken. Tatsächlich ist die Erfüllung von Wünschen für diejenigen, die das TM- und TM-Sidhi-Programm ausüben, eine allgemeine Erfahrung.

Bis heute (1978) haben über 4000 Menschen, Männer und Frauen aus allen Lebensbereichen und aus allen Ländern der Welt, die TM-Sidhis erlernt. Diese ‚fliegenden Gouverneure des Zeitalters der Erleuchtung' sind für ihre Freundlichkeit, ihre geistige Kohärenz und ihre gute Gesundheit bekannt.

Warum hat Maharishi das TM-Sidhi-Programm in dieser Zeit herausgebracht?

140 Länder haben bisher die Wirkungen des Programms der Transzendentalen Meditation auf das Weltbewußtsein anhand einer Verbesserung der Lebensqualität erfahren können. Die Trends der Zeit haben sich gewandelt – von Krawallen, Streiks, Ermordungen und der drohenden Gefahr eines dritten Weltkrieges zu dem Sonnenschein eines Zeitalters der Erleuchtung.

In den letzten zwanzig Jahren sind sich die Menschen in der ganzen Welt ihres inneren Selbstes bewußt geworden, und sie haben die Notwendigkeit erkannt, ihr volles Potential zu entwickeln. Wie viele achten ganz natürlich auf ihre Gesundheit, nehmen bessere Nahrung zu sich, lernen, Ruhe und Aktivität im Gleichgewicht zu halten. Wir erweitern heute die Grenzen unseres Bewußtseins, wir bilden und stärken unseren Geist, wir lernen, unser inneres und äußeres Leben zu integrieren. Wir erwachen zu der Freude, ein Leben in zweihundertprozentiger Fülle zu leben, in vollkommenem Einklang mit den Naturgesetzen.

Warum dann die TM-Sidhis?

Maharishi brachte das TM-Sidhi-Programm hervor, weil wir es verdienten. Bis zu diesem Zeitpunkt hätte man die Sidhis als eine Art Magie betrachtet, als eine Illusion. Ende der 70er Jahre jedoch war das Bewußtsein in der Welt so weit herangereift, daß wir zum ersten Mal die TM-Sidhis als das schätzen konnten, was sie sind: ein Meilenstein auf dem erfolgreichen Weg der Entwicklung höherer Bewußtseinszustände. So konnte Maharishi uns dieses große Geschenk übergeben, durch das der einzelne auf so schnelle und wirksame Weise einen Zustand der Erleuchtung erreichen kann.

Durch diese Weiterentwicklung unseres Bewußtseins sind wir nun in der Lage, die TM-Sidhis ohne jede Anstrengung auf natürliche Weise auszuüben. Und so, wie das Weltbewußtsein zunehmend kohärenter wird, werden wir den großartigen Wert dieses Programms für die Entwicklung höherer Bewußtseinszustände immer besser verstehen und schätzen lernen.

Schon wenige Menschen, die das TM- und TM-Sidhi Programm ausüben — circa 1% der erwachsenen Bevölkerung — genügen, um einen weitreichenden Einfluß auf die ganze Gesellschaft zu erzeugen. Da sie den Grundzustand der Naturgesetze beleben, nehmen Harmonie, Kohärenz und Geordnetheit in ihrem eigenen Bewußtsein automatisch zu. Gleichzeitig strahlen diese evolutionären Impulse auf die Gesellschaft aus, erzeugen kollektive Kohärenz, lösen kollektiven Streß und neutralisieren auf diese Weise die Basis von Konflikten und Gewalt. Die Folge ist eine schnelle, mühelose Transformation der Nationen — von Aufständen und Revolutionen hin zu Harmonie und Frieden. Hierin liegt der große Beitrag des TM-Programms für die Menschheit — eine unbesiegbare Methode, den Frieden in der Welt zu erreichen!

Funktioniert das?

Im Oktober 1978 sandte die Weltregierung des Zeitalters der Erleuchtung (eine unpolitische Organisation, die durch die natürliche Belebung des Grundzustandes der Naturgesetze im Bewußtsein Positivität und ein ganzheitliches Wachstum in der Welt fördert — Anm. d. Übers.) unter Maharishis Leitung Gouverneure des Zeitalters der Erleuchtung in die fünf größten Krisengebiete der Welt mit dem Ziel, den Frieden wiederherzustellen. Sechs Wochen später hatten sich Gewalt und Negativität in den betroffenen Gebieten beruhigt. Berichten zufolge drohte jedoch die Gewalt wieder aufzuflammen, als die Gouverneure des Zeitalters der Erleuchtung begannen, sich allmählich aus diesen Gebieten zurückzuziehen. Die Weltregierung reagierte schnell, indem sie weitere Gouverneure schickte, um Ordnung und Frieden aufrechtzuerhalten, und die Gewalt beruhigte sich aufs neue. Es scheint, als ob die Kohärenz, die in diesen einzelnen Menschen erzeugt wird, tatsächlich eine Auswirkung auf die ganze Gesellschaft hat.

Jetzt plant die Weltregierung, eine große Anzahl der Einwohner dieser Länder in dem TM- und TM-Sidhi-Programm zu unterweisen, um den Bürgern selbst eine Möglichkeit in die Hand zu geben, zukünftige Krisen oder gewaltsame Aufstände im Keim zu ersticken und auf diese Weise einen Beitrag zu dem Aufbau eines dauerhaften Weltfriedens zu leisten.

Um dieses Programm allen Menschen zur Verfügung zu stellen, hat Maharishi Kurse für TM-Meditierende entwickelt, an denen jeder leicht teilnehmen kann. Sie machen viel Freude, sind interessant und passen sich sogar an volle Terminkalender an. Meditierende können in ihrem lokalen TM-Center mehr über diese ‚Bürgerkurse für Fortgeschrittene' erfahren.

Was hat mir das Programm der Transzendentalen Meditation gebracht?

Das Überschreiten der Gedanken und Hineintauchen in unbegrenzte, reine Bewußtheit über so viele Jahre hinweg hat eine tiefe innere Stille in mir geschaffen, die sich selbst unter den widrigsten Umständen als unerschütterlich erwiesen hat. Sie ist wie ein Anker an einem Boot in stürmischer See, der es sicher bewahrt und erhält. Diese innere Stille erlaubt es mir, den ganzen Tag über kohärent zu handeln. Als Resultat davon bin ich flexibler, kann mich den wechselnden Zeiten besser anpassen, während ich innerlich stabil und ruhig bleibe. Meine Gesundheit hat sich verbessert, mein Geist ist klarer und konzentrierter geworden, ich kann andere Menschen mehr wertschätzen.

Ich habe, wie viele andere auch, erfahren, daß sich während der Ausübung des TM- und TM-Sidhi-Programms das Bewußtsein in superfluiden Wellen bewegt, die sich über die geschlossenen Grenzen des Körpers hinaus ausbreiten, über die Grenzen des Hauses, der Umgebung, der Welt und sogar dieser Galaxie, bis es schließlich mit den unbegrenzten, unmanifesten Impulsen der kreativen Intelligenz verschmilzt, die als die Basis der gesamten Schöpfung erkannt werden.

Diese Ausdehnung des Bewußtseins über die gegebenen Grenzen hinaus, bringt ein großartiges Gefühl von Freiheit mit sich, von Erfüllung, und damit verbunden das Gefühl, daß ich alles bin und alles tun kann, was ich wünsche.

Doch wird dieses unbesiegbare Gefühl des Geistes von einer gleichzeitigen Ausdehnung des Herzens begleitet, einer sanften Empfindung unendlicher Liebe für die gesamte Schöpfung, die das eigene Selbst als das Selbst in allen Dingen erkennt.

Und doch sind diese Erfahrungen, die den TM-Meditierenden so allgemein vertraut sind, erst der Beginn der Erforschung des inneren Raumes.

So viel mehr liegt für uns bereit, und mit dem Segen von Maharishi und der Weisheit des alten Veda, zusammen mit den Erkenntnissen der modernen Wissenschaft, wird es bald uns gehören.

Die Geschichte, die unsere Mutter hier erzählt, ist wahr. Ich erinnere mich ganz deutlich, wie ich an jenem frühen Morgen im Mai vor so langer Zeit fragte: „Was in aller Welt ist ein Yogi?", wie sie es auf Seite 36 beschreibt. Als Kind hatte Mutter ein fotographisches Gedächtnis. Später konnte sie, wann immer sie es wollte, jede Situation vollständig und genau zurückrufen. Es ist für uns, die wir dabei waren, interessant, bestimmte Begebenheiten, an die wir uns erinnern, mit Mutters Geschichte zu vergleichen und dann festzustellen, daß sie mit ihrer Erzählung übereinstimmen.

In gewisser Weise ist dieses Buch ihr Geschenk an Euch alle — das Geschenk, jene ersten, vertrauten Tage, in denen Maharishi sich in ‚433' aufhielt, mit Euch zu teilen.

JAI GURU DEV

Pacific Palisades
California
November 1978

„Als wir das zweigeschossige, schindelgedeckte Walmdachhaus sahen, war es Liebe auf den ersten Blick."

EINLEITUNG

Manchmal steht ein Haus viele Jahre an einer Straße und kaum etwas verändert sich mit ihm. Es wechselt vielleicht alle zehn Jahre einmal seinen Besitzer, weil die Kinder einer Familie herangewachsen sind und sich eigene Wohnungen suchen. Ja, manchmal entsteht und vergeht sogar eine Stadt um ein Haus herum. Wenn man jedoch dort geduldig ausharren kann, beginnt der Kreislauf bald aufs neue, und die Güte des Alters vereint sich mit der Vitalität der Jugend. Die Familie, die einen solchen Ort bewohnt, kann sich wirklich glücklich schätzen.

Von 1950 bis 1952 hatten mein Mann Roland und ich nach einem geeigneten Zuhause gesucht. Sein Sonderauftrag bei der Telefongesellschaft, der es notwendig gemacht hatte, in der Vorstadt zu leben, war abgeschlossen. Nun arbeitete er wieder im Büro in der Innenstadt von Los Angeles, und wir waren glücklich, zu den Annehmlichkeiten des Stadtlebens zurückkehren zu können.

Wir hatten uns mit der Haussuche nicht beeilt, da unsere älteste Tochter, Melinda, ihr letztes Jahr in der höheren Schule absolvierte. Danach wurde die Haussuche jedoch ernst.

Als wir das zweistöckige, mit grauen Schindeln gedeckte Haus am Harvard Boulevard sahen, war es Liebe auf den ersten Blick. Nachdem wir das Haus entdeckt hatten, begannen wir am nächsten Tag mit dem Einzug, und bald spielten die jüngeren Kinder Verstecken hinter den großen, alten Bäumen.

Mein Mann, ich selbst, unsere vier Mädchen (vier bis achtzehn Jahre alt), ihre Bekannten und Freunde akzeptierten ‚433', wie wir es bald liebevoll nach seiner Hausnummer nannten, als ein Mitglied der Familie, und im Verlauf der Zeit wurde ‚433' in vielen Städten und fernen Orten bekannt und geliebt.

Roland, das Haus und ich teilten ein Geheimnis. Wir alle begannen unser Leben im gleichen Jahr, 1909. Als 1959 unsere beiden älteren Mädchen heirateten, dachten wir daran, uns allmählich von der Aktivität zurückzuziehen. Hier und da sprachen wir vom Ruhestand, und wir meinten, daß unsere aktiven Tage nun bald vorüber seien. Wir hätten uns kaum gründlicher täuschen können. Aber wie sollten wir damals wissen, daß ein Yogi in Indien gerade dabei war, den Himalaya zu verlassen, um sich nach einigem Reisen unserem Familienkreis in ‚433' anzuschließen.

Wohl niemals zuvor ist ein so erstaunter und verwunderter ‚Osten' auf einen so unwissenden ‚Westen' getroffen, wie Maharishi auf jene Menschen, die von ihm angezogen wurden.

Die amüsanten und manchmal heiklen tagtäglichen Begebenheiten, der Glanz einer bezaubernden Persönlichkeit, und der Wunsch, seine Worte der Weisheit mit anderen zu teilen, sind der Anlaß für dieses Buch.

KAPITEL 1

ES GESCHAH IN HOLLYWOOD

Unsere Kinder unterschieden sich von den Kindern anderer Leute in einem Punkt: Die Kinder anderer Leute brachten streunende Hunde und Katzen mit — unsere brachten Menschen mit nach Hause.

Wie bei allen Dingen hatten natürlich irgendwann einmal die Eltern dafür das Beispiel gegeben, und ich muß mich in diesem Fall schuldig bekennen. Als 1952 unsere Familie mit vier Töchtern in ‚433' (wie wir das alte sechzehn-Zimmer-Haus am Harvard Boulevard zärtlich nannten) einzog, lebten vom ersten Tag an weitere Leute mit im Haus. Als erstes kam ein verwitweter Freund, der niemanden zum Aufpassen für seine zwölfjährige Tochter fand. Wir wollten die beiden aufnehmen, bis sich eine Haushälterin für sie gefunden hätte. Wir hatten uns nicht träumen lassen, daß er bald darauf eine Witwe mit Kind und einem Hund heiraten würde, die alle zu uns kamen, um ‚ein Weilchen' zu bleiben.

Eine ganze Schar von jungen Schauspielern, Tänzern, Studenten, Lehrern, Sängern, und sogar der Ballettmeister von ‚Sadler's Wells' teilten unser Zuhause für einige Tage, Wochen, Monate und in einem Fall sogar für ein Jahr mit uns, bis sie ein eigenes nettes Zuhause gefunden hatten.

Unsere älteste Tochter, Melinda, war verantwortlich für die ‚Theater-Gruppe'. Vor ihrer Heirat hatte sich eine vielversprechende Karriere am Theater für sie abgezeichnet. Dabei war es jedoch geblieben. Mary, unsere zweite Tochter und Absolventin der ‚University of California' in Los Angeles, war verantwortlich für die Studenten. Mein Mann Roland war verantwortlich....für Rechnungen!

1959 hatte Tina, 15 Jahre alt, den oberen Teil des Hauses bezogen und protestierte nun heftig gegen weitere Gäste in unserem Haus. Sie sagte: „Es macht nur Arbeit, Gäste zu haben. Niemand hilft beim Abwasch, vor allem Theresa nicht!"

Mit diesem direkten Angriff auf die zehnjährige Theresa verschwand sie für gewöhnlich mit ihren beiden Siamkatzen Mei-Ling und Su-Ling in ihrem Teil des Hauses.

Theresa, ein freundliches, aber stilles kleines Mädchen, das sich an allen Dingen im Leben erfreute, an Babies, Tieren, älteren und jüngeren Leuten, an Unterhaltung und am Essen, schaffte es immer wieder, sich vor dem Abwasch zu drücken.

Obwohl unsere Gäste eine gewisse Belastung für uns waren, bereicherte jedoch jeder auf seine Weise unser Leben. Wir erhielten Berichte aus erster Hand über zwei oder drei Sekten des Protestantismus (wir selbst waren Katholiken), über Christliche Wissenschaft, die Neugeist-Bewegung, über Spiritualismus, Hypnotismus und über alle Richtungen der Kunst. Die Gespräche in unserer altmodischen Küche waren lebendig und oft hitzig. Und auch ein großer Abwasch war für eine Diskussion kein Hindernis.

Im April 1959 waren wir, sehr zu Tinas Freude, vorübergehend ohne ‚Gesellschaft'. Aber an ständige Diskussionen und Abhandlungen gewöhnt, fühlten Roland und ich uns angeregt, eine Vielzahl von Vorträgen über die unterschiedlichsten Themen zu besuchen, und wir lasen Bücher über Bereiche, von deren Existenz wir nie etwas geahnt hatten.

Es war die Lektüre eines dieser Bücher, die uns zu dem wunderbarsten Erlebnis unseres Lebens führte — der Begegnung mit einem Meister — Maharishi Mahesh Yogi.

Das Buch handelte von Meistern aus dem Fernen Osten. Nachdem ich einen kurzen Blick hineingeworfen hatte, sagte ich zu meinem Mann:

„Das Buch wurde von einem Techniker geschrieben, der nach Indien ging. Er traf Yogis und Heilige, die so wunderbare Dinge vollbrachten, wie z.B. auf dem Wasser zu gehen. Klingt das nicht interessant?"

„Es klingt nicht gerade nach technischer Wissenschaft", sagte mein Mann, der einen akademischen Grad besaß. „Womög-

lich ist alles nur Schwindel."
Aus diesem Grund entschieden wir uns, das Buch nicht zu kaufen.
Wie auch immer, wenige Tage später überraschte mich mein Mann mit genau diesem Buch.
„Jemand gab es mir im Büro. Er meinte, es könnte uns gefallen", sagte er.
Es war ein schmales, kleines Buch und leicht zu lesen.
„Ein Teil davon muß erfunden sein, aber ich denke doch, daß es eine Menge Tatsachen enthält. Auf jeden Fall ist es faszinierend, und ich würde gern mehr über diese Meister und den Osten erfahren."
Ich gab der Familie beim Mittagessen eine kurze Übersicht über den Inhalt. Am nächsten Tag brachte ich weitere Bücher zu dem Thema mit. Ich berichtete der Familie am Mittagstisch:
„Es interessiert euch vielleicht zu erfahren, daß es im Orient Menschen gibt, die nur vom Licht existieren. Wie es scheint, leben sie in bestimmten Gebieten des Himalaya, wo sie gegen drei oder vier Uhr morgens aufstehen und auf eine besondere Weise atmen. Damit sind sie bis zum nächsten Tag völlig versorgt."
„Denk an all den Abwasch, der dadurch erspart bliebe," sagte Tina.
„Und noch besser, wenn jemand hungrig ist, braucht er nur in die Luft zu greifen und ein warmes Mahl daraus hervorzuholen."
Ich konnte meine Familie für ihre Skepsis nicht tadeln. Es war wohl auch beim Erzählen einiges verloren gegangen.
„Ihr solltet die Bücher alle selbst lesen," sagte ich.
Ich las das letzte Buch, das ich mir zu diesem Thema besorgt hatte, am letzten Freitag im April. Am Samstag stand auf der rückwärtigen Seite des Frauenblattes in der Times eine kleine Anzeige mit folgendem Inhalt:

Maharishi Mahesh Yogi
Meister vom Himalaya
Tal der Heiligen, Uttar Kashi
spricht vom 1. — 7. Mai
im Masquers-Club. Tel...

„Stell dir das vor", sagte ich zu meinem Mann, „und das Faszinierende daran ist, daß ein Meister aus dem Osten in Hollywoods Schauspieler-Club spricht. Welch ein Kontrast! Möchtest du hingehen und ihn hören?"
Roland dachte einen Moment lang nach. „Es klingt interessant. Geben wir ihm eine Chance."
So rief ich die Nummer aus der Anzeige an. Eine angenehme männliche Stimme antwortete mir. Ich teilte ihm mit, daß wir gern kommen würden. Er schien erstaunt und ein wenig erleichtert. Da es im Masquers-Club keine großen Vortragssäle gab, fragte ich ihn, ob es nötig sei, frühzeitig zu kommen.
„Ich glaube nicht", sagte er, „bisher sind Sie der einzige Anrufer."
Ich war ganz unglücklich. Da ich die letzten sechs Jahre an einem Theater gearbeitet hatte, überwältigte mich nun der Wunsch, loszugehen und Eintrittskarten zu verkaufen. In unserem Freundeskreis konnte ich mir niemanden vorstellen, den ich hätte bitten können, mitzukommen. Die Sache ließ mich den ganzen Sonntag über nicht mehr los. Schließlich sagte mein Mann: „Hör auf, dir darüber Gedanken zu machen. Es ist ein gutes Omen, er wird sicherlich ein volles Haus haben."
„Natürlich, du hast recht. Nur wenn man glaubt, daß jeder kommt, bleibt das Theater leer."
Wir aßen zeitig am Montagabend, sagten der Familie nichts von unserem Vorhaben und machten uns auf den Weg. Es war das erste Mal in meinem Leben, daß ich zu früh zu einem Vortrag kam. Der Gedanke an einen Meister aus dem Fernen Osten in Hollywoods Schauspieler-Club war höchst amüsant. Ich konnte es kaum erwarten.
Es hat uns immer Spaß gemacht, die Leute bei einem Vor-

trag zu studieren, so wie sie es zweifellos auch mit uns taten. Mein Mann und ich sahen, wo immer wir hingingen, für gewöhnlich recht ‚normal' aus. Auch heute abend schien die ganze Gruppe von 40 bis 50 Personen ausnahmslos aus ganz normalen Geschäftsleuten zu bestehen. Einige waren jung, aber die meisten befanden sich etwa in unserem Alter, einfach in der Kleidung und im Geschmack.

Wir hatten uns in der Halle versammelt. Bequeme Sessel waren in einem Halbkreis aufgestellt, mit Blick auf eine schmale Bühne. Eine kleine Bank, über die ein Hirschfell gelegt worden war, stand direkt unter ein paar Dutzend Fotos mit Hollywoods größten männlichen Stars. Vor der Bank befanden sich zwei oder drei Vasen voller Blumen. Ein modernes Tonbandgerät und ein Lautsprecher standen in der Nähe der Bank bereit.

„Nichts von alledem kommt mir wirklich vor", flüsterte ich meinem Mann zu.

Alles schwieg erwartungsvoll. Ein nett aussehender junger Mann erschien und überprüfte das Tonbandgerät. Dann trat aus einer Seitentür der Meister herein.

Er ging langsam auf uns zu, voll stiller Würde, ein Mann von schlanker Figur und klein von Statur, in ein weißes, nahtloses Gewand gekleidet, ein braunes Tuch über den Schultern.

Irgendwo schien jemand ein ‚Oh!' zu hauchen, aber niemand verspürte den Wunsch zu sprechen oder auch nur zu denken, nur immer und immer wieder zu schauen, um etwas zu begreifen, das wir nicht erklären konnten.

In seinen Händen hielt er wunderschöne Rosen. Ein ruhiges, heiteres Gesicht schaute unter langem, seidigem, schwarzem Haar hervor, welches sich über seine Schultern breitete. Ein voller Bart bedeckte sein Kinn. Wir waren vollkommen hingerissen, als feine, braune Füße aus hölzernen Sandalen schlüpften und er sich mit gekreuzten Beinen auf dem Hirschfell niederließ.

Er saß still da, während seine Finger mit einer Perlenkette spielten, die er um den Hals trug. Wir fühlten uns ruhig und be-

haglich. Ich verspürte den intensiven Wunsch, in seine Augen zu schauen, aber lange Zeit blickte er nicht auf.
„Armer Mann", dachte ich. „So weit von zu Hause fort. Solch eine geistige Entfernung zu überbrücken. Worüber wird er wohl sprechen?"
Er räusperte sich ein wenig und öffnete die Lider. Große, leuchtende, braune Augen wanderten zu jeder einzelnen Person im Raum, beinahe, als ob sie grüßten. Ich wünschte mir so sehr, daß er mich ansehen würde, und er tat es auch... ganz zuletzt. Ich begann zu lächeln, aber er begann im gleichen Moment zu sprechen.
Seine Stimme zog die gesamte Aufmerksamkeit auf sich. Zuerst war sie fast ohne Klang. Die Stille seiner Rede schien eher zum Geist zu sprechen als zu den Ohren.
Er sprach von einem Auftrag, der ihn aus dem Tal der Heiligen herausgeführt hatte, ein Auftrag, aller Welt, die es hören wollte, zu sagen, daß Leben Seligkeit ist, daß der Weg zur Erleuchtung ein seliger Pfad ist, frei von Leiden und daß der Mensch diesen erleuchteten Zustand auf natürliche Weise und voller Freude erlangen kann.
Seine Stimme wurde hörbarer und fiel sanft an das Ohr. Die Worte waren stark und voller Autorität. Man kam gar nicht auf den Gedanken, an dem, was er sagte, zu zweifeln. Er lächelte oft und gebrauchte eine einfache Sprache.

„Wir strengen uns nicht an, um die Dunkelheit zu vertreiben. Entzünde nur ein helles Licht, und die Dunkelheit vergeht von selbst."

Der Raum schien sich mit Licht zu füllen. Für den Bruchteil einer Sekunde riß ich mich von seinem Anblick los, um nach den anderen zu schauen. Jeder einzelne war gefangen genommen und trank jedes seiner Worte in sich hinein, den Anflug eines Lächelns auf dem Gesicht. Und auch ich konnte nicht genug bekommen.
Er wählte eine große rote Rose aus und betonte mit ihrer

„— Ein ernstes Gesicht schaut unter langem, schwarzem, seidigem Haar hervor."

Hilfe einige Punkte. Während die Rose vor und zurückschwang, bemerkte ich seine Hände... bestimmt in der Bewegung, stark und schön. Während ich sie betrachtete, öffnete er eine Handfläche und wandte sie sanft dem Publikum zu.

Irgendwie fiel mein Herz in diese geöffnete Hand.

Während er weitersprach, war mir ein Wissen gegenwärtig, welches nicht in direktem Zusammenhang zu dem stand, was er sagte. Immer wieder kamen mir Gedanken aus dem Neuen Testament in den Sinn, frisch und fast neu in ihrer Bedeutung.

So oft sagte er „Leben ist Seligkeit", und jedesmal, wenn er es sagte, wuchs der Wunsch nach Seligkeit, nach Glücklichsein in mir. Bald war ich nur noch Wunsch.

Nach einer Weile des Schweigens schien der Vortrag beendet, und er saß wieder ruhig da. Die Luft war erfüllt mit seinen Worten.

Ich wollte still sein, aber die Dame neben mir sprach mich an.

„Hat es Ihnen gefallen?"

„Sehr, sehr gut."

Nun war der Bann gebrochen. „Wissen Sie irgendetwas über diesen Mann?" fragte ich.

„Oh ja", fuhr sie fort, „ich traf ihn im Flugzeug von Hawaii." Wie faszinierend, ihn sich in einem Flugzeug vorzustellen.

„Was hat er in Hawaii gemacht?"

Die Frau sprach weiter. Sie erzählte von persönlichen Erlebnissen und wie sehr er ihr dabei geholfen hatte.

Ich wollte alles hören, was sie sagte, aber ich versuchte auch, den Zauber jener sanft gesprochenen Worte zu bewahren.

Irgendwie fing ich den Satz auf „... und er wohnt in einem Appartement. Es ist wirklich nicht angemessen für das, was er vorhat. Was er braucht, ist ein großes, altes Haus."

Die Worte ‚großes, altes Haus' klingelten in meinem Kopf. Was wir besaßen, war ein großes, altes Haus... ein sehr großes, sehr altes... und ein wenig leer, seit unsere beiden ältesten Töchter geheiratet hatten.

Ich zog meinen Mann am Ärmel.

„Roland, dieser Mann sucht ein Haus, in dem er für einige Tage wohnen kann. Sollen wir ihm unseres nicht anbieten?"

Als ich mich so sprechen hörte, war ich selbst erschrocken. Es war noch nicht lange her, daß ich mich entschieden hatte, nie wieder jemanden einzuladen, bei uns zu wohnen. Roland würde niemals seine Zustimmung geben, dachte ich.

Es war an mir, überrascht zu sein.

„Von mir aus gern, wenn du es möchtest", meinte er.

„Ich gehe und hole meine Tochter, ich bin gleich zurück", sagte die Dame in diesem Moment.

Augenblicklich waren wir Mrs. Lee vorgestellt, einer kleinen, gutgekleideten Frau mit ungewöhnlich großen, glänzenden Augen. Sie nahm uns ins Schlepptau, und bald standen wir vor dem kleinen Tisch, dem Mikrophon, den schönen Händen und dem heiteren Gesicht. Ich wollte immer noch tiefer in seine Augen sehen, aber die Lider schienen sie zu verbergen. Als wir dort standen, wußten wir nicht viel zu sagen. Mrs. Lee plapperte munter drauf los, als ob sie ihr ganzes Leben lang dunkelhaarige Meister aus dem Osten gekannt hätte.

„Diese Leute möchten Sie einladen, bei ihnen zu wohnen, Maharishi."

Dieses Tempo rief mich für einen Augenblick ins Leben zurück.

„Ja, das möchten wir gern. Wir besitzen ein großes, altes Haus, und wir würden uns freuen, wenn Sie es in Anspruch nähmen."

„Es ist sehr ruhig," fügte mein Mann hinzu. „Gewöhnlich ist den ganzen Tag über niemand zu Hause. Sie dürfen es ruhig annehmen. Es würde uns sehr glücklich machen."

Die Augen öffneten sich ein kleines bißchen mehr und schauten langsam in die unseren.

„Das wäre sehr nett", sagte er.

Wir standen eine Weile einfach da.

„So ein wunderbarer Vortrag", versuchte ich ein Gespräch anzuknüpfen. Er lächelte ein wenig.

Innerlich stöhnte ich auf. Mir wurde klar, daß dieser Mann kein Bedürfnis nach leeren Phrasen hatte.

Nun wandte sich seine Aufmerksamkeit anderen zu, die nach und nach herankamen. Mrs. Lee sagte, sie würde die Einzelheiten am nächsten Abend mit uns besprechen, falls wir wieder zum Vortrag kämen. Roland und ich nickten.

„Bestimmt kommen wir. Wir möchten sie alle hören."

Als wir den Raum verlassen wollten, merkten wir, daß wir gar nichts bezahlt hatten. Wir schauten uns um, ob nicht jemand einen Beitrag in Empfang nehmen würde. Der Mann, der sich um das Tonbandgerät gekümmert hatte, ging gerade vorbei. Wir hielten ihn an.

„Gibt es niemanden, der Geld für den Abend einsammelt?"

Der junge Mann blickte uns bestürzt an.

„Ich glaube, das sollten wir tun", sagte er. „Legen Sie etwas auf den Tisch dort drüben, wenn Sie gern möchten."

Es war der perfekte Abschluß für diesen herrlichen Abend. Irgendwo in unserer geschäftigen, materialistischen Gesellschaft waren die Leute so von Worten der Weisheit in Anspruch genommen, daß sie den Gedanken an Geld völlig vergaßen.

„Dies kann nicht Hollywood sein", dachte ich.

Auf dem Heimweg sagte ich zu Roland: „Weißt du, ich war überrascht, als du zugestimmt hast, ihn zu uns einzuladen. Ich war ganz sicher, du würdest ‚nein' sagen."

Roland lächelte. „Irgendwie mag ich diesen Mann. Er spricht mich an. Ich bin glücklich, daß wir ihn gebeten haben, bei uns zu wohnen, und ich freue mich, daß er die Einladung angenommen hat."

„Ich habe das gleiche Gefühl", sagte ich. „Und doch erinnert mich das Ganze irgendwie daran, in einem Theater zu sitzen, nachdem die Ouvertüre gespielt ist und wir darauf warten, daß der Vorhang aufgeht."

KAPITEL 2

DER EINZUG... SEIDE UND SANDALEN

Als ich am nächsten Morgen erwachte, befand ich mich an zwei Orten gleichzeitig. Mein Körper war zu Hause und mein Geist im Masquers-Club. Die Qualität von Theater, Vorträgen und Persönlichkeiten konnte ich am besten durch meine frühmorgendliche Reaktion darauf bewerten. Einige Erinnerungen verließen schnell wieder meinen Geist, andere ließen einen tieferen Eindruck zurück. Ganz sicher war der Meister aus dem Osten nicht so leicht zu vergessen.

Es war angenehm, verschlafen dazuliegen und sich die Einfachheit und Süße des Vortrags in Erinnerung zu rufen. Es war eine Freude, jeden einzelnen Augenblick wieder aufleben zu lassen. Welch eine sonderbare Mischung aus Hollywoods Kultiviertheit und der vollkommenen Natürlichkeit des Ostens! Das innerste Heiligtum des Masquers-Club war in Beschlag genommen worden — von dem natürlichsten und unbefangensten Menschen, den ich mir vorzustellen vermochte. Er hatte Dinge gesagt, die nicht die entfernteste Ähnlichkeit mit den Dingen besaßen, die sonst in diesem Raum gesprochen worden waren. Und doch waren seine Worte mit mehr Bedeutung erfüllt, als alles andere, was ich in meinem Leben der unablässigen Suche gehört hatte. Die Philosophie, die dahinter stand, war tiefer, als es auf den ersten Blick erschien. Und die wundervolle Art, wie sie präsentiert wurde, machte sie höchst wünschenswert. Und erst der Mensch! Welch eine ungewöhnliche Persönlichkeit. Ich setzte mich abrupt im Bett auf.

„Du meine Güte, Roland, wir haben diesen Mann eingeladen, bei uns zu wohnen."

Roland hörte auf, seinen Schlips zu binden, sah mich an und lachte. „Du meinst diesen Yogi? Sicherlich haben wir das getan. Mir scheint, da müssen wir jetzt hindurch. Wenn du na-

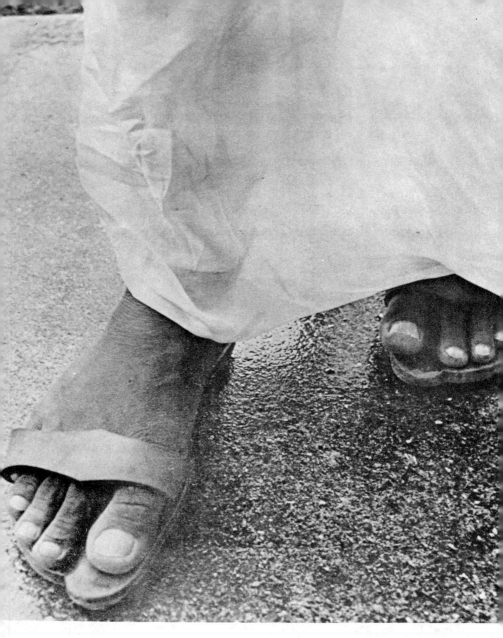

Der Einzug ... Seide und Sandalen.

türlich deine Meinung ändern möchtest, können wir immer noch eine Ausrede finden." „Oh nein, nein, nein! Es ist eine wundervolle Idee!"
Die Freude und der Schrecken gaben mir den nötigen Schwung, um aufzustehen und mich anzuziehen.
Während des Frühstücks erzählte ich Tina nebenbei von der neuesten Entwicklung.
„Du wirst nie erraten, wer kommt, um ein paar Tage bei uns zu wohnen."
„Kommt, um ein paar Tage bei uns zu wohnen? Oh nein, nicht wieder einer von diesen Theaterleuten. Erinnerst du dich noch an unsere Abmachung? Das nächste Mal, wenn du ‚interessante' Leute triffst, werden wir zur Abwechslung einmal bei ihnen wohnen."
Ich mußte lachen. Nach allem, was geschehen war, konnte ich Tina nicht tadeln. Die meisten der Gäste, die ich oder die Mädchen mit nach Hause gebracht hatten, waren ‚für ein paar Tage' eingeladen worden, und es endete damit, daß sie monatelang bei uns blieben.
Diesmal war es selbstverständlich etwas anderes!
„Ich erinnere mich an unsere Abmachung, in Ordnung, aber in diesem Fall ist es unmöglich, bei ihm zu wohnen. Er kommt aus Indien. Nebenbei bemerkt, Papa war mit und ist sehr glücklich, daß er kommt."
Tina zeigte etwas mehr Interesse.
„Wenn Papa ihn eingeladen hat, muß er in Ordnung sein. Ist er zufällig jung und groß?"
Ich sah meine Tina an — ein recht hochgewachsenes Mädchen für ihre fünfzehn Jahre, mit prallen, rosigen Wangen, die sie immer aussehen ließen, als ob sie lächelte und, dank der Ballettstunden, einer perfekten Figur. Wie sollte ich ihr nun von Maharishi erzählen, von seinem dunklen Bart und seinen seidigen Gewändern?
„Papa und ich haben gestern abend seinen Vortrag besucht."
Tina verlor sofort ihr Interesse.
„Oh, einer von denen", sagte sie.

„Ich glaube kaum, daß er ‚einer von denen' ist. Er ist ganz anders als alle Menschen, die wir je gesehen oder gehört haben. Er sieht aus, als ob er direkt aus einer Seite des Alten Testamentes gestiegen wäre, oder von mir aus auch aus dem Neuen. Vielleicht haben wir ja alles nur geträumt."

Es war auch kaum zu glauben, in diesen Tagen und in dieser Zeit einen Mann in Seidengewändern zu treffen, mit hölzernen Sandalen an den Füßen, der Rosen trug und wohin er kam, so intelligent sprach, nicht zuletzt im Masquers-Club.

„Und doch ist er sehr wirklich", fuhr ich fort. „Er ist ein Yogi oder Heiliger Mann aus dem Himalaya. Ich verstehe nicht viel von Heiligen Männern, aber ich meine doch, daß sie eine Menge Dinge wissen."

Tina dachte einen Moment darüber nach.

„Wenn dem so ist, was in aller Welt macht er dann bei uns, und wo wohnt er jetzt?"

„Er wohnt drüben in Hollywood, aber es ist dort sehr laut, und er braucht einen ruhigen Ort für das, was er lehrt. Papa und ich dachten, unser Haus wäre gerade das richtige für ihn, für ein paar Tage. Wir haben beide ganz spontan gehandelt — wir mochten ihn eben sofort."

Tina sah mich an, mit einem verwunderten Ausdruck im Gesicht.

„Ich glaube, Eltern wird man nie verstehen", sagte sie und lachte.

Da sie sich beeilen mußte, zur Schule zu kommen, rief sie Theresa zu, ein bißchen schneller zu machen. Sie setzte ihre jüngere Schwester auf ihrem Weg zur ‚Hollywood High School' beim Gymnasium ab. Theresa, die gerade dabei war, ihre Schuhe auf der hinteren Veranda zu putzen, hatte einen Teil des Gesprächs mit angehört.

„Mami, was in aller Welt ist ein Yogi?"

Das jüngste unserer vier Kinder hatte den größten Teil ihrer zehn Jahre damit zugebracht, Gesprächen zu lauschen, die über ihr Alter hinausgingen. Ihre einfache Frage überraschte mich, wie es schon viele ihrer Fragen in den vergangenen Jahren getan hatten. Mein Kontakt mit Yogis hatte erst am Abend vorher begonnen, und ich wollte meine Worte behutsam wählen, um Theresa diesen einen zu beschreiben.

„Normalerweise verbinden wir Yogis mit Indien, wo man sie als Heilige Männer betrachtet. So etwa wie die Priester bei uns in der Kirche. Dieser Yogi ist der erste, den Papa und ich je getroffen haben, und wir mögen ihn sehr gern. Wir sind sicher, dir wird es genauso gehen. Er sieht ganz anders aus als wir und kleidet sich auch anders. Er trägt ein weißes Gewand und geht barfuß, nur mit ein paar hölzernen Sandalen an den Füßen. Wo er in Indien lebt, ist es für Heilige Männer Brauch, sich niemals die Haare zu schneiden, so trägt er recht langes, schwarzes Haar und einen Bart. Er hat eine ruhige und sanfte Art zu sprechen, und er sagt, daß er den Menschen helfen kann, mehr Freude am Leben zu haben. Papa und ich wollten gern mehr über ihn erfahren. Darum haben wir ihn eingeladen, eine Woche lang bei uns zu wohnen." Theresa war vollkommen begeistert.

„Dann werde ich ihn also sehen?"

„Natürlich wirst du das. Papa und ich haben ihm das vordere Schlafzimmer angeboten, aber natürlich wird ihm das ganze Haus zur Verfügung stehen."

„Wann wird er hier sein?" fragte Theresa, während sie auf die Tür zusteuerte. „Ich weiß es nicht ganau. Vielleicht morgen." Ich beendete den Satz als Selbstgespräch, wie gewöhnlich, wenn die Mädchen das Haus verließen.

Am Abend konnten mein Mann und ich es kaum erwarten, zum Vortrag zu kommen. Mrs. Lee erwartete uns an der Tür.

„Wir sind für den Rest der Vorträge in das Kellergeschoß der ‚Presbyterianischen Kirche Hollywood' gezogen. Sie liegt nur einen Häuserblock entfernt. Oh, was ich noch sagen wollte, ein Komitee würde gern morgen kommen, um ihr Haus zu besichtigen, falls es Ihnen recht ist."

„Ein Komitee? Natürlich, kommen Sie jederzeit."

Auf dem Weg zur Presbyterianischen Kirche lachten Roland und ich.

„Unser Yogi aus dem Osten hat eine schnelle Einführung in

den modernen Westen erhalten. Er arbeitet bereits mit einem Komitee!"

Im Kellergeschoß der Kirche waren etwa hundert Menschen auf quietschenden, hölzernen Stühlen versammelt, die für die Veranstaltungen der Sonntagsschule reserviert waren. Auf einer schmalen Bühne stand die Bank mit dem Hirschfell darüber. Es gab viele Vasen mit Blumen. Das Tonbandgerät war aufgestellt und bereit, und vor der kleinen Bank stand ein Mikrophon. Das Mikrophon störte mich. Ich sagte zu Roland: „Es verdirbt etwas, wenn so ein Mikrophon vor ihm steht."

„Wenn er in einem so großen Saal keins benutzen würde, könnte niemand ihn verstehen."

Wie immer hatte Roland recht. Ich mußte an Kipling und seinen berühmten Ausspruch denken: ‚Ost ist Ost und West ist West, und niemals treffen sich die beiden'.

Hier nun verband sich alte Weisheit leicht mit modernen Methoden. Ich nahm an, daß selbst Kipling sich irren konnte und hoffte fast, daß es so war.

Nachdem wir uns alle gesetzt hatten, kam der Meister herein, begleitet von einem gutaussehenden jungen Mann. Wir erfuhren später, daß sein Name Richard Sedlachek war. Es war Richard gewesen, der die Anzeige in die Zeitung gesetzt und die Telefonanrufe beantwortet hatte. Er war Bauunternehmer und fand die ganze Veranstaltung sicher etwas seltsam. Der Meister, Maharishi (großer Seher), setzte sich mit bedächtiger Würde, blickte zu Richard hinüber und nickte mit dem Kopf. Richard warf einen Blick auf das Publikum, lächelte etwas scheu, raschelte mit einigen Papieren und begann.

„Guten Abend, meine Damen und..." er wendete die Seite, „Herren." Von diesem Augenblick an verehrten wir ihn alle. Mit seinem lockigen Haar und rosigen Wangen sah er aus, wie ein erwachsener Chorknabe. Er hielt inne und blickte zu Maharishi, der mit gesenktem Kopf dasaß und an seiner Kette spielte. Es blieb nichts anderes übrig, als weiterzumachen. Ich hatte das Gefühl, daß Maharishi ihm eine Prise Mut zufließen ließ, obwohl nichts zu sehen war.

Richard kam langsam in Fahrt. Er gab uns einen kurzen Überblick über Maharishis Geschichte. Er erzählte, wie Maharishi 1956 in Madras, Indien, begann, die Technik der Transzendentalen Meditation zu lehren, nachdem er 13 Jahre zurückgezogen in der Stille verbracht hatte. Als er seine Technik drei Jahre lang den verschiedensten Menschen beigebracht und festgestellt hatte, daß sie erfolgreich war, reiste er nun um die Welt, damit alle davon hören konnten. Er reiste allein von Indien über Burma nach Malaysia, Singapur, Hongkong, Hawaii, San Francisco und besuchte nun Los Angeles. Richards bescheidene Art berührte alle. Wir fühlten uns bald wie eine große Familie bei dem ersten Auftritt eines Lieblingssohnes. So ging es weiter, bis er zu dem Namen von Maharishis Lehrer (oder spirituellem Meister) kam, wo es eine ganze Menge zu sagen gab: Seine Göttlichkeit Swami Brahmananda Saraswati, Jagadguru Shankaracharya von Joytir Math. An dieser Stelle besaß er die tiefste Sympathie des gesamten Publikums und bekam einen großen, runden Applaus. Maharishi lächelte ihm zu, während er die Bühne verließ.

Die Gruppe machte es sich bequem, um dem Vortrag zu lauschen. Wieder kamen die einfachen, schönen Worte der Hoffnung.

„Es ist nicht die Natur des Geistes, zu wandern. Die Natur des Geistes ist es, sich im Bereich der Seligkeit niederzulassen. Es ist natürlich für den Geist, immer mehr Freude zu erfahren. Wir brauchen nur die entsprechende Richtung einzuschlagen, um am richtigen Ort anzukommen. Wir müssen uns nur nach innen wenden... zu dem Königreich des Himmels in uns, wie Jesus Christus es nannte."

Roland und ich blickten uns an. Wir fühlten uns beide erleichtert. Wir wußten natürlich, daß die wunderbaren Worte, die wir von diesem Weisen hörten, große Wahrheiten enthielten. Aber auf eine so natürliche Weise und mit soviel Achtung von Christus sprechen zu hören, machte uns sehr glücklich. Zu

Seine Göttlichkeit Swami Brahmananda Saraswati,
Jagadguru, Bhagwan Shankaracharya von Joytir Math

jener Zeit war der Begriff Christentum für uns noch nicht unverrückbar festgelegt. Wir hatten nur versucht, dieses Ideal zu verstehen und zu leben. Irgendwie wußte ich, daß ich es, indem ich diesem Mann zugehört hatte, nicht weniger leben würde, eher sogar mehr.

„Kann ein Fisch in einem Teich voller Wasser durstig bleiben? Nein. Nur, wenn er durstig bleiben will. Ansonsten braucht er nur sein Maul zu öffnen, und das Wasser strömt herein. Der Mensch wurde nicht geboren, um zu leiden. Er hat kein Recht zu leiden. Leiden beschämt den allmächtigen, gütigen Vater. Der Mensch muß nur das Königreich des Himmels im Innern erkennen, und alles andere wird ihm hinzugegeben; alle Kraft, alle Freude, alle Seligkeit, alle Kreativität. Der allmächtige, gütige Gott hat die Seligkeit allgegenwärtig gemacht."

Irgendwie schaffte er es, uns Seligkeit, Freude, sogar den allmächtigen, gütigen Vater gleichsam in die geöffnete Hand zu legen.

„Das Königreich des Himmels ist in mir, und ‚mir' bedeutet das ‚Mir' in allen Dingen. Das Königreich des Himmels liegt in jedem, ganz gleich, wer er ist. Es ist in allen Dingen. Es ist da, damit wir uns daran erfreuen können. Seligkeit ist überall. Es bedarf nur einiger Minuten morgens und abends, um in diese Schatzkammer zu gehen, wieder herauszukommen und auf dem Marktplatz einzukaufen."

Ein Lächeln ging durch den Saal. Die Idee besaß großen Reiz. Maharishi hatte alle Zuhörer auf seiner Seite. Obwohl er nicht mit unserer Art vertraut schien, reagierte er schnell und fuhr fort, über den Marktplatz zu sprechen. Jetzt wurde der allmächtige, gütige Vater zu einem Millionär.

„Wenn der Sohn eines Millionärs arm und in Lumpen auf dem Marktplatz gesehen wird, dann leidet der Millionär. Es beschämt den Millionär, weil es für den Sohn keinen Grund

gibt, arm zu sein. Alles steht für ihn bereit. Er muß sich nur nach innen wenden. Der Mensch hat seine ganze Zeit damit zugebracht, nach Glück zu suchen. Über die äußeren Herrlichkeiten des Lebens hat er die inneren Herrlichkeiten vergessen. Er kann nichts auf dem Marktplatz ausgeben, wenn er vorher nicht in der Schatzkammer war."
„Und der Weg ist leicht, schnell, wie das Jet-Zeitalter. Es gibt keinen Grund, warum es lange dauern muß. Einzig die richtige Technik ist nötig."

So ging es weiter. Manchmal rollten die Worte mit der Tiefe eines Ozeans durch den Saal, und manchmal wehten sie sanft wie eine Brise. Ich wußte nicht, was das für eine einfache Technik sein sollte, aber ich wußte, ich wollte sie haben.

Nun war er mit seinem Vortrag zuende, und viele Hände erhoben sich für Fragen. Da ich keinen Hintergrund in Metaphysik oder Yoga besaß, fiel mir keine intelligente Frage ein. Aber ich versuchte, etwas über die einfache Technik herauszufinden. Ich hatte wohl nicht in der rechten Weise gefragt, denn er ging überhaupt nicht auf meine Frage ein. Er nickte nur mit dem Kopf und lächelte.

Den ganzen Abend über waren mir die wunderbaren Worte Christi im Neuen Testament durch den Kopf gegangen. Offenbar war es vielen anderen ebenso ergangen, denn einige der Fragen, die gestellt wurden, lauteten:

„Meinte Christus das, als er sagte: ‚Mein Joch ist leicht'?"

„Ist das die Übergabe des Willens?"

„Ist das Erlösung?"

„Kann man mit dem Vater in der körperlichen Existenz eins werden?"

„Ist das Neue Testament der Bibel Wahrheit oder Erfindung?"

Er beantwortete alle Fragen einfach, aber von seinem eigenen Hintergrund aus. Er sagte, er hätte das Neue Testament nicht gelesen, doch als Antwort auf die letzte Frage sagte er: „Es ist authentisch."

Niemand wollte nach Hause gehen, aber irgendwann mußte es doch sein. Wir waren beruhigt, als wir sahen, daß jemand ein Körbchen auf einen Tisch in der Nähe der Tür gestellt hatte und ein Zettel um Spenden bat.

Mrs. Lee sagte, das Komitee würde am Samstag vorbeikommen, da die Vorträge im Hinblick auf die vielen Nachfragen um eine Woche verlängert würden.

Ich war am Samstag mehr als bereit. Obwohl unsere Möbel nicht neu waren, besaß unser Haus einen eigenen Charme. Wir hatten überall Blumen aufgestellt. Das gesamte Erdgeschoß glänzte, und das vordere Schlafzimmer war geschrubbt. Unsere eigenen Schlafzimmer hatte ich schnell nebenbei in Ordnung gebracht.

Das Komitee kam. Es bestand aus Mr. und Mrs. Lee und Richard Sedlachek und zwei oder drei weiteren Personen. Wir versuchten, ihnen die Verlegenheit zu nehmen, indem wir ihnen versicherten, wir hätten an ihrer Stelle das gleiche getan. Sie warfen einen kurzen Blick durch das Haus.

„Die Menschen in Indien denken ganz anders als wir", sagte Mrs. Lee, „aber ich bin sicher, Maharishi wird es bei Ihnen gefallen, und die Leute, die zu ihm kommen, werden sich ebenfalls wohlfühlen. Wir wissen noch nicht genau, wann er kommt."

Nachdem sie gegangen waren, saßen wir im Wohnzimmer beisammen. Kurz darauf klingelte das Telefon. Es war Mr. Lee.

„Maharishi möchte gern sofort kommen, um sich das Haus anzusehen. Er könnte in zehn Minuten da sein", sagte er.

Ich geriet in Panik.

„Tina, bring schnell ein weißes Bettuch. Nein, mache einen Punsch zurecht. Ach nein, hol' noch etwas Efeu herein."

„Wofür brauchst du ein weißes Bettuch?" fragte Tina. „Was ist los mit dir? Meinst du, wir hatten noch nie Gäste?"

„Das hier ist etwas anderes. Er sitzt immer auf einer Bank mit einem Hirschfell darauf, und ich denke, wir sollten ihm einen Sessel beziehen, auf den er sich setzen kann."

Ein Hirschfell!" Tina war sprachlos, aber sie holte das Tuch und befestigte es auf einem Sessel. Roland machte Punsch. Plötzlich überschlugen sich die Dinge, und wir setzten uns erst einmal hin.

Eine Stunde verging. Ich konnte nicht still sitzen. Ich schaute Theresa an. Sie war ganz blaß.

„Laßt uns hinausgehen und vor dem Haus spazierengehen. Vielleicht fühlen wir uns dann besser."

Draußen gingen Theresa und ich auf und ab. Ich fühlte mich wie eine Geige mit zu straff gespannten Saiten. Während wir auf dem Bürgersteig hin- und herschlenderten, mußte ich unwillkürlich zum Himmel hinaufschauen. Es war ein heller, klarer Nachmittag.

Wir pflückten weiße Geranien, die in der Nähe der Eingangstür blühten und blickten gerade im rechten Moment auf, um ein Auto zu sehen, welches direkt vor uns hielt.

Theresa sah Maharishi zum ersten Mal, und während er aus dem Auto ausstieg, begann sie auf ihn zuzulaufen. Ihre Augen trafen sich, und beide lächelten. Dann ging er mit ruhigen, königlichen Schritten auf unsere Treppe zu. Roland gesellte sich zu uns, um ihn zu begrüßen. Theresa und ich überreichten ihm die weißen Geranien.

„Hübsch", sagte er.

„Kommen Sie herein", sagte Roland und geleitete ihn zu dem bezogenen Sessel. Er ließ sich mit untergeschlagenen Beinen darauf nieder. Tina kam herein, um ihn zu begrüßen, und wie erwartet sprach sie mit ihm zwanglos und leicht, so wie wir es alle gern getan hätten. Ich erfreute mich daran, ihn einfach anzuschauen.

Wir boten ihm Punsch an. Er dankte und bat um Wasser. Tina und Theresa reichten es ihm. Dann luden wir ihn ein, das Haus zu besichtigen.

Die Siamkatzen Su-Ling und Mei-Ling begleiteten ihn aus dem Wohnzimmer in die kleine Bibliothek. Als er zum Studierzimmer kam, verweilte er einen Augenblick, um dann den Flur entlang weiterzugehen und sich den Eßraum anzuschauen. Er sprach kein Wort. Er nickte recht oft der kleinen Gefolgschaft zu, die hinter ihm herlief. Wir hofften, daß es ihm gefiel.

Als er zur Treppe kam, fragte Roland Maharishi, ob er das Zimmer sehen wolle, das wir für ihn vorbereitet hatten. Er nickte, und wir gingen hinauf. Die beiden Katzen sprangen voraus.

Das vordere Schlafzimmer war groß und luftig, mit Fenstern an zwei Seiten. Es war sicherlich etwas verspielt gestaltet, da es für unsere beiden älteren Töchter eingerichtet worden war, als sie noch im Haus wohnten. Maharishi blieb nur im Türrahmen stehen. Als wir den kleinen Flur entlang weitergingen, um ihm das Bad zu zeigen, hielt er plötzlich inne. Dann fragte er: „Was ist dort?" und deutete auf einen separaten Flügel des Hauses.

„Oh Maharishi", lachte ich, „das ist Tinas Zimmer."

Ich nickte ihr zu und war überrascht, ein leichtes Runzeln auf ihrem Gesicht zu finden.

„Selbst wir gehen selten dort hinein", begann ich.

„Kann ich es sehen?"

Ich fühlte mich ertappt.

In jedem großen Haus und in jeder Familie gibt es einen Raum, dessen Türen verschlossen bleiben, wenn Besuch kommt. Dieser Raum gehörte die meiste Zeit über zu dieser Kategorie. Wir fühlten Tinas Bedürfnis nach Freiheit, und wir behinderten sie darin so wenig wie möglich. Ihr Zimmer war ganz ihr privates Reich. Nur Su-Ling, Tinas spezielle Lieblingskatze, kam und ging, wie es ihr gefiel.

Obwohl sie den Morgen damit zugebracht hatte, ihr Reich zu putzen, zögerte ich doch sehr, ihre Tür zu öffnen. Wie oft hatte sie gesagt: „Ich kann mich nicht entspannen, wenn alles so ordentlich ist."

In diesem verhängnisvollen Augenblick standen wir nun vor der verschlossenen Tür und erwarteten das Schlimmste. Ich fing Tinas Blick auf, wie sie dort stand und mit ansehen mußte, wie Erwachsene in ihre Welt einfielen. Ich hätte die Tür am liebsten geschlossen gelassen, aber ich mußte doch die Klinke drücken und sie öffnen. Auch Tinas Leben war dazu bestimmt, sich zu ändern.

Ich hörte einen tiefen Atemzug von Maharishi, während er einen Schritt zurückwich. Jeder Zentimeter der Wände, der nicht von ihrer Puppensammlung geschmückt worden war, war mit Andenken bedeckt, mit Schulzeugnissen, Speisekarten, Troddeln von Ballettwettspielen, einem Torero-Poster, Ballettplakaten, Fotos von Filmschauspielern, einer Kuhglocke und anderen Requisiten aus dem Theater.

Aber das Bett war gemacht und alle Kleidung fortgeräumt.

Maharishis Augen nahmen die ganze Kollektion in sich auf, und sie blieben dann an den vier großen Fenstern hängen, die umrahmt wurden von Bäumen und tropischem Wein. Die Vorhänge wehten leicht in der Nachmittagsbrise und gaben dem reichgeschmückten Raum ein Gefühl der Abgeschiedenheit und eine Andeutung von Einfachheit.

„Wenn Sie gern hier wohnen möchten, könnten wir ein paar Dinge von den Wänden nehmen." Er lächelte ein wenig.

„Das wäre sehr nett."

Ich dachte, alles wäre in Ordnung, bis ich aus den Augenwinkeln heraus einen Blick von Tinas Gesicht auffing. Ich schloß schnell die Augen und führte die Gruppe die Treppe hinunter auf sicheren Boden.

Als die Familie wieder allein war, nahm ich Tina in meine Arme. Sie war den Tränen nahe.

„Wenn dieser Mann so heilig ist, muß er doch wissen, wieviel mir mein Zimmer bedeutet! Niemand kann mein Schlafzimmer haben! Warum kann er nicht das vordere Schlafzimmer benutzen?" Ihre Augen glühten.

„Ich wünschte, er hätte es getan, Tina. Aber aus irgendeinem Grund gefällt ihm dein Zimmer. Ich denke, das ist auch eine Ehre."

Tina war nicht überzeugt.

Wir entschieden, daß Schweigen die beste Verteidigung sei und begannen, die Puppensammlung einzupacken. Wir waren selbst überrascht, aber es gelang uns tatsächlich, einen gewissen Grad von Ordnung in das Zimmer zu bringen, und wir warfen noch einen schnellen Blick in das Bad.

Obwohl es groß und altmodisch war, hatten wir unser bestes getan, das Bad zu modernisieren und auf den neuesten Stand zu bringen. Die Mädchen hatten für die Wände eine Tapete gewählt, auf der Mannequins mit ihren Pudeln spazierengingen.

Es war nicht gerade das, was wir für diesen Gast aus dem stillen Himalaya ausgesucht hätten, aber, so dachte ich, zumindest tragen die Mannequins Straßenkleidung, und die Pudel können nicht herunterspringen und bellen.

Wir hatten von dem Komitee erfahren, daß unser Haus für etwa fünf Tage benötigt wurde.

Mein Mann und ich sprachen alles noch einmal durch. Die einzige Schwierigkeit war, meinen Job beim Sommertheater weiterhin zu erfüllen, wo ich seit vielen Jahren für die Werbung im Bildungswesen und in der Industrie verantwortlich war. Meine Kontakte zu Universitäten und Industrieunternehmen hielten mich bei der Stange, und die ganze Familie war hinter der Bühne zu Hause und erfreute sich an den Darbietungen, so oft es ihr gefiel.

Die Schwierigkeit lag in dem Druck, der durch die Kürze der Sommersaison entstand. Fehler waren katastrophal, da es keine Zeit gab, sie zu korrigieren, und der gesamte Mitarbeiterstab war angespannt und voller Sorge. Das Theater öffnete jedoch nicht vor Ende Mai, und ich meinte, daß ich die ersten Routinearbeiten gut nebenbei erledigen konnte, um für die große Aktivität am 1. Juni bereit zu sein.

Wie es aussah, würde Maharishi vom 10. bis 15. Mai bei uns bleiben. Sicherlich würden innerhalb von fünf Tagen keine ernsthaften Probleme auftreten. Also beruhigten wir uns wieder.

Am Dienstagabend, dem 10. Mai, wurde bei dem Vortrag die Ankündigung gemacht, daß Maharishi sich am ‚South Harvard Boulevard 433' aufhielte.

Mein Mann und ich blickten uns an. Er lächelte erwartungsvoll. Mir wurde flau im Magen.

Wir hörten uns einen weiteren inspirierenden Vortrag an und blieben anschließend noch auf unseren Stühlen sitzen, wie viele andere auch. Unter den regelmäßigen Besuchern der Vorträge begann sich ein Band zu knüpfen, welches sich mehr und mehr festigte, während wir Weisheit und Lachen miteinander teilten.

Obwohl es nie ein überflüssiges Wort in Maharishis Reden gab, war es niemals anstrengend oder mühsam, ihm zu folgen. Nur sehr wenige verließen den Saal vor ihm. Viele hatten den Wunsch, ein paar Worte des Grußes zu sagen. Andere drückten ihre Wertschätzung aus oder stellten Fragen. Er war zu allen gütig und freundlich und niemals in Eile. Jeder, der mit ihm in direkten Kontakt trat, verließ ihn lächelnd und zufrieden.

Endlich näherten wir uns seinem Sitz und sagten: „Maharishi, wir werden Sie heute mit zu uns nach Hause nehmen. Ist Ihnen das recht?"

„Ja, kommen Sie."

Und während er seinen Platz verließ, folgte mein Mann mit dem zusammengefalteten Hirschfell über dem Arm.

Wir geleiteten den Meister zu unserem Auto. Richard Sedlachek fuhr in einem Sportwagen vor. Es war der gleiche, in dem wir Maharishi schon einige Male gesehen hatten. Wir freuten uns immer wieder über den Anblick des Yogis in seinem weißen Gewand, wenn sein schwarzer Bart in der Brise wehte, mit einem Strauß Rosen in der Hand. Und dabei sah er völlig natürlich aus, auch wenn er in einem Karmann Ghia Sportwagen fuhr.

„Hier sind seine Sachen", sagte Richard zu mir.

Mit diesen Worten drückte er mir sanft eine kleine Teppichrolle in den Arm. Ich betrachtete sie. Es war ein blumengemusterter Teppich von hervorragender Qualität, der an den Enden zusammengebunden war. Er hatte jedoch kein ganz geringes Gewicht.

„Wie bezaubernd", dachte ich, „wer sonst als eine solche

Persönlichkeit von Meister konnte um die Welt reisen, seine Habseligkeiten in einem Teppich verschnürt.

Die Teppichrolle und ich machten es uns auf dem Rücksitz bequem. Es ist kaum möglich zu beschreiben, wie schön es war, den Teppich zu halten. Ich begann ihn zu streicheln wie ein neugeborenes Baby in seinem Deckchen, unterbrach aber diese mütterliche Geste und mußte über mich selber lächeln.

„Was ist los mit mir?" dachte ich. Immer noch hielt ich die Rolle zärtlich im Arm.

Auf den Vordersitzen entspann sich eine normale Konversation. Maharishi und mein Mann unterhielten sich darüber, wie groß eine Stadt wie Los Angeles doch sei, und wieviel größer sie immer noch wurde, mit den vielen Wohnungen und Hochhäusern, die weiterhin gebaut wurden. Bald waren wir am Ziel und betraten das Haus.

Wir begleiteten unseren Gast zu seinem Zimmer. Das Bett, mit frischem weißem Leintuch und weißen Decken versehen, sah einladend aus — jedenfalls dachten wir das.

Ohne ersichtlichen Grund nahm Maharishi die Decken fort und begann, seinen Teppich auseinanderzurollen.

„Stimmt etwas nicht?" fragten Roland und ich fast gleichzeitig besorgt.

Beinahe scheu, als ob er unsere Gefühle nicht verletzen wollte, sagte er, während er exquisite Seidenlaken, ein Kissen und einen Bettbezug hervorholte:

„Sie sind mir von Schülern in Indien mitgegeben worden."

Ich hatte noch nie seidene Bettücher gesehen. Ich betrachtete noch einmal unseren Yogi, immer noch eine stille, bescheidene Person in weißem Gewand, die dort im Zimmer stand, aber es war noch etwas anderes zu spüren.

Während wir die schönen Tücher auseinander nahmen, genoß ich jede Sekunde. Das einfache Bett, das unseren Kindern gut gedient hatte, bot nun einen königlichen Anblick. Unser Gast — ich schaute kurz zu ihm hinüber — besaß die gleiche Schlichtheit und königliche Würde.

Als wir fertig waren, warf er einen Blick darauf.

„Schön", sagte er.
„Sehr schön", stimmten wir zu.
Ich fragte mich: „Was mag sich nun noch in der kleinen Teppichrolle befinden?"
Gleich sollte ich es wissen, denn als ich gerade die Decken für das Bett holen wollte, schüttelte er den Kopf und zog ein dunkelbraunes Tuch, ähnlich einem großen Schal, aus dem Teppich hervor.
„Aber Maharishi, die Nächte hier sind kalt. Das wird niemals ausreichen."
Eine liebliche Freude trat in seine Augen.
„Dies hier wird mich warm halten", sagte er.
Das Tuch war warm und leicht. Ja, Cashmere würde ihn wohl warm halten.
Er fuhr fort, das Tuch zu entfalten, bis das ganze Bett vollständig damit bedeckt war, und die liebevolle Geste, mit der er es vor uns ausbreitete, ließ uns noch mehr über diesen Menschen staunen.
Wir zeigten ihm den Schrank. Er sagte lachend:
„Dafür habe ich keine Verwendung."
Dann nahm er sorgfältig gefaltete Seidentücher aus dem Teppich heraus, eine kleine Metallschachtel mit Toilettenartikeln, eine kleine Uhr und einen Füllfederhalter, und unser Yogi hatte ausgepackt.
Wir führten innerhalb unserer Familie immer ein kleines Ritual der Abendandacht aus und luden Maharishi ein, dabei zu sein. Wir trafen uns im Studierzimmer. Roland begann mit eigenen Gebeten, in denen er um Führung und Weisheit bat. Er öffnete die Bibel aufs Geratewohl, reichte sie Theresa, die aus Markus, Kapitel 13, Vers 24 bis 27 vorlas:

„Aber zu der Zeit, nach dieser Trübsal, werden Sonne und Mond ihren Schein verlieren, und die Sterne werden vom Himmel fallen, und die Kräfte der Himmel werden ins Wanken kommen. Und dann werden sie des Menschen Sohn kommen sehen in den Wolken mit großer Kraft und Herr-

lichkeit. Und dann wird er seine Engel senden und wird versammeln seine Auserwählten von den vier Winden, vom Ende der Erde bis zum Ende des Himmels."

Danach saßen wir schweigend da. Unser kleines Ritual dauerte eine halbe Stunde. Als es vorüber war, sagte der Meister, der nun mit in unserem Familienkreis saß:
„Eine gute Stille, aber ich will ihr noch Kraft hinzufügen. Morgen früh werde ich Sie unterweisen."
Mit dieser Überraschung entschuldigte er sich und ging hinauf in sein Zimmer.
Als wir zu Bett gingen, sprachen Roland und ich über all die seltsamen Dinge, die mit uns geschahen.
„Was meinst du, was diese persönliche Unterweisung wohl ist?" fragte ich. Roland sagte: „Vielleicht erlernen wir die Technik, die zu dem Bereich der Seligkeit führt, von dem er spricht. Ich hoffe es sehr. Wir haben genug darüber gehört, daß uns der Mund wässrig wurde."
Während ich langsam einschlief, versuchte ich, eine Erklärung dafür zu finden, warum wir einen heiligen Mann aus dem Himalaya unter unserem Dach beherbergten, und ich dachte an Tina, die in das vordere Schlafzimmer verbannt war und immer noch ein wachsames Auge auf ihr eigenes, geliebtes Zimmer warf. Und ich dachte an Theresa, die glücklich und unbefangen mit Maharishi umging, als hätte sie einen Menschen getroffen, bei dem es keine Barrieren gab.
Ich schloß die Augen, lächelte über die Possen unserer beiden Siamkatzen und war gespannt auf unseren neuerworbenen Gast, bei weitem der interessanteste und geheimnisvollste, der je zu uns gekommen war.

KAPITEL 3

LACHEN AUS DER STILLE

Eine delikate Situation erwartete uns am nächsten Morgen. Am Abend zuvor hatte unser Yogi gesagt: „Ich werde Sie morgen früh unterweisen."

Nun überlegten Roland und ich, was diese persönliche Unterweisung wohl bedeuten mochte.

„Was meinst du, auf was wir uns da einlassen?" fragte ich meinen Mann, während ich meinen Schrank nach einem passenden Kleid durchsuchte.

„Es ist sicherlich nichts, worüber wir uns Gedanken machen müssen. Soweit ich es aus seinen Vorträgen herausgehört habe, wird er uns ein bestimmtes Wort geben, welches wir wiederholen. Während wir dieses Wort sagen, wird unser Geist automatisch ruhiger und wir können zum Transzendentalen Bewußtsein gelangen."

Ich mußte Roland wieder einmal ansehen. Er sagte nicht viel, aber er besaß zweifellos eine Art, ohne Umschweife den Kern einer Sache zu treffen.

„Wenn es so leicht ist, warum flüstert er uns das Wort nicht einfach ins Ohr und läßt uns mit einer Einführungszeremonie in Ruhe? Ich habe genug an Zeremonien und Ritualen gehabt, um für den Rest meines Lebens versorgt zu sein. Ich habe kein Bedürfnis nach irgendwelchen weiteren."

„Wir wissen gar nicht, ob es eine Zeremonie geben wird. Aber wenn du nicht möchtest, brauchen wir es nicht zu tun."

„Vielleicht sollten wir warten, bis wir mehr darüber wissen oder zumindest mit jemandem gesprochen haben, der schon unterwiesen worden ist."

Die ganze Zeit über, während ich meine Fragen stellte, kleidete ich mich eilig und doch so sorgfältig wie möglich an. Innerlich fühlte ich mich, als ob mich eine sehr wichtige Verabredung erwartete, aber irgendwie drang dieses Gefühl nicht bis an die Oberfläche vor.

„Vielleicht wird er heute morgen nichts mehr davon erwähnen", sagte Roland. „Dann lassen wir die Dinge einfach ihren Lauf nehmen."

Als ich das sanfte Klappern von hölzernen Sandalen im oberen Flur vernahm, lief ich vor die Haustür und pflückte die letzten weißen Geranien. Warum? Ich weiß es nicht. Ich reichte einige Roland, der sie automatisch nahm. Wir hatten keine Gelegenheit mehr, noch etwas zu sagen. Als Maharishi uns im Flur begegnete, lächelte er und sagte: „Kommt."

Es ist ein Jammer, daß dieses Wort niedergeschrieben werden muß. Dieses ‚kommt', so sanft gesprochen, besaß die Stärke von Samt. Es wurde vom Klang einer Stimme getragen, die, erfüllt mit Liebe, zum innersten Kern unseres Seins sprach.

Wir folgten ihm in das Studierzimmer, ohne einen Gedanken an Widerstand und erkannten den Raum nicht wieder, den wir am Abend zuvor verlassen hatten: stark duftende Räucherstäbchen, einige Lichter, ein kleines Geschirr, Kerzen, ein Bild seines Meisters und Vasen um Vasen voller Blumen. Es waren die gleichen Blumen, die wir im Haus verteilt hatten. Hier sahen sie ganz anders aus. Ich überlegte kurz, wer das alles hergerichtet haben könnte. Emily Lee kam mir in den Sinn.

Kein Wort wurde gesprochen, und während wir in dieser Stille neben ihm standen, fiel etwas von der Welt von uns ab. Die Essenz von Weisheit, Heiterkeit und Reinheit erfüllte den Raum. Ich mußte unwillkürlich denken: „Dieser Mann spricht zu uns durch Stille."

Er hieß uns, die Blumen auf einen kleinen Schrein zu legen. Ganz schnell hatten wir die Technik erhalten, und dann bat er uns, sie mit geschlossenen Augen in seiner Gegenwart zu praktizieren.

In den ersten wenigen Augenblicken fühlte ich, wie sich mein ganzes Sein belebte und dann ein durchflutendes Gefühl von Wärme, ein Strom der Wonne, der Liebe.

Nach einiger Zeit flüsterte eine sanfte Stimme: „Öffnet die

Augen."

Roland und ich öffneten die Augen und sahen uns an. Beim Anblick von Rolands Gesicht mußte ich tief Luft holen. Es war voll heiterer Ruhe und gleichzeitig glühte es. All die ernsten Linien im Gesicht waren wie ausgelöscht. Seine Augen waren groß und strahlten. Ich hoffte, meine taten dasselbe.

Maharishi hatte sein Versprechen der Seligkeit erfüllt.

Wir saßen einen Moment lang schweigend da, dann sagte Roland: ,,Das Wort, das du uns gegeben hast — bedeutet es irgendetwas?"

,,Nein", sagte Maharishi, ,,es hat keine Bedeutung. Das ist der Grund, warum es uns von der bewußten Denkebene hinwegführen kann. Wenn ihr es unbefangen wie ein Kind wiederholt, werdet ihr damit sehr tief nach innen gehen. Es ist wie ein Boot, das den Geist zur Seligkeit trägt."

,,Was ist es für ein Wort? Ist es eins für Christen?"

Maharishi lächelte. ,,Diese Worte kannte man schon viele, viele Jahrhunderte, bevor es christliche Worte gab, und die Wirkung der Wiederholung dieser Worte ist wohlbekannt. Es ist die alte, vedische Tradition, die durch unsere Meister weitervermittelt wurde. Wenn wir ein christliches Wort benutzen würden, würden sich unsere Gedanken damit verbinden, und das würde uns auf der bewußten Denkebene gefangen halten. Meine Worte sind einfach Worte. Sie gehören keiner Religion an. Fühlst du dich glücklich?"

,,Oh ja, ganz bestimmt. Ich möchte dir danken, daß du in unser Haus gekommen bist und uns diesen Segen gegeben hast", sagte Roland.

Und zu mir gewandt fragte Maharishi: ,,Wie fühlst du dich?"

Ich gab ein helles, nervöses kleines Lachen von mir. Er schien verwundert. Ich wollte so vieles sagen, aber ich war nicht in der Lage, eine Frage zu formulieren oder meine Gefühle in Worte zu kleiden. Als Antwort flüsterte ich nur: ,,Danke!"

Ich saß da und hielt die Blumen in der Hand, die er mir gegeben hatte. Als ich aufblickte, fand ich ein wunderschönes

Lächeln auf seinem Gesicht.

„Macht es nun regelmäßig so, ein paar Minuten morgens und abends. Wir werden während der Vorträge noch weiter darüber sprechen."

Die persönliche Unterweisung war beendet.

Roland ging zur Arbeit. Ich kam immer zwischen 11 Uhr und 11.30 Uhr beim Theater an. An diesem Tag verspürte ich überhaupt keine Lust zu arbeiten.

Die Vorstellung, Eintrittskarten zu verkaufen, hatte nicht den geringsten Reiz.

Tina, die praktisch veranlagte Tochter der Olson Familie, erinnerte mich daran, daß Maharishi noch nichts zum Frühstück bekommen hatte.

„Du meine Güte!" rief ich aus. „Was meinst du, was er wohl ißt?"

„Er sieht aus wie Elias oder Johannes der Täufer; wilden Honig und Heuschrecken, ohne Zweifel", stellte Tina sachlich fest.

„Sag bloß, Tina, du kennst dich in der Bibel aus! Gratuliere!"

Normalerweise war Tina, wenn sie irgendwie entkommen konnte, bei der Abendandacht nicht dabei. So freute ich mich immer, wenn sie etwas aus der Bibel zitierte und waren es wilder Honig und Heuschrecken.

Ich ging ins Studierzimmer hinüber. Maharishi saß schweigend, mit untergeschlagenen Beinen auf dem Sofa. Ich glaube, ich hätte mich still wieder zurückgezogen, aber er hob den Kopf und fragte: „Hm..m..m..?" was, wie wir alle bald wissen sollten, so viel wie ‚Was gibt es?' bedeutete.

„Was darf ich dir zum Frühstück bringen?"

„Etwas warme Milch mit ein bißchen Honig", war seine Antwort.

Tina lag schließlich gar nicht so falsch. Während ich die Milch und den Honig bereitete, holte ich ein Glas nach dem anderen aus dem Schrank und stellte es gleich wieder unzufrieden zurück, bis ich mein bestes Kristallglas in der Hand hielt.

Normalerweise hätte ich es zum Frühstück nicht benutzt.

„Nun gut", dachte ich, „wofür hebe ich es auf?"

Ich stellte es auf ein Tablett mit meinem besten Deckchen darauf und legte eine Leinenserviette dazu. Irgendetwas stimmte noch nicht. Eine Blume machte es besser. Ich warf noch einen Blick auf mein Arrangement und fragte mich, wie ihn wohl die Leute in Indien bedienten, welche ihm seidene Bettücher schenkten. Vielleicht mit Servietten aus Schmetterlingsflügeln.

Er nahm das Kristallglas und die Leinenserviette ganz natürlich hin. Ich blieb noch ein wenig, denn inzwischen liebte ich die Atmosphäre im Studierzimmer. Auch war ich ganz fasziniert von der Vorstellung, wie ein vollbärtiger Mann ein Glas Milch trinken würde. Seine Manieren waren gewählt, aber nicht unnatürlich. Während ich ihn beobachtete, merkte ich, daß er gern Wasser hätte, um sich die Hände zu reinigen. Ich brachte ihm ein feuchtes Tuch. Er schien erfreut über diesen kleinen Dienst.

Ich wollte mich gern mit ihm unterhalten, wußte aber nicht, was ich sagen oder wie ich es beginnen sollte.

Er unterbrach das unbehagliche Schweigen, indem er fragte: „Mußt du nicht ins Büro?" Ich konnte mich nicht erinnern, es erwähnt zu haben.

„Ich habe mir gedacht, daß ich, solange du hier bist, nicht zur Arbeit gehen werde, Maharishi. Ich kann es bestimmt einrichten." Ich schwieg einen Moment und begann dann wieder: „Außerdem sollte jemand hier sein, der für dich sorgt. Wer soll sich um dein Essen kümmern?"

„Ist deine Arbeit nicht schön?"

„Sie ist sehr schön. Ich kann kommen und gehen, wann ich will, solange ich Ergebnisse vorweisen kann. Aber es ist ein schlimmer Ort. Den ganzen Sommer über sind alle angespannt und nervös. Es ist wirklich schlimm. Natürlich erfreue ich mich an den Vorstellungen und den Künstlern, aber es gibt doch sehr viel Spannung. Ich würde diesen Sommer lieber zu Hause bleiben."

Irgendwie ließ das Schauspiel, das sich im Moment zu Hause abspielte, das Theater, welches mir immer so aufregend vorgekommen war, blaß und alltäglich erscheinen.

Maharishis folgende Worte prägten sich mit solcher Macht in meinem Geist ein, daß ich sie niemals mehr vergessen habe:
„Betrachte die Arbeit,
verrichte sie,
bleib frei von Sorge."

Eine einfache Formel, aber sie hat mich seit jenem Tag immer geleitet, und ich fand sie unschätzbar hilfreich, um zu erreichen, was ich im Leben erreichen wollte. Ich hatte nie gewußt, wie einfach es ist, ‚frei von Sorge' zu bleiben, wenn man es wirklich will, und wenn man sich ganz seiner Arbeit widmet, bleibt keine Zeit für Sorgen.

Ich begann, Maharishi in einem neuen Licht zu sehen, und mir kam der Gedanke: „Ob er uns wirklich so sehr braucht? Womöglich sind wir es, die ihn brauchen?"

Die Türglocke unterbrach uns. Ich ging hinaus, um zu öffnen. Draußen stand ein süßes, junges Mädchen mit zwei großen Koffern. Ohne auf eine Einladung zu warten, trat sie unverdrossen ein.

„Mein Name ist Sheela Devi. Ich bin von Hawaii herübergekommen, um für Maharishi zu kochen und zu sorgen."

Ich hätte fast gesagt: „Warum haben Sie so lange gebraucht", aber ich fürchtete, sie würde für meine Art von Humor kein Verständnis haben. Stattdessen rief ich nach Tina, um sie zu begrüßen. Als ich Maharishi von Sheela erzählte, leuchteten seine Augen auf.

„Eine gute Seele. Sie hat in Hawaii für mich gesorgt. Eine sehr gute Köchin. Sie schreibt auch und erledigt die Büroangelegenheiten. Nun brauchst du dich nicht mehr um mich zu kümmern."

Ich war darüber gar nicht so glücklich. Ich liebte es bereits, ‚mich um ihn zu kümmern', aber in meinem Hinterkopf lauerte ein schnell vertraut gewordener Spruch: ‚Betrachte die Arbeit, verrichte sie'.

Zwei Stunden nach meiner persönlichen Unterweisung durch Maharishi betrat ich mein Büro. Die Büros befanden sich alle unterhalb des Theaters.

Ich betrachtete die Umgebung meines Arbeitsplatzes und war deprimiert: Graue Wände, triefend von den Spuren undichter Regenrinnen. Nach der Helligkeit von Maharishis Gegenwart war es unerträglich.

Ich suchte sofort die Produktionsleiterin auf und fragte sie, ob es möglich sei, die Wände in meinem Büro zu streichen. Ihre Treue gegenüber dem Theaterbudget bedeutete normalerweise immer ‚nein‘, und diesmal würde sie sicherlich keine Ausnahme machen.

Ich wünschte mir so sehr, zu Hause zu sein und drohte mit solcher Begeisterung zu kündigen, daß sie sofort wußte, ich meinte es ernst. (Ich stand am ‚Griechischen Theater‘ in dem Ruf, mit Kündigungen zu drohen).

Aber man ließ mich nicht gehen. Ich hatte das Gefühl, daß ich bleiben mußte, weil ich im Moment zu Hause fehl am Platz war. Schnell waren einige Maler zusammengerufen, und Vorschläge für gelbe Wände und eine blaue Decke wurden ohne Kommentar akzeptiert. Die guten Eigenschaften meines Büros waren ungewöhnlich dicke Wände und eine fest schließende Tür. Ich schaltete das Licht aus und begann mit meiner zweiten Erfahrung der Transzendentalen Meditation (kurz TM).

Nach einiger Zeit fühlte ich mich wunderbar erfrischt und hatte das Bedürfnis, meiner Arbeit mehr Aufmerksamkeit zu widmen. Den ganzen Tag über flossen die Ideen, und ich wurde nicht müde.

Ich fragte mich, ob TM so schnell eine solche Wirkung haben könnte. Aber eigentlich war das gar nicht wichtig. Was zählte war, daß ich Freude daran hatte.

Als ich abends nach Hause kam, fand ich das Haus voller Leute, die überall herumliefen. Jeder schien beschäftigt und glücklich und von Papieren in Anspruch genommen zu sein und was weiß ich noch alles. Aus der Küche kam der köstliche Geruch von Curry, aber meine Nachforschung ergab: Es war nur Geruch, keine Substanz!

Auf der hinteren Veranda waren Wäscheleinen aufgespannt und mit seidenen Tüchern zum Trocknen behängt. Ich erkannte das schöne Material aus Maharishis kleiner Teppichrolle. Sheela kam herein, um mit dem Bügeln zu beginnen. Sheela konnte großartig arbeiten, hielt aber nicht viel vom Reden. Ich hatte so viele Fragen. Gefiel es ihr wirklich, zu waschen, zu bügeln und zu kochen? Sie antwortete mit ‚ja' und fügte nach einer kurzen Pause hinzu: „Für Maharishi."

Während ich sie beobachtete, wie sie peinlich genau und mit so viel Sorgfalt die Seide bügelte, lachte ich ein wenig und sagte: „Ich bin froh, daß Sie das machen und nicht ich", ohne mir träumen zu lassen, daß ich selbst eines Tages, schon bald, zu der Gruppe von Menschen gehören würde, die auf eine Chance warteten, genau dasselbe zu tun.

Wahrscheinlich begleiteten mich die Wirkungen der TM noch bis in den Abend hinein, denn es geschah, daß ich zuerst das Studierzimmer aufsuchte, bevor ich das Wohnzimmer betrat – und das war gut so!

Maharishi saß immer noch auf dem Sofa. Er wirkte entspannt und schien sich ganz zu Hause zu fühlen. Er begrüßte mich voller Wärme.

„Hattest du einen schönen Tag, Maharishi?" erkundigte ich mich.

„Einen sehr schönen."

„Hattest du Zeit, an deinem Vortrag für heute abend zu arbeiten?"

„Ich spreche einfach. Vorbereitung ist nicht nötig."

Ich dachte an jene hervorragenden Vorträge, die wir gehört hatten, jeder von ihnen ein Juwel der Perfektion. Maharishi sprach das Königsenglisch, jedoch abgerundet durch den hinzugefügten Akzent seiner Geburtssprache. Die Abhandlungen waren so einfach erklärt, daß der tiefe Gehalt seiner Worte Stück für Stück in das Bewußtsein sickerte. Das Ergebnis war ein natürliches und müheloses Verständnis.

Ich kam abrupt auf die Erde zurück. Das Wort ‚Vortrag' erinnerte mich an die Ankündigung, daß es keine weiteren Vorträge im Kellergeschoß der Kirche geben würde.

„Maharishi, hat dein Komitee sich entschieden, wo die Vorträge nun stattfinden werden?"

Maharishi erhob sich schnell und schlüpfte in seine Sandalen.

„Komm", sagte er.

Als wir den Flur hinuntergingen, kam Roland nach Hause und wechselte ein paar Grußworte mit Maharishi. Dieser öffnete die Flügeltüren, die von der vorderen Diele in das Wohnzimmer führten.

Wir starrten ungläubig hinein.

Sollte das unser Wohnzimmer sein? Alle größeren Möbelstücke waren an die hintere Wand gerückt und dreißig Klappstühle an ihrer Stelle aufgestellt worden. Da stand das Tonbandgerät bereit, der bezogene Sitz, der niedrige Tisch und die vielen Blumensträuße... alles war da, außer dem Mikrophon!

Maharishi stand strahlend neben uns und überblickte das ganze Arrangement. Roland und ich bekamen eine Art leichten Schock und waren bemüht, unsere Haltung zurückzugewinnen. Maharishi wartete. Wie gewöhnlich sprach er nicht.

Endlich kam mir ein Gedanke. ‚Es tut ja wirklich niemandem weh, und wir brauchen nur die Treppe hinunterzugehen, um einen hervorragenden Vortrag zu hören.' Ich wandte mich meinem Mann zu und brachte schließlich heraus:

„Ist das nicht hübsch? Es geht recht gut so, und es erspart uns den Weg zu den Vorträgen. Und", ich senkte meine Stimme in der Hoffnung, nur Rolands Ohr zu erreichen, „es ist nur für ein paar Tage."

„Sehr hübsch", sagte Maharishi.

An diesem Abend stimmten wir ihm alle zu. Jedermann fühlte sich zu Hause, und es herrschte eine entspannte Wärme und Fröhlichkeit.

Maharishi war erst wenige Tage bei uns, und schon hatte sich der Charakter unseres Hauses völlig gewandelt. Morgens drang der süße Geruch von Räucherstäbchen aus dem Studierzimmer, während neue Unterweisungen stattfanden. Mehr und mehr Blumensträuße tauchten an allen möglichen Stellen des Hauses auf. Auf den Tischen standen riesige Körbe mit Früchten, von den persönlichen Unterweisungen zurückgelassen. Die Leute kamen von acht Uhr morgens bis spät in die Nacht. Das Telefon klingelte ununterbrochen. Die beiden Siamkatzen befanden sich dauernd zwischen den Füßen von irgendwelchen Leuten. Jeder bat jeden ständig um Ruhe. Es war nicht möglich, an die Waschmaschine heranzukommen. Sheela machte aus der Wäsche eine Zeremonie. Unsere schmutzige Kleidung durfte nicht einmal im gleichen Raum mit Maharishis Handtüchern liegen. Dutzende von Töpfen mit Gemüse standen auf dem Küchenherd, und Chaos, wohin man blickte.

Der Abendvortrag brachte neue, eifrige, strahlende Gesichter, die die Worte des Meisters hören wollten.

Der orientalischen Sitte folgend, wurden die Leute gebeten, ihre Schuhe auszuziehen. Männer wie Frauen entledigten sich ihrer freudig, und Dutzende von Schuhen lagen über dem Fußboden verstreut, wo immer man sie gerade ausgezogen hatte.

Es war ein herrliches Chaos, aber es war Chaos.

Im oberen Stockwerk praktizierten Roland und ich die TM-Technik, erfreuten uns daran und zählten doch die Tage, bis alles vorüber war. Als der fünfte Tag heraufdämmerte, atmeten wir erleichtert auf.

,,Stell dir vor, ich hätte meinen Job aufgegeben", sagte ich zu meinem Mann. ,,Ich wäre völlig durchgedreht bei all dem Durcheinander. Das mußte ich einmal sagen, wenn Maharishi auch bestimmt ein sehr weiser Mensch ist und es ein seltenes Privileg war, ihn kennenzulernen. Ich hoffe, daß ihm sein Aufenthalt bei uns gefallen hat."

Roland lächelte etwas wehmütig.

,,Nun ist es bald vorüber", sagte er.

Noch früh am Morgen suchte ich mit einem ,Jetzt aber' all meine schmutzige Wäsche zusammen und eilte zur Waschmaschine. Nein, immer noch nicht! Da stand sie und summte vor sich hin, bis zum Rand gefüllt mit herrlicher Seide.

,,Bis morgen werde ich es noch aushalten, aber keinen Tag

länger," sagte ich zu mir. Als ich auf dem Rückweg nach oben durch den Eßraum ging, begegnete ich Dutzenden von Menschen, die Arme voller Blumen.

„Können Sie mir sagen, wo ich die Dame des Hauses finde?"
„Ich weiß es nicht," sagte ich.

Zu allem Überfluß sah ich auch noch aus wie das Hausmädchen. Meine Arme waren mit schmutziger Wäsche beladen, meine Haare waren ungekämmt, ich hatte meinen Kaffe nicht bekommen, und der Anblick von so vielen lächelnden, glücklichen Menschen so früh am Morgen, war etwas ärgerlich.

Am Nachmittag rief ich meinen Mann vom Theater aus an, und wir verabredeten, zum Abendessen auszugehen. Als wir nach Hause kamen, hatte der Vortrag bereits begonnen.

Maharishi ließ einige Leute aufstehen und Sessel für uns besorgen. Ein Mißtrauen regte sich in mir. Ich konnte nicht sagen, warum.

Wieder schwebten seine wundervollen Worte durch den Raum, eindringliche Worte, wie ich sie nie zuvor von irgendeinem Menschen vernommen hatte. Von unserem Platz aus konnte ich die Freude auf den Gesichtern um uns herum erkennen. Mei-Ling und Su-Ling wanderten hier und dort zwischen den Gästen umher und warben mit ihrer besten ‚Sieh doch, wie großartig ich bin'-Manier um Aufmerksamkeit. Ab und zu sprangen sie jemandem auf den Schoß, der kein Katzenliebhaber war und blickten herablassend in ein erschrecktes Gesicht. Sie waren das lebende Abbild der stolzen Tradition ihrer siamesischen Ahnen.

Alle Augen waren auf Maharishi gerichtet, während er sprach:

„Das Gehirn des Menschen ist mit der Fähigkeit ausgestattet, absolute Seligkeit zu erfahren, absolutes Glück, absoluten Frieden, absolute Kreativität, absolute Weisheit. Der absolute Bereich des Lebens kann vom Menschen erfahren, erschlossen und beständig gelebt werden. Diese Möglichkeit ist in ihm angelegt und das aufgrund der gütigen Natur des

Allmächtigen."
"Die Fähigkeit ist da. Das Feld des absoluten Seins ist da. Wir müssen nur anfangen, es zu erfahren. Alles, was wir tun müssen ist, Transzendentale Meditation in die tägliche Routine einzufügen. Und Meditation ist nicht das, was man im Westen darunter versteht."
"Im Westen wird Meditation als ein oberflächlicher Vorgang aufgefaßt; oberflächlich in dem Sinn, daß man sich eine Zeile oder einen Satz oder einen Gedanken nimmt und darüber nachdenkt."
"Wenn wir auf der geistigen Denkebene verharren, ist es genauso, als würden wir versuchen, verschiedene Ebenen eines Sees zu erforschen, indem wir auf der Oberfläche herumschwimmen. Fein, wir mögen auf der Oberfläche des Sees verschiedene Ecken und Winkel und verschiedene Bereiche finden. Sehr gut. Sie alle sollen erschlossen werden. Alles Unbekannte sollte bekannt sein."
"Aber wenn wir die ganze Zeit über auf der bewußten Ebene bleiben, an der Oberfläche des Lebens, auf der Denkebene des Geistes, werden nicht alle Ebenen des Lebens erschlossen. Es liegt noch eine große Tiefe unter der Oberfläche des Wassers. Wir müssen nur hinabtauchen und wieder herauskommen."

Das Echo ganz anderer Gespräche in unserem Haus schien von den Wänden zurückzuhallen. Ich versuchte, sie schnell auszuschließen und nur seine Worte zu bewahren. Ich hatte so viele Worte gesprochen und so vielen Worten gelauscht, weil es mich nach den richtigen gedürstet hatte. Hier waren sie, so frei in der Gemütlichkeit unseres eigenen Hauses geschenkt. Ich war begierig, mehr davon zu hören.

"Transzendentale Meditation ist jene Technik, die unseren Geist von der Oberfläche des Lebens in die Tiefe des Seins trägt. Auf diese Weise werden die Gedankenwellen machtvoller, die Gedanken werden machtvoller. Wenn die Gedan-

kenkraft machtvoll ist, wird das ganze Leben machtvoll. Das gesamte Leben ist nichts als ein Spiel des Geistes. Wenn der Geist schwach ist, ist das Leben schwach, die Leistungen sind schwach, und Leiden ist stark."

„Wenn der Geist stark ist, ist die Gedankenkraft stark, die Leistungen sind größer, Leiden bleibt aus."

Als das Treffen vorüber war, dachte ich, daß es doch etwas seltsam war, daß keine Bemerkung über die Beendigung der Vortragsreihe gefallen und daß kein Wort des Dankes gegenüber Maharishi ausgedrückt worden war.

Während wir zusahen, wie die Leute zur Tür hinausgingen, fühlten wir uns ungewöhnlich fröhlich. „Adieu, adieu," sagten wir, lachten und freuten uns.

Bald war das Haus still, und wir gingen zu Maharishi ins Studierzimmer, um gute Nacht zu sagen.

„Setzt euch her." Er bedeutete Roland und mir, uns zu setzen. Die Katzen strichen um unsere Füße. Tina kam herein und gesellte sich zu uns. Theresa erfreute sich den ganzen Tag über an allem, was im Hause vor sich ging, aber besonders schätzte sie die Gaben mitgebrachter Früchte. Sie kam herein, während sie ein letztes Stück vor dem Zubettgehen genoß.

Nach und nach wurde mir die Freude und Wärme der kleinen Versammlung bewußt. Jeder fühlte sich behaglich und erzählte von dem, was er heute erlebt hatte. Maharishi lächelte über Tinas Bericht von ihrem Tag, und auf einmal merkte ich, daß ich ihn nicht gehen lassen wollte.

Dieser Mann, fremd in Kleidung und Ideen, war ein Teil unserer Familie. Wir fühlten uns so unbeschwert mit ihm, und er machte uns so glücklich. Allein seine Gegenwart im Haus war eine Freude. Nein, wir wollten uns bestimmt nicht von ihm trennen.

Roland mußte den gleichen Gedanken gehabt haben wie ich. So seltsam es klingen mag, begannen wir beide Maharishi zu überreden, länger zu bleiben. Er blickte von einem zum anderen. Theresa saß auf dem Boden. Sie nahm die Frucht herunter und schaute Maharishi in die Augen.

„Oh, bitte!" sagte sie.

„Ich denke, es wäre ein Jammer, jetzt fortzugehen, Maharishi", sagte ich. „Die Leute fangen gerade erst an, zu verstehen, was du sie lehren kannst. Oh bitte, gehe nicht, bitte nicht."

„Aber die Leute, sind sie nicht eine zu große Belastung für euch?"

„Oh nein, nein, nein, bestimmt nicht! Ich bin den größten Teil des Tages sowieso nicht zu Hause. Wir essen fast den ganzen Sommer über außerhalb, und wenn die Theatersaison beginnt, geht die gesamte Familie hin und hilft mit. Ich denke, es läßt sich gut einrichten. Was meinst du, Roland?"

Roland blickte ein wenig verwundert. Er wußte recht gut, daß Frauen das Privileg besitzen, ihre Meinung zu ändern. Ich lächelte innerlich, als er genau das gleiche tat, und Maharishi zu überreden begann, den ganzen Sommer über zu bleiben. Den praktischen Gesichtspunkt im Auge sagte er: „Wenn du wirklich vorhast, um die Welt zu reisen, brauchst du Prospekte, Broschüren, all die Dinge, die wir als ‚Werbung' bezeichnen und die dir bei deiner Aufgabe helfen können."

Insgeheim hatten wir uns über die Vorstellung, wie Maharishi um die Welt reisen würde, ein wenig lustig gemacht. Wie konnte jemand in einer so seltsamen Kleidung, ohne Geld, ohne jemanden zu kennen, dem die Namen der Städte, abgesehen von den ganz großen, nicht vertraut waren, es jemals schaffen, um die Welt zu kommen?

Tina sagte sehr wenig, aber als Maharishi sie anblickte, lächelte sie und nickte mit dem Kopf.

Eine Weile saßen wir schweigend da und baten mit unseren Augen und unseren Herzen, während wir auf seine Antwort warteten. Plötzlich miauten Su-Ling und Mei-Ling fast im gleichen Moment. Es war kein besonders angenehmer Laut, aber irgendetwas daran brachte Maharishi zum Lachen. Wir hatten ihn noch nie herzlich lachen hören. Es war ein tiefes und gleichzeitig aufrichtiges und kindliches Lachen. Es war wunderbar: Es schloß uns alle mit ein, und es war ganz persönlich.

Wir saßen einfach da und genossen jeden Augenblick. Als die letzten kleinen Wellen verebbt waren, sagte ich:

„Maharishi, dein herrliches Lachen bedeutet, daß du noch bleibst, nicht wahr?"

„Ich hatte nicht geplant zu gehen," sagte er und lachte wieder. Und wir fielen alle mit ein. Es war ein Lachen voller Freude.

Auf dem Weg nach oben fühlten mein Mann und ich uns ungewöhnlich glücklich. Sogar der Gedanke an all die Unannehmlichkeiten machte uns nichts aus. Wir merkten, wenn auch noch ein wenig vage, daß etwas Gewaltiges mit unserem Leben geschah.

Es war, als spielten wir eine Rolle ohne Drehbuch: Es blieb nichts übrig, als aus dem Stegreif zu spielen.

Eines war sicher, Maharishi spielte nicht aus dem Stegreif. Es war nicht schwer, einen feinen Geist zu spüren, der die Begebenheiten lenkte, und es war eine Freude, ein Teil davon zu sein. Unser Zuhause war immer ein glücklicher, angenehmer Ort gewesen, aber nun, seit Maharishi sich darin aufhielt, war es vollkommen geworden.

Er war nicht länger unser Gast, sondern gehörte nun mit zur Familie. Es war ein wundervolles, angenehmes Gefühl. Es hatte zur Folge, daß man nicht an Morgen oder an Übermorgen dachte, nur daran, den gegenwärtigen Augenblick zu nehmen und sich an jedem köstlichen Moment zu erfreuen.

KAPITEL 4

HAT JEMAND DEN PRÄSIDENTEN ANGERUFEN?

Das Haus hatte seit 1909, dem Jahr seiner Entstehung, viele Familien beherbergt. Wir fragten uns oft, ob es sich den Bedürfnissen der anderen Familien ebenso perfekt angepaßt hatte wie den unseren, welche Ansprüche wir auch immer daran stellten.

Man könnte meinen, das Haus wäre speziell für diesen herrlichen Sommer entworfen worden. Man stelle sich einmal vor, einen Architekten mit dem folgenden Problem zu konfrontieren:

„Wir brauchen ein Haus für eine Familie mit sechs Personen — vier Mädchen und ihre Freunde. Im Laufe der Zeit muß es auch einen Yogi beherbergen, der täglich fünfzig Leute oder mehr zu einer privaten Audienz empfängt. Es muß einen Empfangsraum besitzen, ein Büro, Platz für etwa ein Dutzend Menschen zum Meditieren und entsprechende sanitäre Anlagen. Natürlich muß es günstig gelegen sein, in der Nähe mehrerer Buslinien, im Herzen der Stadt, aber es muß auch eine ruhige Atmosphäre besitzen. Außerdem sollten die Kosten innerhalb vernünftiger Grenzen bleiben."

So unglaublich es klingen mag — das Haus besaß alle diese Eigenschaften.

Das Studierzimmer, welches in Maharishis Empfangsraum umgewandelt worden war, lag günstig an der Rückseite des Hauses und konnte von der einen Seite durch eine kleine Bibliothek und von der anderen Seite durch einen Seitengang betreten werden, der von der Hauptdiele herüberführte. Zwei große Fenster gaben Maharishi Licht und frische Luft und boten außerdem einen herrlichen Ausblick auf den Garten.

Jeder bewunderte die großen Bäume auf dem Grundstück;

eine riesige Eiche beschattete die Vorderseite des Hauses. Jakaranda, Bergahorn (in Kalifornien für seine Fülle von Lavendel-Blüten berühmt), blühender Pfirsich und Lemonen schenkten dem Garten Schatten, Duft und viele Singvögel.

Maharishis Schlafzimmer lag abseits von den übrigen Räumen im oberen Stockwerk, mit einem besonders schönen Blick auf den Garten.

Das einzige, was ihm fehlte, war ein Telefon!

„Könntest du nicht gleich einen zusätzlichen Telefonanschluß für das Studierzimmer bestellen?" bat ich meinen Mann, nachdem Maharishi eine Weile bei uns gewesen war.

„Was könnte Maharishi mit einem Telefon wollen?" fragte er.

„Er würde es selbst vielleicht nie benutzen, aber so viele Leute rufen an und bitten um ein Gespräch mit ihm. Normalerweise gibt er den Leuten, die gerade zufällig an seinem Zimmer vorbeikommen, eine Botschaft mit, aber ab und zu muß er doch in ein anderes Zimmer gehen, um zu telefonieren. Es wäre sehr schön, wenn er im Studierzimmer ein Telefon hätte."

Wir hatten dort nie einen Anschluß, da dieser Raum zum Studieren gedacht war.

Als Roland ging, um Maharishi gute Nacht zu wünschen, lächelte er ihm zu.

„Morgen sollst du ein eigenes Telefon bekommen. Wäre dir das recht?"

Maharishis Augen zeigten einen unerwarteten Glanz.

„Oh, sehr schön, sehr schön," strahlte er.

Irgendwie verbindet man Telefon nicht mit einem Yogi. Wir stellten ihn uns immer in einer Höhle im Himalaya vor. Damals wußten wir noch nicht, daß Maharishi sehr wenig Zeit, wenn überhaupt, in einer Höhle in den Bergen verbracht hatte.

Am nächsten Morgen, noch bevor das Telefon angeschlossen wurde, hatte Maharishi etwas freie Zeit, und ich stellte ihm ein paar Fragen.

„Maharishi, lebst du in Indien wirklich in einer Höhle?"

„Die meiste Zeit über, wenn ich in Uttar Kashi bin. Aber in den letzten Jahren bin ich herumgereist und habe den Menschen von dieser Technik der Transzendentalen Meditaion erzählt."

„Ist es angenehm, in einer Höhle zu wohnen?"

Maharishi lachte. „Es ist sehr angenehm in der Transzendenz."

Ich wußte, daß er sich auf den Zustand des Seins bezog, verstand aber zu diesem Zeitpunkt die Bedeutung von ‚Transzendenz' noch nicht ganz. Ich wußte nur, daß es ein Zustand war, der alle anderen Zustände transzendiert, überschreitet. Es war für mich zu vage, um weiter darüber nachzudenken.

„Gibt es denn keine wilden Tiere in den Höhlen?"

Maharishi war wirklich amüsiert, und sein Lachen war laut und herzlich.

„Einige wandernde Mönche und Asketen sitzen in solchen Höhlen, aber dort, wo ich wohne, in einem kleinen Ashram in Uttar Kashi, ist die Höhle eine Art kleiner Keller unter einem Zimmer. Der Eingang besteht aus einer Öffnung, die gerade groß genug ist, um eine Person hineinzulassen. Dort unten ist es ruhig. Kein Geräusch. Kühl im Sommer. Warm im Winter."

„Ich könnte niemals an so einem Ort meditieren. Ich würde mich lebendig begraben fühlen."

Maharishi schien erleichtert, daß ich nicht vorhatte, dort zu leben.

„Es ist nicht notwendig," sagte er. „Das ist das Leben eines Mönches. Für den Menschen in der Welt genügt es, wenn er den Klang benutzt, den ich ihm gegeben habe und meditiert, wo immer er sich befindet. Du kannst sehr gut hier in deinem gemütlichen Heim meditieren."

„Wie machst du es mit dem Essen in Uttar Kashi?"

„Nahrung ist nicht immer notwendig. Aber wenn ich esse, kommt ein Mann aus dem Dorf und kocht Gemüse. Ich unterbreche die Stille nicht, um jemanden zu sehen oder zu sprechen."

Während er erzählte, war seine Stimme sanft und leise geworden; seine Augen waren halb geschlossen. Wir saßen einige Augenblicke schweigend da. Ein leises Klopfen an der Tür brachte die Welt der Aktivität wieder zurück. Unterredungen warteten auf ihn. Ich kam bereits zu spät zur Arbeit.

Alle Mitarbeiter und Künstler hatten die Wohltaten eines übereifrigen Bekehrungswillens genossen. Ein gutgemeinter Rippenstoß war zu erwarten gewesen. Es war nett, das gelegentliche Kompliment des Direktors zu hören, der der Meditation etwas zugeneigt war, aber sein eigenes System praktizierte. „Was immer Sie da bekommen haben, behalten Sie es. Es tut Ihnen gut," sagte er. Die Ausübung der TM-Technik hatte ein verborgenes Pflichtgefühl in mir geweckt. Es schien, als ob ich mehr leisten wollte als je zuvor, und mit nur wenig zusätzlicher Mühe erzielte ich bessere Resultate. Kein Wunder, daß der Direktor es billigte.

Um die Mittagszeit rief ich zu Hause an. Eine glückliche Stimme antwortete mir. Es war Maharishi. Er klang wie ein Kind mit einem neuen Spielzeug. Es war gar nicht so leicht, ein Gespräch in Gang zu halten, da ich eigentlich nichts zu sagen hatte und der Klang seiner Stimme den Wunsch in mir weckte, ihm einfach zuzuhören und nichts zu reden. Schließlich sagte er: „Jai Guru Dev", und hängte ein.

Ich hatte diese Worte noch nie von ihm gehört und fragte mich, was sie wohl bedeuten mochten.

Der Abendvortrag spiegelte Maharishis glückliche Stimmung wider. Das Wohnzimmer war überfüllt. Es mußten noch Stühle in der Bibliothek und in der vorderen Diele dazugestellt werden. Viele saßen auf der Treppe.

Jeder konnte ihn hören, wenn auch nicht sehen.

Für die Neuankömmlinge wiederholte er die Ziele, die durch das Programm der Transzendentalen Meditation erreicht werden können.

„Wünsche mehr, erreiche mehr, lebe besser und länger."

Jemand fragte, wie das durch TM zu verwirklichen sei. Seine Antwort:

„Wenn der Geist feinere Ebenen des Denkens erfährt, wird der Atem sanfter, feiner, weniger Sauerstoff wird gebraucht. Der Körper lernt, es leicht zu nehmen. Der Geist wird stärker. Frustrationen und Spannungen verschwinden." [1]

Ein gut informierter ‚Spaßvogel' entgegnete:
„Ist es wert, unser Leben zu verlängern? Wir leben in einem Atomzeitalter und können jederzeit in die Luft geblasen werden."
Maharishi wurde ernst und sagte:

„Wenn ein Zehntel der erwachsenen Bevölkerung der Welt das TM-Programm ausüben würde, wäre Krieg unmöglich. Die Wellen des Friedens sind so machtvoll; sie überschatten den Wunsch nach Krieg. Krieg wird in jedem einzelnen erzeugt, nicht in der Regierung. Es ist eine Anhäufung von Frustration und Spannung. Die Regierungschefs sind nicht die primären Verursacher des Krieges. Sie handeln entsprechend den Wünschen ihrer Bevölkerung." [2]

Viele Fragen über den Weltfrieden wurden gestellt und von Maharishi vortrefflich beantwortet. Nach dem Vortrag diskutierte eine Gruppe von Männern weiter über dieses Thema.
„Wir sollten den Präsidenten anrufen!" sagte ein junger TM-Ausübender.
Einige der Männer scheuten vor diesem Vorschlag zurück, ebenso einige Frauen. Einer Anzahl junger Studenten gefiel der Vorschlag und sie trugen ihn Maharishi vor. Er lächelte ihnen zu und bat sie, weiter darüber nachzudenken.
Nachdem die neuen Leute alle gegangen waren, setzten sich einige der länger Meditierenden mit Maharishi zusammen ins Studierzimmer.
„Was waren das für indische Worte, die du heute abend gesagt hast, Maharishi? Wir sind nicht sicher, ob wir sie richtig verstanden haben." Wir blickten Mrs. Lutes dankbar an. Wir

wollten es alle gerne wissen, mochten aber nicht fragen. Mrs. Lutes hatte Maharishi bei den Unterredungen geholfen und schien sich in seiner Gegenwart vollkommen wohl zu fühlen.

„Ah, ‚Jai Guru Dev', ganz einfach. Es bedeutet ‚Heil Dir, göttlicher Lehrer'. Schön?"

„Sehr schön", stimmten wir alle zu.

Jeder von uns versuchte sich in seinem begrenzten Sanskrit, und schließlich konnten wir alle diesen Segen irgendwie aussprechen.

„Auf diese Weise ehren wir alle göttlichen Lehrer," sagte Maharishi.

An jenem Abend sagten wir alle anstatt ‚Gute Nacht' ‚Jai Guru Dev'. Es war ein wunderbares Gefühl, und bald begannen es mehr und mehr Leute um uns herum zu sagen. Wir sprachen das ‚Jai' wie ‚dsche-i'. Es wurde zum Ersatz für ‚Hallo', ‚Auf Wiedersehen', ‚Danke', was immer gerade benötigt wurde. Wir fügten es Briefen hinzu, Postkarten und jedem Gruß.

Es war interessant zu hören, wie Maharishi die Aussprache variierte. Sagte er ‚Jai Guru Dev' zu Kindern, so klang es ganz anders als sein ‚Jai Guru Dev' zu Erwachsenen oder zur Familie oder zu jenen, die er zum ersten Mal traf. Eine Prise Humor kam hinzu, wenn er seinen Kopf hin und her bewegte und es im Rhythmus sprach. Am Telefon dehnte er die Vokale, und es wurde zu einem Segen.

Ein oder zwei Wochen waren vergangen, als die Leute begannen, über all den Spaß, den Maharishi mit dem neuen Telefon hatte, zu tuscheln und zu lachen. Aus allen Teilen der Welt kamen Anrufe. Burma, Malaysia, Hongkong, Hawaii und natürlich Indien fügten neue Akzente dem Gewirr der Klänge in ‚433' hinzu.

Wir waren an Ferngespräche gewöhnt, beschränkten sie jedoch nach Möglichkeit auf dringende Fälle.

Eines Nachts, es war kurz nach Mitternacht, kam ein Anruf für Maharishi aus Indien. Da ich zufällig noch auf war, nahm ich ihn entgegen und rief nach ihm. Das Gespräch fand in Hindi statt, doch aufgrund des steigenden Tonfalls in Maharishis

Stimme vermutete ich, daß womöglich bei ihm zu Hause etwas nicht in Ordnung sei.

„Stimmt etwas nicht, Maharishi?" fragte ich, während er langsam den Hörer zurücklegte.

„Ah, Jai Guru Dev", sagte er, als er mich erblickte. „Alles in Ordnung, sehr schön. Jemand hat mir nur von seiner TM-Praxis erzählt. Andere in seinem Center machen sich darüber Gedanken, was ich esse."

Ich ging hinauf in mein Zimmer, ein wenig verwirrt. Roland, der sich früh zurückgezogen hatte, hatte das Läuten des Telefons gehört.

„Stimmt etwas nicht?" fragte er.

„Es ist nichts, gar nichts. Nur ein freundlicher Schwatz mit Indien."

Bevor ich einschlief, kam mir vage der Gedanke, wie diese Leute wohl an unsere Telefonnummer gekommen waren.

Wir sollten es erfahren, als die Rechnung kam. Offensichtlich waren noch andere Gespräche mit anderen Leuten und anderen Ländern hin- und hergegangen, und im Vergleich dazu sahen unsere bisherigen Gebühren von 40 bis 50 Dollar völlig unbedeutend aus. Wir hatten es immer als selbstverständlich angesehen, alle Kosten, die im Hause anfielen, selber zu tragen. Bisher waren Maharishis Unkosten nicht der Rede wert gewesen. Etwas Gemüse und ein wenig Yoghurt war alles, was er brauchte; aber diese Rechnung brachte uns in Verlegenheit. Wir waren geneigt, einen seiner Ausdrücke anzuwenden: ‚Was ist zu tun?'.

„Er kümmert sich nie um Geld. Was er braucht, scheint einfach zu ihm zu kommen. Ich nehme an, er hat keine Ahnung, was Telefongespräche kosten," argumentierte Roland.

„Vielleicht solltest du dich mit ihm zusammensetzen, unser Gebührensystem erklären und ihm klar machen, wie schnell sich die Kosten summieren. Er ist so gutmütig, er hängt nie von sich aus ein. Er wartet immer, bis der andere sich zuerst verabschiedet."

„Ich habe in diesem Haus recht oft versucht, unser Gebührensystem zu erklären. Ohne viel Glück." Roland sah mir direkt in die Augen. „Aber ich sollte wohl besser etwas tun."

Rolands Nachsicht mit der Familie war allgemein bekannt. Bei der einzigen Lektion, die wir je erhalten hatten, war es um Telefonkosten gegangen, einfach, weil Roland es nutzlos fand, so viel zu bezahlen, wenn wir nur immer und immer wieder das gleiche sagten.

„Laß uns zu ihm gehen und darüber sprechen," sagte ich.

Maharishi saß ruhig im Studierzimmer, eine Hand auf dem Telefon, als wir eintraten.

„Ah, Jai Guru Dev, Jai Guru Dev," begrüßte er uns.

„Jai Guru Dev, Maharishi," begann Roland. Seine Stimme wurde immer ein bißchen rauh, wenn er eine unangenehme Aufgabe vor sich sah. „Ich möchte einen Augenblick mit dir über das Telefon sprechen."

Maharishi tätschelte es liebevoll und lächelte breit.

„Oh, schön, sehr schön."

„Nun gut," fuhr Roland fort, „wir freuen uns alle, daß du es benutzt, aber wir fragen uns, ob du verstehst, wie das Gebührensystem bei uns funktioniert."

Dann ging er in genaue Details wie Gesprächseinheiten, Direktanschlüsse mit dem Ausland usw.. Maharishi schien zuzuhören. Hier und da sagte er etwas, das sich wie ‚Um.m.m.' anhörte. Einige Male gähnte er.

„Nun, selbst der Präsident der Vereinigten Staaten bekommt keine Rechnung in dieser Höhe."

Roland schwenkte die Rechnung in der Luft.

Zum ersten Mal seit Beginn der kleinen Sitzung blickte Maharishi interessiert.

„Hat jemand den Präsidenten angerufen?" fragte er und strahlte.

„Nun, nein, nicht direkt. Maharishi, glaubst du, daß du unser Telefonsystem verstanden hast?" Roland machte eine Pause. Er war etwas verwirrt.

„In Indien ruft jeder den Präsidenten an. Auf diese Weise weiß er über alles Bescheid."

„Ich glaube nicht, daß bei uns irgendjemand den Präsidenten anruft. Zumindest habe ich noch nie davon gehört. Es ist schon schwierig, ihm einen Brief zukommen zu lassen," fuhr Roland fort.

Ich hätte gern etwas gesagt, um Roland zu unterstützen, aber ein Blick in Maharishis große, braune Augen, und es war unmöglich.

Maharishis trauriger Blick war sogar für Roland zuviel.

„Aber benutze es nur weiterhin, wie du es möchtest", sagte er.

Er wollte noch hinzufügen: ‚Achte ein wenig auf die Zeit', hielt aber inne. „Also gut!" schloß er lachend.

Als wir wieder in unserem Schlafzimmer waren, war uns ganz elend zumute. Wir konnten nicht sagen, warum. Wir fühlten uns im Recht, aber irgendetwas war falsch gelaufen.

„Ich wünschte, wir hätten ihn nicht damit belästigt", sagte Roland. „Das Telefon scheint ihm Freude zu machen. Ohne Zweifel muß er mit seinen TM-Centern in Kontakt bleiben."

„Wir haben ihm nicht gesagt, daß er es nicht benutzen soll. Du hast ihn nur gebeten, etwas achtsam zu sein."

Roland schaute mich an. Er sagte: „Ich wünschte trotzdem, ich hätte nichts davon erwähnt."

Als er sich jedoch an die Höhe der Rechnung erinnerte, kam etwas von dem alten Gefühl wieder zurück.

„Es ist ein Unding von Rechnung!" sagte er. „Wir werden einen Teil davon selber tragen und die Gruppe um den Rest bitten. Aber ich wünsche immer noch, ich hätte nichts zu ihm gesagt."

„Mach dir deswegen keine Gewissensbisse. Ich werde morgen früh als erstes hinuntergehen und ihn überreden, eine Menge Ferngespräche zu führen."

Es dauerte vielleicht zwei Jahre, bis wir den wahren Wert des Telefons erkannten. Mit seiner Hilfe war Maharishi in der Lage, schnell in alle großen Städte der Welt vorzudringen und seine Botschaft an Massen von Menschen weiterzugeben. Die Telefonrechnungen begannen winzig auszusehen im Vergleich zu der großen Aufgabe, die sie erfüllten. Reibungslose Kommunikation war für unseren Yogi aus dem Himalaya ebenso wertvoll wie für einen Geschäftsmann, und das Telefon stellte sich als ein höchst ökonomischer Weg heraus, in unglaublich kurzer Zeit eine Weltorganisation zu etablieren.

Aber dieser Abend war noch nicht zu Ende.

„Übrigens, die Lichtrechnung ist gekommen. Sie liegt auf deinem Frisiertisch." Ich hatte sie nicht geöffnet. Rechnungen machten mich immer nervös.

Roland öffnete den Umschlag und stieß einen Schrei aus.

„Oh nein! Schau dir das an. Sieh dir diese Rechnung an! Schaltet hier eigentlich nie irgendjemand mal das Licht aus?"

In einem großen Haus ist eine genaue Überwachung unumgänglich, um die Stromrechnung auf einer tragbaren Ebene zu halten. Wir waren in der vergangenen Zeit zu müde gewesen, um aufzubleiben, bis der letzte das Haus verlassen hatte. Ich nehme an, viele Lampen haben die ganze Nacht hindurch gebrannt. Ich zog es vor, die Höhe der Rechnung nicht zu kennen und sah nicht hin.

„Ich gehe gleich und schaue nach dem Licht", sagte ich.

Ich war erst halb die Treppe hinunter, als mein Blick den Zipfel von etwas Weißem auffing, das sich langsam durch das Wohnzimmer bewegte.

In seiner ruhigen, königlichen Art ging Maharishi von Zimmer zu Zimmer, und ein anmutiger Finger drückte sanft auf jeden Lichtschalter.

KAPITEL 5

ZU HAUSE — IN ‚433'

Alle liebten Maharishis Vorträge, und die Meditierenden kamen, so oft sie es einrichten konnten. Auch Su-Ling und Mei-Ling, die Siamkatzen, gesellten sich jeden Abend dazu. Wie Kinder tranken sie all die Zuwendung in sich hinein, die ihnen verschwenderisch zuteil wurde, und sie amüsierten uns alle, wenn sie versuchten, sich so nahe wie möglich an Maharishis Füßen auszustrecken. Er schenkte ihnen zwar Beachtung, schien es aber vorzuziehen, sie in einem gewissen Abstand zu halten. Das erreichte er, indem er eine Rose, oder was immer er gerade für eine Blume in der Hand hielt, hin und her schwenkte und sie damit leicht gegen den Kopf tippte.

Seltsamerweise gingen die Katzen, obwohl sie Jahre mit Tina in ihrem Zimmer verbracht hatten, nicht länger in diesen Teil des Hauses, sondern spielten stattdessen ein kleines Spiel mit Maharishi durch die Fenster des Studierzimmers hindurch.

Da Maharishi an die kühle Luft im Himalaya gewöhnt war, hielt er beide Fenster im Zimmer weit geöffnet, ungeachtet der Meeresbrisen, die den ganzen Sommer über vom Westen hereinwehten.

Ab und zu geschah es, daß Maharishi fragte: „Was ist das für eine Pflanze, die da so herrlich duftet?"

Wir antworteten ihm: „Jasmin." Darauf sagte er: „Jessamine?" Wir antworteten: „Nein, Maharishi, Jasmin. Genau genommen ist es Sternjasmin." Dann pflückten wir immer ein paar der wachsartigen, sternförmigen Blüten für ihn und wieder sagte er: „Jessamine."

Im Herbst 1959 gesellte sich ein sehr nettes Ehepaar zu der engeren Gruppe der Meditierenden, Jessamine und David Verrill. Jessamine Verrill war eine besonders reizende, charmante Person mit großen, braunen Sternenaugen. Helen Lutes stellte sie Maharishi vor.

„Maharishi, das ist Jessamine Verrill."

Maharishi sah sie an und lächelte. „Oh ja, Jasmin", sagte er.

Su-Ling und Mei-Ling machten gewöhnlich ihre Runden durch das offene Fenster des Studierzimmers. Mit einem sanften Satz sprangen sie von dem Jasminbeet im Garten auf die Rücklehne von Maharishis Sofa.

Er sprach ein sanftes Wort zu ihnen und weiter ging es durch das Haus zu ihrem eigenen Ausgang auf der hinteren Veranda und wieder zurück zum Innenhof und ins Fenster hinein. Hin und wieder erschreckten sich die Neuankömmlinge, die bei Maharishi saßen und auf das Gespräch warteten, das sie am Tag vor der persönlichen Unterweisung erhielten.

Auf ihre eigene Art bereicherten unsere Katzen den Charme von ‚433', denn sie sorgten für Heiterkeit und für Gesprächsstoff. Jeder entspannte sich in ihrer Gegenwart und hatte etwas, worüber er lachen konnte. Hier und da fügten sie dem Vortrag ein ‚Miau' hinzu, das natürlich mit in die Aufzeichnung von Maharishis Vorträgen geriet.

Es schien mir, als hätten ihre Persönlichkeiten eine deutliche Veränderung zum Besseren erfahren. Wenn es stimmt, daß Tiere die Verhaltensweisen der Menschen in ihrer Umgebung widerspiegeln, so meinte ich, daß sie sich wohl verbessert haben sollten. Vielleicht war es auch eine Wirkung der Meditation, daß ich sie etwas leichter tolerieren konnte.[3] Obwohl ich sie herzlich liebte, merkte ich doch, daß ich keine Kontrolle über sie besaß, und ich verübelte ihnen den ständigen Dienst, den sie von mir forderten.

An einem herrlichen Nachmittag erschütterte Su-Ling den Frieden, indem sie im Hof ein Blaukehlchen jagte und es fing. Wegen ihrer Kurzsichtigkeit verpaßte sie die meisten Vögel, und es geschah selten, daß sie einmal Erfolg hatte. Theresa und ich gingen hinaus, um den Vogel zu befreien, der nur ein paar Federn verloren hatte, aber nicht seine Stimme.

Wir wollten Su-Ling gerade schelten, als wir Maharishis

Blick durch das offene Fenster auffingen. Er sah uns ein wenig vorwurfsvoll an.

„Maharishi, diese elende Katze hätte das Blaukehlchen getötet, wenn wir sie nicht daran gehindert hätten. Was sollen wir mit ihr tun?"

„Nichts", sagte Maharishi, „es ist ihre Natur."

„Wieso sollte es die Natur einer Katze sein, zu töten, wenn sie nicht hungrig ist?"

„Mutter Natur bestimmt alle diese Dinge, und die kleinen Tiere können nicht anders, als zu folgen. So wie alle Vögel schlafen müssen, wenn es Nacht wird."

Er zwinkerte mit den Augen, während er fortfuhr:

„Die Natur des Menschen ist so beschaffen, daß sein Wille frei ist. Er kann aufbleiben, solange es ihm gefällt und den ganzen Morgen im Bett bleiben, aber die kleinen Tiere und Vögel müssen sich mit der Dämmerung erheben."

Ich erwiderte: „Siamkatzen sind so selbständig, sie kümmern sich selbst um Mutter Natur recht wenig. Sie würden den ganzen Tag auf unserem Bett liegen bleiben, wenn ich ihnen ihr Futter brächte."

„Mutter Natur hat zu den Katzen gesagt, ‚seid nachts wach und miaut', und es ist gut, zu gehorchen."

Eine Sekunde lang drangen seine Augen in die meinen.

Nun, hatte diese ganze Unterhaltung etwa zu einer sanften Lektion geführt? Bestimmt war ich auf meine eigene Art so unabhängig wie die herrschaftlichen Siamkatzen. Ohne zu wissen warum, mußte ich an etwas denken. Obwohl Maharishi nachdrücklich betont hatte, die Technik genauso auszuführen, wie er sie gegeben hatte, hatte ich kürzlich einige Dinge hinzugefügt.

„Er kann das unmöglich wissen", dachte ich. „Ich habe nie irgend jemandem davon erzählt."

Aber der Gedanke ließ mich nicht mehr los, und ich dachte mir, daß ich die Technik ebensogut so lassen könne, wie er sie mir gegeben hatte, wenn es eine so große Rolle spielte. Auch versuchte ich, ein bißchen mehr Geduld für die Katzen aufzubringen, wie anstrengend sie auch sein mochten.

Die unzähligen Leute, die durch unsere Tür traten, begnügten sich nicht damit, ein paar Worte mit Maharishi zu sprechen, um dann still wieder zu gehen, wie wir es manchmal insgeheim gehofft hatten. Sie begannen, mit uns zu leben. Sie stießen immer auf unsere Wäsche, ganz gleich, wo wir sie versteckt hatten. Sie hörten unsere wenigen persönlichen Telefongespräche mit an. Sie wußten, daß unsere Tochter Mary und ihr Mann Peter, die in der Nähe der U.C.L.A. wohnten, nicht allzusehr am TM-Programm interessiert waren. Sie wunderten sich über die Tatsache, daß Melinda Las Vegas in Nevada zu ihrem Wohnort gewählt hatte, eine Stadt, die beinahe ausschließlich vom Vergnügen lebt. Als sie hörten, daß wir nicht viel von östlicher Philosophie oder Yoga wußten, meinten sie scherzhaft: „Wie passen die Olsons hier hinein?"

Oft liefen die Katzen durch das Haus und miauten um Aufmerksamkeit. Die neuen Leute sagten gewöhnlich: „Sind die Olsons zu beschäftigt, um ihre Katzen zu füttern?"

All diese amüsanten kleinen Sticheleien verschwanden immer sofort nach 20 Minuten Ausübung der Transzendentalen Meditation, und wir kehrten lächelnd zum Schauplatz zurück, wissend, daß alles nur ein Spaß war und in der Hoffnung, daß es niemals enden würde.

Eines Abends schockierte uns Maharishi alle bei seinem Vortrag. Oft überprüfte er die Erfahrungen der neuen Meditierenden, nachdem sie ihre erste Übung des TM-Programms absolviert hatten, um dann während des darauffolgenden Vortrags Hilfe und Anregungen zu geben. Nachdem er wieder einmal die Erfahrungen angehört hatte, schüttelte er langsam den Kopf und sagte:

„Es ist nichts als ein Wühlen im Schlamm."

Plötzlich versteckte sich die Sonne hinter einer Wolke. Wir fühlten uns alle bedrückt. Mein Mann sprach zuerst:

„Gibt es irgend etwas, das wir tun können, um dies zu ändern?"

Maharishi schwieg einen Augenblick, dann sagte er: „Ich brauche einen vollkommen ruhigen Ort für die persönliche Unterweisung. Die Leute sollten nicht abgelenkt werden.

Der Weg des Geistes von der bewußten Ebene zur Transzendenz, wird durch Lärm behindert. Und am Lärm können wir nichts ändern, bei so vielen beschäftigten Leuten ringsumher. Was ist zu tun?"

Viele Vorschläge wurden gemacht. Ein Komitee wurde gebildet, um einen geeigneteren Ort zu finden, ein größeres Haus, wo es keinen Lärm geben würde.

Roland und ich saßen da und ließen die Köpfe hängen. Wir fühlten uns ganz niedergeschlagen. Wir konnten selbst nicht glauben, wie sehr wir diesen kleinen Yogi liebten; seine stille Art, seine wunderbaren Worte. Und darüber hinaus liebten wir es, trotz aller heimlichen Klagen, diese Augenblicke mit einer Schar so wunderbarer Menschen zu teilen.

Sie kamen mir alle wie eine große Familie vor, die dabei war, ihr Heim zu verlassen. Es gab so viele feine junge und praktische ältere Herren darunter. Die Damen schienen hübscher als üblicherweise zu sein. In der Tat genoß ich alles sehr, was mir aber bis zu diesem Augenblick gar nicht richtig bewußt gewesen war.

Draußen im Garten, hinter dem Haus, stand das alte Spielhaus der Kinder und war im Begriff, in ein neues Gartenhäuschen verwandelt zu werden. Es war ein übrig gebliebenes Projekt vom letzten Sommer. Nun boten wir es Maharishi an.

„Es bedarf nur sehr weniger Mittel, um das Häuschen fertigzustellen", sagte Roland. „Es müßte genug Holz herumliegen, und Fenster werden wir bekommen. Das Problem ist der Arbeitsaufwand, er ist sehr groß."

Eine neue Welle der Begeisterung lief durch die Gruppe.

„Wir wollen uns das Gartenhaus ansehen", sagte Maharishi.

Roland knipste die Gartenscheinwerfer an, und ein jeder inspizierte das Haus. Sie kletterten darin herum wie Kinder. Von überall her kamen Vorschläge. Nur Richard Sedlachek, der ein hervorragender Architekt war, blieb still.

Schließlich nahm Maharishi ihn zur Seite. Richard war nicht allzusehr darauf erpicht, sich mit der Sache zu beschäftigen, aber wer konnte sich weigern, diesem großartigen Werk, in das unser Yogi so viel Mühe gesteckt hatte, nicht nur auf die Beine zu helfen, sondern es ‚aus dem Schlamm' herauszuziehen!

Richard meinte, etwa 300 Dollar für Material würden genügen, um das Haus fertigzustellen. Roland war mit der Summe sofort einverstanden. Maharishi wollte uns jedoch nicht erlauben, noch irgend etwas dafür zu investieren.

Verschiedene Leute, die bei dem Treffen zugegen waren, gaben kleine Beiträge. Diese wurden kontinuierlich erweitert, und die Arbeit konnte beginnen.

Der Gedanke an Laienarbeit machte uns nervös. Wir erinnerten uns an einen Hühnerstall aus den Kriegstagen. Wir hatten eine Menge Geld dafür ausgegeben, aber die Hühner wollten nicht hineingehen. Am Ende kamen eine große Holzrechnung, eine große Futterrechnung und sehr wenig Eier dabei heraus!

Aber mit Richard am Ruder hatten wir das Gefühl, daß alles gut gehen würde und gaben unsere Einwilligung.

Ein richtiges Sortiment von Arbeitswilligen erschien am nächsten Morgen. Keiner von ihnen wußte, an welchem Ende man einen Hammer anfaßt, aber alle waren guten Willens und voller Begeisterung. Maharishi konnte das Unternehmen von seinem Fenster im Studierzimmer aus beobachten und freute sich über jede kleine Neuigkeit, die den Fortgang der Arbeit betraf.

Wenn jetzt die neuen Meditierenden in ihrem ersten, rosigen Schimmer der transzendentalen Seligkeit bei Maharishi saßen, seufzten und ihn bewundernd ansahen, erwiderte er ihre Bitte, ihm einen Dienst erweisen zu dürfen, mit den Worten:

„Ja, Sie können etwas tun. Gehen Sie in den Garten und sprechen Sie mit Richard."

Und sie gingen hinaus, ungeachtet der feinen dunklen Anzüge und wartenden Geschäfte, und bald hörte man einen weiteren Hammer oder eine weitere Säge. Der Wunsch verlieh den Amateuren Fähigkeit, und nach dem Vortrag am Abend ging eine entzückte Gruppe, von Maharishi begleitet, hinaus, um die Ergebnisse der Bemühungen zu bewundern.

Am dritten Abend der Aktion bekamen mein Mann und ich einen gewaltigen Schreck. Der gesamte Hof war aufgerissen. Es sah aus, als hätte eine Armee von Wühlmäusen daran gearbeitet, überall Gräben auszuheben. Ein Graben verlief genau unter unserem blühenden Pfirsichbaum hindurch. Als ich das Ganze bekümmert betrachtete, begegnete ich Maharishis Blick.

„Mach dir keine Sorgen. Es kommt wieder alles in Ordnung."

Man ließ uns keine Zeit für Sorgen.

In diesem Augenblick wurde uns mitgeteilt, daß zwei Fotografen in der Eingangshalle auf uns warteten. Ich konnte mir beim besten Willen nicht vorstellen, was um 23 Uhr nachts Fotografen in unserer Eingangshalle suchten.

„Wir sollten lieber hingehen", schlug Roland vor.

„Oh je", dachte ich bei mir, „wer hat je davon gehört, daß Leute so spät anfangen zu arbeiten." Ich hatte gehofft, früh ins Bett zu kommen; doch dann hätte ich einen der herrlichsten Abende meines Lebens versäumt!

Die Fotografen waren dabei, große Ausrüstungsgegenstände aufzustellen.

„Wir sollen ein Foto von dem Yogi machen", erklärten sie.

„Wir haben keine Fotos bestellt", protestierten wir.

Wir hatten keinen Erfolg. Die Fotografen hatten an jenem Morgen mit der TM begonnen! Immer, wenn jemand eingeführt worden war, bat er Maharishi, etwas mehr als die übliche Gabe anzunehmen.

Maharishi, im Annehmen ebenso gutmütig wie im Geben, hatte diesen Leuten erlaubt, ihn zu fotografieren. Diejenigen von uns, die ihm nah waren, achteten immer darauf, daß diese Gutmütigkeit nicht ausgenutzt wurde, und wir taten unser

Bestes, um es zu verhindern.

Diesmal war es Maharishi, der auf den Fotos bestand. Ich konnte es fast nicht glauben. Ich hatte angenommen, er wäre schockiert und würde seine Hand vor das Gesicht halten, wie es unsere Hollywoodstars taten.

Maharishi hatte jedoch nichts einzuwenden. Es machte ihm nichts aus, daß die Leute Fotos von ihm besaßen, und jeder, der nach ‚433' kam, wollte ein Bild von ihm haben. Er ließ den Fotografen ausrichten, sie sollten zu ihm ins Studierzimmer kommen. Die Fotografen blickten etwas verwundert, trugen aber die Ausrüstung aus dem Wohnzimmer ins Studierzimmer hinüber.

„Wir können hier nicht so gut arbeiten", sagten sie zu Maharishi im Studierzimmer.

Maharishi lächelte sie nur an und blieb unbeweglich sitzen.

Ein langes, technisches Gespräch über Effekte, Beleuchtung, Hintergrundkulisse und Requisiten folgte. Es klang fast wie bei einer Hollywood-Produktion.

Der Star genoß jeden Augenblick!

„Maharishi, bist du sicher, daß dies alles in Ordnung ist?" fragte ich.

„Es schadet nichts", sagte er. „Die Leute mögen gern Fotos haben."

Roland war zufrieden. „Er braucht Fotos für Broschüren und Werbematerial", sagte er.

„Maharishi, wir werden dir zeigen, wie man ‚Cheese' sagt, so daß du lächelst", sagte Mrs. Lutes.

Maharishi mußte schallend lachen, und wie immer war sein Lachen ansteckend. Bald hallte der ganze Raum davon wider.

Die Vorhänge hinter ihm waren lange Zeit nicht zugezogen worden und wollten auf das Zerren an der Schnur nicht reagieren.

„Macht nichts, ich stelle mich hierher und halte sie zusammen." Und Mrs. Lutes stand eine ganze Weile außerhalb der Reichweite der Kamera und hielt die Vorhänge zusammen. Jemand brachte eine große Vase mit Gladiolen und stellte sie neben Maharishi.

„Ist so alles recht?" fragte Maharishi.

Ich überprüfte es genau. Sein Seidengewand fiel in anmutigen Falten an ihm herab, aber sein Haar schien mir nicht ganz in Ordnung zu sein. Zu jener Zeit war man an so viel offenes, schwarzes Haar nicht gewöhnt. Unter den Geschenken, die für Maharishi zurückgelassen wurden, befanden sich viele Haarbürsten. Maharishi lachte gewöhnlich darüber, und wir gaben sie weiter.

„Vielleicht könntest du dein Haar etwas glätten", sagte ich.

„Glätte es!" sagte Maharishi ganz ungeniert.

Jeder im Raum hielt den Atem an. Niemand von uns würde es gewagt haben, auch nur zu nahe an ihn heranzutreten, und ganz sicher würden wir ihn niemals berühren, selbst dann nicht, wenn wir ihm nur ein Glas reichen wollten! Ich stellte das Kristallglas immer auf einem Tablett vor ihn hin, und alle anderen machten es ebenso.

Aber er sagte noch einmal: „Richte es. Nur zu."

Ich holte tief Luft, legte meine Hände aneinander und berührte dann leicht eine Locke. Von da an war es leicht. Sein Haar war wie aus reiner Seide gemacht, so fein und doch so stark, und es wußte genau, wo es liegen wollte! Während ich die eine Seite glättete, kehrte die andere in ihren ursprünglichen Zustand zurück. Ich versuchte, einige der Strähnen unter die Seide zu stecken. Das war ein Fehler. Ich hatte nicht geahnt, wieviel langes Haar er besaß.

Schnell legte ich alles wieder dorthin zurück, wo es zuerst gewesen war.

„So, jetzt ist es schön. Du siehst wunderbar aus."

„Oooookay", sagte Maharishi.

Wieder schien der Raum zu explodieren. In wenigen Wochen hatte unser stiller, zurückgezogener Yogi den Spalt zwischen einigen wenigen, sorgfältig gewählten Worten zu ‚okay' überbrückt. Auf so viele Arten zeigte er uns, daß es keinen Unterschied zwischen ihm und uns oder zwischen irgendwelchen Menschen geben mußte.

Wir akzeptierten seine Worte; er akzeptierte unsere mit Freude, mit Vergnügen, mit einem Zwinkern aus der Tiefe seiner wissenden Augen.

Nun waren wir alle bereit.

Die Fotografen waren plötzlich etwas zurückhaltend.

„Welche Art von Fotos sollen wir machen?" fragten sie.

„Auf keinen Fall gestellte. Können Sie Momentaufnahmen machen?" fragten wir.

Schnell ließ ich meinen Geist über Maharishis Aktivitäten während eines Tages passieren. Meist saß er da, hörte Leuten zu und sagte einige Worte zu ihnen. Ein Lächeln hier und da. Ein Lachen mit der Familie, der großen, wachsenden Familie liebevoller Meditierender.

„Vielleicht können wir ein paar Stimmungen einfangen", schlug ich vor.

„Fein", sagte der Fotograf, „sagen Sie uns nur Bescheid."

Ich mußte wieder an den Frisiervorgang denken und blickte mich nach Hilfe um. Der Raum war voller lachender Menschen. Sie waren alle so damit beschäftigt, sich an dem ganzen Geschehen zu erfreuen, daß sie keinen Gedanken für technische Überlegungen übrighatten.

„Maharishi, diese Männer möchten einige der Stimmungen deines Gesichtes festhalten, die wir so lieben."

„Was ist ,Stimmungen'?"

„Eine Stimmung ist. . ." Ich streckte meine Hände aus und versuchte, es zu erklären. „Oh, eine Art von Ausdruck."

Ich erhaschte einen leicht fragenden Blick auf Maharishis Gesicht und sagte zu den Fotografen ,Jetzt', und der Spaß ging los.

Von da an war es leicht. Wir wechselten uns damit ab, ein paar Worte mit Maharishi zu sprechen und gaben den Fotografen Zeichen, so daß die Wirkung immer natürlich und echt war. Wir sagten lustige Dinge, um Maharishi zum Lachen zu bringen, ernste Dinge für einen ruhigen Ausdruck. Die Fotografen entspannten sich, als Maharishi den Dreh heraus bekam, und wie in allen anderen Dingen war er auch hier ein Meister.

Maharishi machte ein oder zwei Vorschläge zur Beleuchtung, die uns erstaunten. Womöglich fühlte er nur die Hitze der großen Lampen; jedenfalls schlug er vor, sie zur Decke zu drehen. Die Fotos, die daraus hervorgingen, waren die besten der ganzen Serie.

Viele von uns liebten den Ausdruck auf seinem Gesicht, wenn er still mit uns zusammen saß, um zu meditieren.

Wir schlugen Meditation vor, die Fotografen handelten schnell, und ein wunderschönes Bild, das viele Male um die Welt gegangen ist, war das Ergebnis.

„Aber wir haben auch dein Lachen so gern", sagte ein anderer. „Und deine Augen. . ., könntest du ein wenig mehr aufschauen?"

Maharishi befolgte alles mühelos, so wie es erwähnt wurde, und die Fotografen hielten sich bereit.

„Ist das alles, was es mit dem Fotografieren auf sich hat?" fragte Maharishi.

„Normalerweise nicht", sagten die Fotografen, während sie begannen, ihre Ausrüstung abzubauen. Ich wünschte, sie hätten noch einen Schnappschuß von Maharishis wehmütigem Blick machen können.

„Nicht mehr?"

„Nanu, Maharishi. Wenn du zu lange in Hollywood bleibst, wirst du noch versuchen, zum Film zu kommen. Ich glaube, du wärst sogar ein Knüller."

„Was ist ein Knüller?"

Wir lachten alle los.

Wir waren müde und glücklich genug, um den ganzen Abend zu bleiben und zu lachen. Aber wieder einmal war es zwei Uhr. Wir stellten ein paar Früchte und Nüsse raus, die Maharishi während des Tages geschenkt worden waren, und bald danach strömte eine fröhliche, lachende Gruppe von Menschen aus unserer Eingangstür, für die ‚große Arbeit am nächsten Tag', wie Maharishi es nannte.

Roland und ich taumelten jede Nacht glücklich, aber erschöpft ins Bett.

„... und ein wunderschönes Bild, das viele Male um die Welt gegangen ist, war das Ergebnis."

„Denke nur, daß einige dieser Leute jeden Abend aus dem Tal oder von der Küste herüberkommen. Viele fahren 30 oder 40 Meilen her und wieder zurück. Sie müssen nachts durchschnittlich drei Stunden Schlaf bekommen."

„Ich weiß nicht, wie sie das machen." Meine Augen fielen mir zu.

„Wir leben alle von der Aufregung", sagte Roland. „Ich glaube, an dem Tag, an dem Maharishi uns verläßt, brechen wir alle zusammen."

„Oh je, das wird schneller geschehen, als du denkst. Er hat den Leuten in San Francisco versprochen, für eine Woche dorthin zu kommen. Sie vermissen ihn so."

„Ich denke, das ist eine gute Idee", lachte Roland. „Wir müssen mal etwas früher ins Bett."

Mein Mann gähnte verschlafen.

„Ich wünschte, er müßte nicht fort. Seltsam, wie sehr man sich in ein paar Wochen an jemanden gewöhnen kann. Ich hoffe, die Leute in San Francisco lieben ihn genauso wie wir."

Als wir später unsere Notizen mit denen der Leute in San Francisco verglichen, stellte sich heraus, daß sie immer ganz genau das gleiche über die Leute in Los Angeles gesagt hatten, wie wir über sie.

KAPITEL 6

ICH HABE NIE EINEN TEPPICH GEPACKT

In den wenigen Wochen, die Maharishi nun bei uns war, ist er zwei- oder dreimal für einen Aufenthalt über Nacht eingeladen worden, entweder um einen Vortrag zu halten, oder um sich ein Grundstück anzusehen, das jemand in einiger Entfernung von Los Angeles für ein mögliches TM-Center zur Verfügung stellen wollte.

Jedes Mal, wenn er fortging, hatte ich einen Kampf mit dem kleinen Teppich auszufechten, der ihm als Koffer diente. Seine Sachen wollten bei mir einfach nicht darin bleiben, ganz gleich, wie ich es anstellte. Im letzten Moment erschien dann immer Maharishi, steckte alles schnell hinein und los ging es.

Ich betrachtete mich als einen Experten im herkömmlichen Kofferpacken, aber ohne die Erfahrung von Pfadfindern in unserer ‚Mädchenfamilie' ging diese Art zu packen über meinen Horizont hinaus.

An jenem Morgen, an dem Maharishi nach San Francisco reisen wollte, war ich entschlossen, es zu schaffen. Inzwischen war es zu einer Herausforderung geworden, und ich hatte mir einige Pläne zurechtgelegt, wie ich es anstellen wollte. Wenn Plan A sein Ziel verfehlte, hatte ich immer noch Plan B, C und D.

Trotz der Tatsache, daß unser bezaubernder Gast uns eine Woche lang verlassen wollte, hatte der Tag singend begonnen. Aus dem Gästebad klang das Geräusch von plätscherndem Wasser, und eine volltönende Stimme ließ einen Brahmanengesang erklingen. Er nahm den Geist gefangen und stimmte uns fröhlich, ungeachtet der leichten Traurigkeit in unseren Herzen.

Aus Haus und Garten kamen die frühen Gäste und setzten

sich auf die Stufen, um zu lauschen. Einige meinten, es klänge wie ein gregorianischer Gesang. Bestimmt fanden wir es schöner als die große Oper, die Sologesänge und all die anderen seltsamen Klänge, die wir wie unsere vielen Gäste über die Jahre hinweg bevorzugt hatten. Wir bedauerten sehr, als es zu Ende war.

Wer früh kam, um zu helfen, hatte seinen eigenen Lohn. Manche zeigten ihre Liebe, indem sie das einfache Glas Milch für Maharishi auf einem hübschen, blumengeschmückten Tablett herrichteten; viele brachten dafür ihr feinstes Kristallglas mit, und die Wahl der Blumen wurde sorgfältig, zugunsten der frischesten Blüten und der feinsten Farben getroffen.

Als Maharishi die Treppe herunterkam, standen wir alle in der Eingangshalle, um ihn zu begrüßen. Er bot einen herzerfrischenden Anblick, in frischgebügelter, weißer Seide und glitzernden Wassertropfen im schwarzen Haar.

Die Blume, die sein Tablett geschmückt hatte, begann ihren Tag in seinen Händen. Sein wunderbares Lächeln und der Segen von ‚Jai Guru Dev' begrüßte jeden einzelnen von uns. Bald saß er im Studierzimmer und ging wie ein Geschäftsmann die Termine des Tages durch.

„Maharishi, dein Flugzeug fliegt in einer Stunde. Soll ich deine Sachen packen?"

„Gut", sagte Maharishi ohne aufzublicken.

Das gab mir etwa eine halbe Stunde Zeit, um über den kleinen Teppich zu triumphieren. Ich war glücklich über den Vorwand, packen zu müssen. Damit hatte ich einen Grund, in sein Schlafzimmer zu gehen. Es war schon jetzt ein anderer Raum als der, den Tina erst kurze Zeit vorher verlassen hatte.

Vor allem besaß er Maharishis eigene Atmosphäre von Frieden und Heiterkeit. Sheela, die einzige Person im Haus, die ihn zu jener Zeit betrat, erklärte uns, daß sich die Schwingungen um einen Meister herum immer ändern. Wir lernten von ihr, daß diese Schwingungen Wellen sind, die von einer Person ausstrahlen, je nach ihren Gedanken und Worten.

Wir waren uns bei all dem nicht so sicher, aber das Gefühl

von Frieden in diesem Raum war etwas, das man spüren konnte, und mir wurde allmählich klar, welch glückliche Position Sheela sich ausgesucht hatte. Sie kümmerte sich ausgezeichnet um Maharishi und belästigte ihn nie mit ihren eigenen persönlichen Dingen. Wir lernten alle sehr viel.

Der kleine Teppich lag auf dem Bett bereit. Ich drohte ihm mit dem Finger.

„Du kannst genausogut freiwillig aufgeben!"

Das Kissen, die Tücher, die Seidenlaken, frische Seidengewänder, eine Uhr, einige Papiere und eine kleine Schachtel mit Toilettenartikeln lagen auf dem Gästebett ausgebreitet. Der Teppich war ziemlich klein und aus weichem Material gemacht, besaß aber die gleiche Struktur wie andere Teppiche auch. Es verblüffte uns alle, wie Maharishi seine Sachen in diesen seltsamen Koffer packen konnte, ohne daß irgendetwas verknittert wurde.

Ich überprüfte noch einmal schnell meine Pläne, den Teppich zu besiegen. ‚Plan A' besagte, alles in einen Kopfkissenbezug zu stecken und den Teppich außen herumzuwickeln, anstatt alles einzeln hineinzulegen.

Nachdem ich die Sachen auf zwei oder drei verschiedene Arten im Kissenbezug verpackt hatte, gab ich den Plan auf. Es war offensichtlich, daß alles zerknittert ankommen würde.

‚Plan B' erforderte ein wenig Summen, um das Selbstvertrauen zu erhalten, während die größeren Stücke zuerst gepackt und die kleineren in die größeren gesteckt wurden. Also los.

„‚Ta, de tum, de tum."

Zuerst die Schale, dann die Bettlaken, die Seidentücher, als nächstes die Uhr, die kleine Schachtel und die Papiere. Zwei Stücke fester Schnur lagen bereit, um die Enden zusammenzubinden.

Das Gefühl, diesmal Erfolg zu haben, verursachte einen fatalen Fehler. Ich knotete die Schnüre zwei Mal, damit sie sich nicht lösen konnten. Nun kam der Test. Ich hielt den Teppich hoch und schüttelte ihn.

Heraus fielen die Uhr und die Toilettenartikel.

‚Sieh die Arbeit. . . verrichte sie. . . bleib frei von Sorge'.

Ich erinnerte mich an den Rat, den ich vor ein paar Tagen erhalten hatte. In Ordnung, die Arbeit ist einfach und sie verursacht mir überhaupt keine Sorgen.

Und außerdem ist dies der Teppich eines Meisters, und es ist meine Aufgabe, ihn zu packen, denke ich!

‚Plan C' war, das Bettuch auseinanderzufalten, alles hineinzulegen und den Teppich außen herumzuwickeln.

Die Schnüre wieder zu öffnen, nahm eine Menge Zeit in Anspruch. Ich begann, nur ein kleines bißchen nervös zu werden.

So, da wären wir wieder.

„Tum, de dum, tum de dum."

Aaah! Es sah hübsch und adrett aus. Die Schnüre sollten halten, aber nicht zu fest sein. Diesmal fühlte es sich ganz anders an. Da sieht man, was Ausdauer zustande bringt.

Ich hielt den Teppich an einem Ende hoch und schüttelte ihn.

Nichts fiel heraus.

Ich drehte ihn um und schüttelte ihn.

Nichts fiel heraus.

So ist es schon besser", sagte ich zu mir, während meine Augen zu der kleinen Schachtel mit Toilettenartikeln wanderten, die auf dem Fußboden lag.

Aus der Macht der Gewohnheit heraus sagte ich etwas Ärgerliches, um gleich darauf das Zimmer im allgemeinen um Verzeihung zu bitten, in der Hoffnung, daß die Schwingungen sich nicht allzusehr verändert hätten. Die Knoten zu öffnen war diesmal leichter, aber meine Nerven waren angespannt. Ich warf ihm einen finsteren Blick zu.

„Du bist überhaupt kein süßer, kleiner Teppich!"

‚Plan D' war, einfach alles zu nehmen, es ohne Plan zusammenzupacken und den Teppich ungeniert zuzubinden.

Ich schüttelte ihn ein bißchen hart. Inzwischen sahen Maharishis Sachen schon etwas mitgenommen aus.

Maharishi kam herein, nahm mir den Teppich aus der Hand,

sammelte seine Habseligkeiten ein, rollte die ganze Angelegenheit zusammen und übergab sie mir.
Ich schüttelte ihn. Ein bißchen hart. Nichts fiel heraus.
Er lachte.
Ich nicht.
„Wie hast du das gemacht?" fragte ich.
„Ganz leicht. Nimm es einfach leicht. Ich bin es gewöhnt. Einen Teppich zu packen ist etwas anderes, als einen von euren Koffern, aber man bekommt mehr hinein."
Es lag wieder Lachen in der Luft, und der Teppich sah besser aus, nachdem er die Berührung des Meisters genossen hatte.
Theresa und ich fuhren Maharishi zum Flugplatz. Er sprach sehr viel darüber, wie schnell die Bewegung sich entwickelte und daß es nun schneller und schneller gehen müßte.
„Ich bin schon halb um die Welt herum", sagte er.
Er schien keine Bedenken zu haben, was die andere Hälfte der Welt anging: die große, geschäftige Welt von New York, Paris, London, Rom.
„Meine Botschaft ist so gut, so friedvoll; niemand kann ihr widerstehen."
Bestimmt konnte niemand Maharishi widerstehen, hatte er einmal die Chance erhalten, ihn kennenzulernen. Maharishi sann über die Idee nach, daß ‚433' eines Tages in der ganzen Welt bekannt sein würde. Während ich ihn aus den Augenwinkeln heraus betrachtete, wie er mit untergeschlagenen Beinen auf einem Hirschfell in meinem Auto saß, den Schoß voller Blumen, war ich mir nicht sicher, welche Welt wirklicher war — die sich rasch wandelnde der Schnellstraßen und Autobahnen oder die, welche von der Gegenwart dieses ungewöhnlichen Menschen gesegnet wurde. Es wunderte mich, aber er selbst schien in beiden gleichermaßen zu Hause zu sein.
Seidengewänder haben keine Taschen. Ich fragte mich, ob er Dinge wie Flugkarten, Geld und so weiter bei sich hatte. Im Flughafen angekommen fragte ich ihn: „Maharishi, hast du deine Flugkarte?"
Er nickte. In seiner Hand hielt er einen kleinen Hefter.

„Dies haben sie von San Francisco geschickt", sagte er.
Eine Rückflugkarte befand sich darin. Er nahm sie heraus, um sie abstempeln zu lassen und legte den Teppich auf die Waage. Der Angestellte am Schalter blickte recht uninteressiert. Offensichtlich kamen viele ungewöhnliche Menschen bei ihm vorbei. Er befestigte ein Etikett an dem kleinen Teppich und schob ihn mit dem anderen Gepäck auf das Fließband.
„Oh bitte, seien Sie vorsichtig!" sagte ich unwillkürlich. Aber der Teppich war bereits das Fließband hinunter, und ein neuer Passagier trat an den Schalter.
Während ich Maharishi zum Flugsteig begleitete, hatte ich noch eine Frage:
„Entschuldige, daß ich frage, Maharishi, aber hast du überhaupt Geld bei dir?"
Er sah mich einen Augenblick an, dann lächelte er.
„Ich brauche nichts."
„Aber ja, natürlich brauchst du etwas. Es könnte dir fehlen. Die Leute, die dich abholen, verspäten sich vielleicht. Dann mußt du womöglich ein Taxi nehmen. Du kannst nicht ohne Geld gehen."
„Ich kümmere mich nie um Geld. Jemand wird dort sein."
Das Thema war abgeschlossen.
Theresa und ich mußten an der Sperre zurückbleiben. Er ging allein zum Flugsteig hinüber. Pendler nach San Francisco eilten hinter ihm her. Geschäftsleute in gutgeschneiderten dunklen Anzügen, die Aktenmappe unter dem Arm und mit ihren eigenen Angelegenheiten beschäftigt, schienen ihn gar nicht zu bemerken.
Niemand fand es ungewöhnlich, daß ein Mann in weißem Seidengewand, mit schwarzem, im Winde wehendem Bart, barfuß in Sandalen, den Arm voller Blumen, den frühen Morgenpendlerflug nach San Francisco nahm. Obwohl uns das Herz schwer war, weil wir ihn gehen lassen mußten, war es auch nur für ein paar Tage, so freuten wir uns doch an dem Anblick, wie er anmutig seinen Weg durch die Ströme von ei-

lenden Menschen fand. Sein Gang war so königlich, so würdevoll. Schließlich stand er am Eingang des Flugzeuges und winkte bis zum letzten Augenblick mit Blumen. Theresas Augen waren mit Tränen gefüllt.

Zu Hause angekommen, fanden wir ‚433' ruhig und verlassen vor. Es war das gleiche Gefühl, wie wir es nach großen Parties oder Hochzeiten kannten. Wenigstens gab es diesmal andere, die unsere Einsamkeit mit uns teilten.

Wir saßen ein wenig herum, doch es dauerte nicht lange.

„Warum streichen wir nicht Maharishis Schlafzimmer?"

Der Vorschlag wurde freudig begrüßt. Während wir über die Farbe diskutierten, erinnerte uns jemand an Tina. „Welche Farbe würde ihr gefallen?"

Tina, die TM praktizierte, ohne viel darüber zu reden, hatte sich mit dem vorderen Schlafzimmer einigermaßen abgefunden.

„Mir ist jede Farbe recht, von der ihr meint, daß sie Maharishi gefällt. Außer rosa."

Wir besprachen die Farbe mit Sheela und einem jungen Mann namens Ron Sheridan, der wie Sheela gekommen war, um zu helfen und alles zu tun, worum Maharishi ihn bat.

Sheela sagte: „Apricot ist die Farbe mit den besten Schwingungen." Ron stimmte zu. Der Gedanke an ein hübsches, sanftes Apricot gefiel uns allen.

Bevor Maharishi uns verließ, sprach er die Hoffnung aus, daß das Meditationshaus im Hof wohl bis zu seiner Rückkehr fertig wäre. Dies erfuhren wir gerade, als wir zusätzliche Helfer für das Anstreichen suchten.

Wer nicht am Ausbau beteiligt war, meinte: „Ja, es sollte fertig werden." Diejenigen, die die Arbeit verrichteten, fragten sich im stillen, wie.

Soweit ich es überblicken konnte, war ihr größter Erfolg bisher, daß sie den Hof aufgerissen hatten und eine Menge Lärm mit ihren Sägen machten.

„Er braucht sechzehn kleine Kammern, ein Einführungszimmer und einen dunklen Raum, in dem Wissenschaftler die Lichtstrahlen messen können, die nach der Ausübung der Technik von dem Gesicht des Meditierenden ausstrahlen. Aber das Fundament maß nur 12 mal 18 Fuß. Wie sollte man so viele Räume daraus bekommen. Wir diskutierten das Problem untereinander.

Während die anderen versuchten, eine Lösung zu finden, zogen Ron, Sheela und ich uns ins Haus zurück. Ron räumte den oberen Schlafraum aus. Er nahm die Vorhänge herunter, montierte die Jalousien ab und schaffte die Möbel beiseite. Er arbeitete so schnell und ruhig, daß es eine Freude war, ihn um sich zu haben. Wir wußten von einem jungen Tänzer, der Geld brauchte; so heuerten wir ihn an, die Wände zu waschen und zu streichen. Roland, Tina, Theresa und ich übernahmen die Holzarbeiten.

Sheela hatte recht gehabt mit der Farbe. Das sanfte Apricot war geradezu perfekt.

Gestrichene Jalousien und neue weiße Vorhänge gaben dem Raum ein schlichtes und doch schönes Aussehen. Die Ausgaben waren nichtig.

Tina gab ihre Zustimmung und teilte uns mit, daß Melinda sie für ein paar Wochen zu sich nach Las Vegas eingeladen hätte — und fort war sie.

Obwohl ich am Theater von Tag zu Tag mehr zu tun hatte, fand ich doch Zeit, einen gründlichen Hausputz zu organisieren. Wir waren seit Maharishis Einzug nicht mehr in der Lage gewesen, eine Haushaltshilfe bei uns zu halten. Die Forderung nach Ruhe im gesamten Haus, der Anblick von über dem Boden verstreuten Schuhen, die Unmengen von Blumen, die voluminösen Wäscheberge, und das ununterbrochene Kochen schien alle Putzmädchen zu entnerven.

Grannie, Rolands Mutter, kam wie in jedem Sommer einige Male vorbei und brachte die Dinge in Ordnung. Sie verehrte Maharishi und war eine der wenigen Personen, die offensichtlich überhaupt keine Scheu vor ihm hatten. Sie war eine winzige Person, die sich wie der Blitz bewegte.

Maharishi pflegte sie hin und wieder aufzuspüren und zu sagen: „Komm, setz dich her zu mir."

Grannie antwortete dann: „Ich habe keine Zeit, den ganzen Tag herumzusitzen."

Maharishi warf seinen Kopf zurück und lachte. Er ließ Grannie lange genug still sitzen, um mit der Praxis der Transzendentalen Meditation zu beginnen. Als wir sie einmal daraufhin ansprachen, sagte sie:

„Ich kann nichts daran finden, mit geschlossenen Augen herumzusitzen. Ich bin gern aktiv."

Nichtsdestoweniger versäumte sie keine einzige ihrer Morgen- und Abendsitzungen, nachdem sie einmal begonnen hatte, das Gefühl des Friedens zu erfahren, welches die Technik vermittelt.

In der ersten Zeit hatte ich versucht, etwas früher aufzustehen, um ein wenig zu putzen. Maharishi kam jedesmal aus seinem Zimmer heraus und hielt mich zurück. „Es ist nicht nötig, daß du putzt", sagte er.

„Ich freue mich, das zu hören Maharishi, aber wer soll es sonst tun?"

Er gab nie eine Antwort, sondern ging in sein Zimmer zurück.

Wenn dann tagsüber neue Leute zur Unterweisung kamen und in ihrer Dankbarkeit einen Dienst anboten, wurden sie prompt von Ron und Sheela mit Putzmaterial versorgt. Wenn ich an einem solchen Tag abends nach Hause kam, war alles sauber und blank.

Jetzt waren nur wenige Leute im Haus, und es war eine Freude, alles in Ordnung zu bringen.

Als die Woche vorüber war, konnten Theresa und ich es kaum erwarten, zum Flugplatz zu kommen, um Maharishi abzuholen. Inzwischen hatten wir erfahren, daß das Überreichen von Blumen zur Begrüßung dazugehörte.

Da sich unsere Abfahrt verzögert hatte, mußten wir die schwierige Wahl treffen, entweder mit Blumen zu spät zu kommen oder ohne Blumen rechtzeitig da zu sein.

Wir entschieden uns dafür, rechtzeitig zu kommen und Maharishi nicht warten zu lassen.

Für Theresa das Glück, für Maharishi die Girlande

Während wir zusahen, wie Maharishis Flugzeug sich entleerte, traf eine größere Gruppe Menschen aus Hawaii ein. Ein sehr attraktives chinesisches Paar wurde mit Blumen überschüttet und trug Dutzende von Girlanden in seinen Armen.

Die Not warf meine Hemmungen über Bord. Ich ging zu der reizenden Dame hinüber, entschuldigte mich und sagte: „Ich werde gleich einen heiligen Mann aus Indien treffen, und ich habe keine Blumen, um ihn zu begrüßen. Könnte ich Ihnen eine Girlande abkaufen?"

Die Dame schien mich nicht zu verstehen, aber der Herr lächelte breit und begann, eine Girlande nach der anderen in meine Arme zu legen. Ich mußte seiner Großzügigkeit Einhalt gebieten. Ich segnete ihn dafür, daß er unseren Yogi mit so wunderbaren Blumen versorgte und lief, um sie Maharishi zu überreichen. Später erfuhr ich, daß dieser freundliche Herr in seinem Land eine sehr wichtige politische Persönlichkeit war.

Wir gingen zur Gepäckausgabe hinüber, und da lag der kleine, aufgerollte Teppich zwischen glänzendem, metallbeschlagenem Gepäck. Den Teppich wieder einmal sicher in meinem Arm, und Maharishi mit Blumengirlanden geschmückt, nahmen wir Kurs auf ‚433'.

Nach Hause zu kommen war sehr schön. Die Meditierenden hatten sich auf der Vordertreppe versammelt. Einer nach dem anderen bekundete seine Liebe und füllte Maharishis überquellende Arme mit noch mehr Blumen.

Maharishi schien glücklich, wieder zu Hause zu sein, und er war entzückt über das hübsche, apricotfarbene Zimmer.

Das Haus fand wieder zu seiner üblichen Routine von persönlichen Unterredungen und Unterweisungen, von Abendvorträgen und Diskussionen über Pläne für die Ausbreitung der Bewegung zurück.

Ich ging immer mit dem Gefühl zur Arbeit, daß in ‚433' alles unter bester Kontrolle war, doch eines Nachmittags erhielt ich einen Anruf, daß ich so schnell wie möglich nach Hause kommen solle.

„Sie brauchen sich keine Sorgen zu machen," sagte eine unbekannte Stimme am Telefon. „Ein Mann ist hier, um Sie zu sprechen. Er sagt, daß er warten will."

‚Sie brauchen sich keine Sorgen zu machen', waren die Worte, die mich in Windeseile nach Hause brachten.

Als ich in unsere Straße einbog, bemerkte ich ein Polizeiauto vor dem Haus. Die Antwort auf dieses Rätsel saß drinnen in einem Lehnstuhl und las in einer Broschüre.

„Mrs. Olson?"

Ein großes, nett aussehendes, uniformiertes Individuum begrüßte mich.

„Um was geht es?"

„Wir haben uns gefragt, was hier vor sich geht. Es sind einige Beschwerden eingegangen, daß Ihre Leute den Frieden stören."

„Tatsächlich?"

Ich meinte, meinen Ohren nicht zu trauen. Welch eine Ironie! Wir versuchten, eine Technik der Meditation zu verbreiten, die der gesamten Welt Frieden bringen konnte. Gleichzeitig folgte ich dem Blick des Inspektors, der prüfend die Berge von Schuhen betrachtete und die hübschen Schilder, die im ganzen Haus angebracht waren, auf denen ‚Ruhe', ‚Nicht Rauchen', ‚Büro' und ‚Bitte die Schuhe ausziehen' zu lesen war.

„Ist dies Ihr Zuhause?" fragte er.

„Ja."

Ich versuchte, das Ganze leicht zu nehmen. Er kramte ein paar Papiere hervor.

„Ihre Nachbarn haben offenbar den Eindruck, daß sie von morgens früh bis spät in die Nacht alle Parkplätze an der Straße besetzen, daß Sie größere Versammlungen in einem Wohnviertel abhalten und daß Sie damit die Ruhe stören."

Ich nickte mit dem Kopf und dachte an die glückliche Schar, die jeden Morgen gegen zwei Uhr aus dem Haus strömte.

„Möchten Sie etwas dazu sagen?"

Einen Augenblick lang wiederholte ich innerlich das kleine Wort, welches Maharishi mir gegeben hatte. Es gab die Fassung zurück, wenn man sie am dringendsten benötigte.

„Herr Inspektor, es war mir nicht bewußt, aber all diese Dinge sind wahr. Selbstverständlich wollen wir niemandem irgendwelche Schwierigkeiten bereiten."

Ich sprach weiter und erzählte ihm davon, wie wir Maharishi begegnet waren, was er lehrte, wie leicht es dazu kam, daß wir Leute in unserem Haus hatten.

„Er wird nur kurze Zeit hier sein, und ich bin sicher, wir können es einrichten, daß wir niemanden stören."

Der Polizist war überaus freundlich. Er hielt eine kleine Broschüre hoch.

„Glauben Sie wirklich an all dieses Zeug?" fragte er.

„Ja, das tue ich. Obwohl das Ganze noch recht neu für mich ist, finde ich es interessant, und bisher hat es gehalten, was es versprach."

Sobald der Polizist wieder in seinem Wagen saß, ging ich zu Maharishi.

„Was gibt es?"

Die Liste der Beschwerden wurde wiederholt.

Er blickte von mir zu den anderen Damen im Zimmer. Sie nickten mit dem Kopf.

„Es ist schon wahr", stimmten sie zu.

„Was ist zu tun?"

Jeder machte Vorschläge. Für die kommenden Vorträge sollte ein Saal gemietet werden. Die Damen, die das Telefon bedienten, wollten die Leute bitten, in den umliegenden Straßen zu parken. Wer bis spät in die Nacht blieb, sollte ermahnt werden, leise zu sein, wenn er das Grundstück verließ.

„Eine Freundin von mir, die Ballettstunden gibt, besitzt einen großen Raum neben ihrem Studio. Falls er leer steht, wird sie ihn vielleicht an uns vermieten. Soll ich sie anrufen?"

Maharishi nickte, und ich rief Miss Frey an, eine liebe Freundin und Ballettlehrerin der Mädchen.

Ja, das Studio stand zur Verfügung. Miss Frey würde sich freuen, wenn es von einer netten Gruppe benutzt würde. Ich wollte ihr gerade 100 Dollar im Monat anbieten, als sie sagte, sie könne keinen Cent weniger als 75 akzeptieren. Liebe Miss Frey, ich werde sie immer liebhaben.

Maharishi richtete es ein, daß wir uns den Raum sofort ansahen. Er lag im 2. Stock eines recht ansehnlichen Gebäudes. Der Raum war groß, kahl und brauchte einen Anstrich.

Durch ein riesiges Panoramafenster überblickte man die 6. Straße und den Wilshire Boulevard. Obwohl man die Straßengeräusche hören konnte, meinte Maharishi, daß der Raum zufriedenstellend sei, zumindest für eine Weile.

Außergewöhnlich hohe Wände, eine holzvertäfelte Decke und Eingangstüren aus gutem Holz gaben dem Raum eine gotische Atmosphäre.

Das Studio war in den letzten 25 Jahren von einem hervorragenden Gesangslehrer benutzt worden. Eine Dame, die sich nach Vortragssälen umgesehen hatte, meinte, dies wäre von allen der einzige Raum, in dem es nicht nach kaltem Zigarettenrauch röche.

Die Klappstühle wurden am Nachmittag herübergeschafft und das Mikrophon installiert. Der Vortrag fand an jenem Abend im neuen Saal statt. Als gegen 20.30 Uhr ein Polizeiauto in unserer Straße aufkreuzte, fand es ‚433' ruhig hinter seinem Eichenbaum liegen . . . ganz die würdige Dame, wie man es in einem ruhigen Wohnviertel erwartet.

Das Einrichten der Halle wurde zu einem Unternehmen, das alle Meditierenden entzückte. Dies war ihr eigenes Zuhause, und sie waren eifrig bemüht, ihre ganze Liebe hineinzugeben.

Nach einer Woche zeigten die Wände ein schönes, sanftes Blau. Die Männer bauten einen Podest für Maharishis Stuhl. Die Damen nähten einen wunderschönen Samtvorhang für die Wand hinter Maharishi. Teppichboden bedeckte den vormals kahlen Boden. Jeden Abend freute sich Maharishi über eine neue Verbesserung. Aber er schüttelte den Kopf, als er die Klappstühle aus Metall betrachtete.

„Wir brauchen bessere Stühle", sagte er, „ganz bequeme, weiche, mit Federn und Lehnen zum Ausruhen der Arme. In einer schönen Farbe. Es ist nicht nötig, für das Göttliche zu leiden."

Er selbst hatte Freude an einer entspannten, behaglichen Atmosphäre und wünschte sich das gleiche für seine geliebten Studenten. Während jeder die Idee solch bequemer Stühle guthieß, konnte sich niemand recht vorstellen, wie man sie für weniger als dreißig oder vierzig Dollar das Stück bekommen sollte. Und das kam natürlich nicht in Frage.

Ron wartete allen mit einer angenehmen Überraschung auf.

„Gerade sind fünfzig bequeme, blaue Posterstühle mit Armlehnen im Vortragssaal abgeliefert worden", verkündete er im ‚Büro'.

Wir schnappten nach Luft.

„Für wieviel?" war die erste Frage. Ron strahlte.

„Vier Dollar das Stück. Wir hörten von einer Schuhfiliale, die ihre Einrichtung ändern wollte und diese Stühle nicht mehr brauchte."

In unglaublich kurzer Zeit waren das Streichen der Wände, das Teppichlegen, die Dekoration und Einrichtung bewerkstelligt worden, und nachdem noch ein größeres Foto von Maharishis Swami Brahmananda Saraswati (häufiger einfach mit Guru Dev bezeichnet) aufgestellt worden war, stand der Saal für seine Bestimmung bereit.

Fast hundert Leute waren am Abend anwesend und überreichten Maharishi ein Geschenk. Es war ein großer, schöner Flugkoffer. Maharishi freute sich sehr. Seine braunen Augen waren mit Liebe gefüllt, als er ihn entgegennahm und dem Blick jedes einzelnen begegnete, der sich im Raum befand.

Jeder Tag brachte neue Veränderungen, alle notwendig und alle gut; aber diese Veränderung gab meinem Herzen einen Stich, und ohne Zweifel ging es vielen anderen ebenso.

Wir wußten natürlich, daß großes, robustes, metallbeschlagenes Gepäck mit dazu beitrug, unseren Heiligen auf seiner Jet-Flug-Kampagne für Transzendentale Meditation schneller vorwärts zu bringen.

Wir waren einfach noch nicht bereit, uns von irgendeinem der Symbole seiner ungewöhnlichen Persönlichkeit zu trennen.

Niemand hat je erfahren, was aus dem wunderlichen kleinen Teppich geworden ist, aber er wird immer seinen Platz in unseren Herzen behalten, denn er half mit, unseren geliebten Heiligen aus dem fernen Himalaya zu uns in die betriebsame Welt des Westens zu bringen.

Ich liebte den kleinen Teppich ganz besonders. Vielleicht, weil ich ihn nie besiegen konnte oder vielleicht, weil ich mich an seine Weichheit erinnerte, die ich an jenem ersten Tag spürte, an dem ich ihn nach Hause trug.

Und nicht zuletzt – wer würde wohl einen Koffer aus Leder und Metall nehmen und zärtlich in seinen Armen halten?

KAPITEL 7

DIE FAMILIE WÄCHST

Mitte Juni erreichte die Aktivität im Theater ihren Höhepunkt. Die Aktivität zu Hause wuchs beständig mit.

Mitten darin lauschten Roland und ich begierig jedem neuen Wort zum Programm der Transzendentalen Meditation, obwohl der erste Glanz des Neuen inzwischen verblichen war. Der gewohnheitsmäßigen Ausübung der TM erging es wie jeder anderen Gewohnheit auch. Sie vertrug es nicht gut, vom Ausübenden beobachtet zu werden. Es war nie besonders anziehend für mich gewesen, irgendetwas routinemäßig auszuüben, aber wenn es hilft, den Menschen gut durch die betriebsamen Tage zu bringen, besitzt es einen echten Wert.

Damals lag der eigentliche Wert der Transzendentalen Meditation für uns darin, daß sie uns in der seltsamen Situation, in der wir uns befanden, Kraft gab.

Die Philosophie, die dahinter stand, war interessant, aber worauf es einem Menschen wirklich ankommt, ist die Auswirkung in seinem Leben. Wir begannen, subtile Veränderungen in unserem täglichen Leben zu spüren, obwohl wir sie nicht genau definieren konnten.

Enge Freunde brachten uns immer wieder zum Staunen. Sie machten beständig Bemerkungen darüber, wie sehr wir uns verändert hätten. Wir hörten, daß wir jünger aussähen, glücklicher und entspannter. Einige meinten, meine Stimme wäre voller geworden. Alle waren sich darüber einig, daß Roland weniger angespannt und besorgt aussah, obwohl sie nicht verstehen konnten wieso, bei all dem Trubel in unserem Haus!

Jemand sagte zu mir: „Wenn ich bei dir und Roland bin, fühle ich mich glücklich." Daß ich mich durch das Programm der Transzendentelen Meditation entwickelt hatte, merkte ich daran, daß mich ihre Offenheit erfreute und amüsierte, während ich zu einer anderen Zeit leicht verletzt gewesen wäre.

Eine Veränderung, die mir bewußt wurde, war meine neue Sicht des Theaters. Ich begann zu verstehen, daß es sein eigentlicher Zweck war, die innere Natur der Dinge auszudrücken und unser Verständnis über die unendliche Vielfalt der Rollen im Leben zu erweitern, die von allen möglichen Individuen gespielt wurden.

Gute Unterhaltung sollte auf subtile Weise etwas über die bleibenden Werte aussagen. Sie sollte die wahre Natur der Dinge aufzeigen. Das Programm der Transzendentalen Meditation weckte in mir eine Suche nach der Wirklichkeit und bot gleichzeitig einen direkten Weg zu ihr. Und während mir die Bedeutung des Theaters bewußt wurde, merkte ich gleichzeitig, was mein ‚Zuhause' für mich bedeutete.

So war es also diese einfache Sprache, das angenehme, freudige, natürliche Lachen, der Fluß göttlicher Weisheit von Maharishi und dessen Widerspiegelung in der ständig wachsenden Schar der Meditierenden, was mich aus dem Bereich des ‚Schau-Spieles' und des erfundenen Vergnügens zurücklockte zu der einfachen Freude meines eigenen Zuhauses; und es hielt mich dort, denn die Freude war gut gewürzt mit Überraschungen! Während ich im Theater jede Aktion voraussehen konnte, ging das Element der Überraschung in ‚433' über jedes Vorstellungsvermögen hinaus. Ich blieb nicht mehr stundenlang im Theater. Ich erledigte die notwendige Arbeit und machte mich so schnell wie möglich auf den Weg nach Hause.

Als wir eines Abends zurückkamen, drang uns unerwartet viel Fröhlichkeit und Lachen entgegen. Es schien sich jedoch zu beruhigen, als wir uns dazugesellten. Als es wie üblich zwei Uhr geworden war, verließen die anderen das Haus. Maharishi nickte uns zu, im Studierzimmer zu bleiben.

Er sagte glücklich: „Bald werden meine Freunde aus Indien hier sein."

„Wie schön! Sie kommen zu einem kleinen Besuch?" fragte

Roland.

„Ja, zu einem kleinen Besuch."

Etwas an dem Lachen, das wir gehört hatten und an dem Ausdruck auf Maharishis Gesicht, ließ einen Verdacht in mir aufkommen.

„Erzähle uns ein bißchen von deinen Freunden, Maharishi."

„Oh, sehr nette Schüler aus Indien."

„Befinden sie sich auf einer Weltreise?"

„Sie kommen vor allem, um zu sehen, wie es mir geht. In Indien haben die Schüler sehr viel Hingabe für ihren Meister."

Er lachte ein wenig. „Sie verbringen ihre ganze Zeit damit, für ihn zu sorgen und ihm zu dienen."

„Das ist wirklich wunderschön. Ohne Zweifel möchten sie ihm so nah wie möglich sein."

„Richtig, du hast ganz recht." Maharishi sah mir direkt in die Augen.

„Hat sich jemand um ein Hotelzimmer gekümmert?"

„Heute abend meinten alle, daß sie hier wohnen sollten."

Roland und mir verschlug es die Sprache. Wir saßen in einer Art seligem Schrecken da und fühlten ein oder zwei Minuten lang überhaupt nichts. Dann sprangen wir auf die Füße.

„Wir hätten sie wirklich gern hier, aber..."

„Fein, sehr schön." Und Maharishi gähnte sein großes Gähnen, welches besagte, ‚ich gehe jetzt zu Bett'.

„Aber wirklich, Maharishi", ich war entschlossen, meinen Satz zu beenden. „Ich glaube nicht, daß wir es ihnen besonders bequem machen können."

„Was gibt es da zu machen? Jeder hier wird für sie sorgen. Ist Platz für sie da?"

Binnen einer Minute war er die Treppe hinauf und inspizierte die Zimmer.

Wir boten unsere Schlafzimmersuite an. Er lehnte den Vorschlag ab. Das vordere Schlafzimmer war, seit Tina fort war, dann und wann für Übernachtungsgäste aus dem Center in San Francisco benutzt worden. Es diente außerdem als ‚Siesta'-Raum für die Helfer in ‚433'.

Maharishi erfreut sich am Telefonieren

„Sind es nur Männer oder ein Ehepaar oder was?" fragte ich.
„Ein junges Mädchen, ihr Bruder und der Präsident eines der Center in Indien."
Nach einigem Hin und Her entschieden wir uns dafür, Theresa aus ihrem kleinen Zimmer am oberen Ende der Treppe in unser Ankleidezimmer umzuquartieren, das früher einmal ihr Kinderzimmer gewesen war.
Der weibliche Gast konnte in Theresas Schlafzimmer ziehen und die beiden Männer konnten sich das vordere Schlafzimmer teilen. Maharishi war noch nie glücklicher gewesen. Nach und nach wurde uns bewußt, wie einsam er sich die ganze Zeit über ohne seine Landsleute gefühlt hatte, ohne ihre Sitten, ihre Sprache und vertrauten Gesichter. Als wir es in diesem Licht betrachteten, waren die Gedanken ihnen gegenüber schon sehr viel

freundlicher.

„Maharishi, ich freue mich sehr, daß deine Freunde kommen und daß wir Platz für sie haben." Sein Lächeln wog die zusätzlichen Belastungen und Unbequemlichkeiten bei weitem auf.

„Wann können wir sie erwarten?"

„In zwei Tagen."

„In zwei Tagen!" riefen Roland und ich gleichzeitig aus. Nach zwei Minuten des Schweigens kapitulierte ich mit einem „Oh, also gut."

Zwei Tage mochten für Maharishi genügen, um alles Nötige zu erledigen. Normalerweise hätte es mich zwei Tage gekostet, um nur darüber nachzudenken. Etwas von Maharishis schnellem Denken färbte allmählich auf uns ab, und ich sagte mir, daß es so vielleicht viel besser sei, weniger Zeit zu haben, sich Gedanken zu machen.

Das war jedoch noch nicht alles.

„Das Mädchen kommt aus einer der reichsten Familien in Indien."

„Tatsächlich? Oh je, dann können wir sie auf keinen Fall in dieser alten Sommerveranda unterbringen. Es wäre nicht angemessen. Und das Schlafzimmer ist im jetzigen Zustand unbrauchbar. Die Fenster müssen geputzt werden, die Teppiche brauchen eine Reinigung, und die Decken müssen ausgewechselt werden. Ich fürchte, es ist unmöglich."

Er tat die ganze Situation ab, indem er sagte: „Was wird sie das alles kümmern? Sie werden Mutter Olson dankbar sein, daß sie sie bei sich haben will."

Die Art, wie er ‚Mutter Olson' sagte, hüllte mich in ein sanftes, warmes Gefühl. Es tat mir wohl und ließ alle Unruhe verschwinden. Er zog sich in sein Zimmer zurück und wir uns in unseres.

Mein Mann und ich besprachen die Situation in unserem Privatgemach. Roland, ruhig wie immer, meinte, es würde schon alles gut werden und nahm die Sache nicht weiter ernst.

„Schließlich sind den ganzen Tag über so viele Leute hier,

die sich um sie kümmern können, und Maharishi wird sich sehr freuen. Er verbringt den ganzen Tag auf diesem Sofa. Ich sähe es gern, wenn er ein wenig rauskäme. Wir wußten schließlich nicht, daß sie kommen, so kann man auch nicht erwarten, daß alles tip top ist. Außerdem hattest du schon so viele Gäste hier. Leute aus Indien sind bestimmt interessant."

Ich versuchte, ein wenig zu meditieren, verbrachte aber die ganze Zeit damit, im Geiste Möbel zu verrücken und Betten zu machen. Schließlich überließ ich mich der Müdigkeit, die in meine Glieder kroch. Es schien kaum Zeit vergangen zu sein, bis Mutter Naturs kleine Vögel den neuen Tag begrüßten, der ein weiterer lieblicher Sommertag zu werden versprach.

Aber es war allein Martha Zweibel zu verdanken, daß er die Chance erhielt, ein lieblicher Tag zu werden. Nachdem sie eine Woche zuvor mit dem TM-Programm begonnen hatte, hatte Martha ihre Hilfe angeboten, und sie bekam die Verantwortung für das Büro übertragen.

Maharishi mit Ram Rao, Lachsman und Mata-ji, die aus Indien gekommen waren, um bei ihm zu sein und für ihn zu sorgen.

Martha, eine sehr attraktive und tüchtige Frau, war unermüdlich tätig und auf vielen Gebieten bewandert. Sie kam immer um acht Uhr morgens an, wunderbar gepflegt und zu allem bereit, was der Tag bringen mochte. Als wir Martha von der neuesten Entwicklung berichteten, verwandelte sich das Ganze in einen Spaß, und was uns zuvor wie ein Problem erschienen war, wurde zu einer Herausforderung, die leicht zu bewältigen war.

„Rufen Sie einen Reinigungsdienst an, Martha! Ich werde inzwischen sehen, daß ich neue Bettwäsche und Handtücher besorge."

Emily Lee hatte meine letzte Bemerkung gehört und erbot sich, nach Hause zu laufen und ihre eigene Bettwäsche zu holen. Ich nahm ihr Angebot dankbar an.

Es war noch nie vorgekommen, daß man mich um 8.30 Uhr zur Arbeit gehen sah, aber jetzt war der Job zu einer Zuflucht geworden, zu einem Asyl. Ich konnte es kaum erwarten hinzukommen. Während ich zur Arbeit fuhr, gingen mir seltsame Gedanken durch den Kopf. Würde irgendein Mensch, der seine fünf Sinne beisammen hatte, so handeln, wie mein Mann und ich es gerade taten? Niemals! Da standen wir nun, wußten nichts über Yoga oder Metaphysik und unterstützten es doch.

Wir billigten Maharishi und alles, was er zu sagen hatte, doch billigten wir es, ohne es ganz zu verstehen. Auch verwirrte uns die Vielfalt von Meinungen, die in unserem Haus geäußert wurde. Die Leute waren aus den vielfältigsten Lebenssituationen heraus zu uns gekommen. Wir wußten sehr wenig über den Yogi bei uns zu Hause, außer, daß wir ihn gern hatten. Während wir uns in unserem Haus allmählich etwas fremd vorkamen, benutzten er und viele andere es bei Tag und Nacht, aßen darin, schliefen darin, kamen und gingen, wie es ihnen gefiel.

Roland, der den Tag immer wieder für mich rettete, stellte nichts in Frage. Wer konnte schon etwas Genaues über diese Transzendentale Meditation sagen: Man reduzierte einen Klang, und dann erreichte man ein Feld der Seligkeit, einen

Bereich, der jenseits von Raum, Zeit und Relativität lag. Da er jenseits des Feldes der Relativität lag, konnte man keine Aussagen darüber machen. . . und wohin führte das alles? Zu drei zusätzlichen Gästen! Die Vorstellung allein ließ mich lachen. Selbst zehn wilde Pferde hätten mich nicht von meinem neuen Besuch trennen können!

Als ich das Theater betrat, begegnete ich Coleen Potter, einer Mitarbeiterin, die fast so lange beim Theater war wie ich. Sie überraschte mich mit den Worten: „Was immer es ist, was du da machst, es muß großartig sein. Alle sprachen darüber, wie gut du aussiehst und wie großartig du deine Arbeit machst. Ich sollte es selbst einmal ausprobieren."

„Coleen, meinst du das wirklich? Komm heute abend zum Vortrag. Ich weiß, du wirst Maharishi mögen, und ich bin sicher, er mag dich ebenfalls."

Coleen, eine ausgezeichnete Autorin, war eines der attraktivsten Mädchen, das mir je begegnet ist. Sie hatte ein wunderschöne Singstimme und einen phantastischen Sin für Humor. Es bedeutete mir recht viel, daß gerade sie vo der ganzen Truppe am Theater Interesse für TM zeigte.

Später, nachdem ich mich durch Berge von Arbeit gewüh hatte, konnte ich um vierzehn Uhr nach Hause gehen. D Eingangstür stand offen, aber niemand schien in der Nähe ʒ sein. Ich ging hinein, schlenderte langsam auf das Wohnziɪ mer zu und hielt kurz vor der Türschwelle erschrocken inne.

Es war unglaublich!

Drei oder vier Bettücher waren auf Drähten aufgehäng die der Länge nach durch den Raum liefen. Drei oder vier we tere Drähte liefen quer darüber.

Ich wußte nicht, was ich davon halten sollte. Schließlic kam mir eine Einsicht. „Sie trocknen die Wäsche."

Emily Lee kam auf mich zu.

„Maharishi sah mich mit den Laken hereinkommen und lie die Männer Meditationszellen daraus bauen. Ist das nich geschickt?"

„Sehr geschickt. Was ist mit den Laken für die Gäste? Si

erinnern sich, heute abend kommen drei Gäste an."

„Nun, machen Sie sich deswegen keine Sorgen. Bei Maharishi läuft immer alles gut. Nehmen Sie es einfach leicht. Meditieren Sie!"

Und fort war sie. Ich fühlte mich leicht irritiert.

Oben fand ich Martha beim Putzen des vorderen Schlafzimmers vor. Sie hatte so schnell keinen Reinigungsdienst bekommen können.

Sheela war ganz damit ausgelastet, für Maharishi zu kochen, der oft andere Leute zum Essen einlud.

Martha war mit Reinigungstätigkeiten und mit dem Büro beschäftigt. Ich versuchte, einen Witz zu machen. Martha war nicht mehr zum Spaßen zumute. „Irgendjemand muß die Seide waschen und bügeln", sagte sie. „Ich gehe für heute nach Hause. Ich bin müde."

„Ich werde jemanden finden oder es selber machen. Gehen Sie, Martha, Sie haben ihre Arbeit wunderbar gemacht. Wir können Ihnen gar nicht genug danken."

„Maharishi hat seine eigene Art, mir zu danken", war ihre verblüffende Antwort.

Gelächter drang aus dem Studierzimmer herüber und zog mich dorthin. Ein paar Frauen hatten sich bei Maharishi versammelt und genossen den herrlichen Nachmittag mit ihm.

„Oh, Mutter Olson, braucht dich das geschäftige Büro nicht?"

„Das geschäftige Zuhause scheint mich ebenso zu brauchen. Wir benötigen dringend Hilfe." In Windeseile hatte Maharishi die anfallenden Arbeiten auf die Leute verteilt. Seine gute Laune war ansteckend. Es war nicht möglich, längere Zeit in seiner Nähe zu sein, ohne ganz und gar glücklich zu sein.

„Könntest du mir erklären, warum die Bettücher im Wohnzimmer hängen müssen? Es sieht nicht nett aus. Ich weiß nicht, was deine Gäste denken werden.

„Sie stören uns nicht", sagte Maharishi.

Doch dann erzählte er mir nach und nach behutsam von

dem Problem, im Haus zu unterrichten.

„Es geht so viel verloren", sagte er. „Es ist für die Leute nicht gut, mit anderen zusammenzusitzen, wenn sie das erste Mal meditieren.

Er demonstrierte es mir an einem Beispiel: Jemand öffnet langsam seine Augen, um zu sehen, was der andere macht. Und er bemerkt dann, daß ein anderes Augenpaar sich langsam öffnet und ihn anblickt. Als er mir das vorführte, mußte ich lachen; ein weiterer Sieg für unseren Yogi!

„Dann schließt jeder wieder die Augen, aber die Erfahrung ist dahin. Was also tun? Wir hängen die Tücher auf, und keiner schaut den anderen an."

Seine Erklärung ließ alles einfach und praktisch erscheinen. Ohne Zweifel hatte er sein ganzes Leben der Transzendentalen Meditation gewidmet und dem Ziel, sie uns allen richtig zu vermitteln.

„Wie geht es mit dem Häuschen draußen voran?"

„Sehr langsam", sagte er gedankenvoll, „es ist immer noch sehr viel zu tun."

Das Flugzeug aus Indien sollte um 22.30 Uhr ankommen. Da Maharishi wie jeden Abend im Vortragssaal sprach und wir am Abend zu tun hatten, fiel die Begrüßung für unsere Gäste nicht ganz so aus, wie wir es gewünscht hätten. Die Damen hatten ihr Bestes im Haus getan. Alles glänzte. Überall standen frische Blumen. Der Eßtisch im Büro war abgeräumt worden und Schälchen mit Pfefferminz, Nüssen, Früchten und Plätzchen wurden darauf plaziert. Eine große Auswahl Eiscreme stand bereit. Maharishi hatte ihre Vorliebe für Eisspezialitäten erwähnt, da sie in Indien selbst in den wohlhabendsten Familien selten gereicht wurden.

Roland und ich fuhren so schnell es ging nach Hause und kamen ein paar Sekunden vor unseren Gästen an.

Ein Auto fuhr vor und drei Kinder, so schien es mir, stiegen heraus. Mata-ji war ein anmutiges, bescheidenes, junges Mädchen, in einen exquisiten weißen Sari gekleidet. Sie trug einfache, braune Sandalen. Ihr schwarzes Haar war lang und fiel anmutig ihren Rücken herab. Sie trug kein Make-up.

Ein sehr ansehnlicher junger Mann in einem fleckenlos weißen Anzug mußte ihr Bruder Lachsman sein. Beide waren recht klein und schlank gebaut. Aber die dritte Person, Ram Roa, war ohne Zweifel der schmalste Mensch, den ich je gesehen hatte. Bestimmt würde er das Ausladen des Gepäcks übernehmen. Nun, er kam den Weg herauf und trug so viele Koffer, daß es unmöglich war, ihn darunter zu entdecken! Jeder stürzte hinaus, um ihm zu helfen, aber es schien ihm Freude zu machen, die ganze Ladung zu tragen. Er war ein feiner Herr, der glücklicherweise Englisch sprach. Mata-ji und ihr Bruder sprachen nur Hindi.

Niemand hat Maharishi je so glücklich gesehen. Die wechselnde Tonlage in seiner Stimme hatte uns immer bezaubert, aber jetzt lauschten wir ihr, obwohl wir seine Worte nicht verstehen konnten, um etwas von der Bedeutung zu erhaschen. So oft warf er seinen Kopf zurück und lachte, und wir fielen alle mit ein, aus purer Freude daran.

Roland begleitete Ram Rao zu den Schlafräumen. Wie sehr hätten wir uns gewünscht, die beste, komfortabelste Ausstattung zu besitzen. Unsere gut eingewohnten Möbel und Teppiche verbreiteten eine entspannte, behagliche Atmosphäre, aber das war auch alles, was man von ihnen sagen konnte.

Ram Rao überwachte die Verteilung des Gepäcks. Die Frauen fühlten sich sofort mit Mata-ji verbunden, als ein Gepäckstück nach dem anderen, alle wunderbar zusammen passend, in ihrem Zimmer verschwand und die Jungen jeder mit einem Koffer zurückblieben.

Nachdem Erfrischungen gereicht worden waren, gingen die meisten der Leute nach Hause, aber Maharishi geleitete unsere neuen Gäste und einige andere in das Studierzimmer.

Während wir die kleine Gruppe beobachteten, wie sie Maharishi mit ihren Augen verschlang, seine eigenen Augen bis zum Rand mit Liebe und Freude gefüllt, wurde uns der Status unseres Gastes recht deutlich bewußt: Er war in Wirklichkeit nicht ‚unser‘ Gast, er gehörte allen. Und besonders gehörte er dieser bezaubernden Gruppe, die den ganzen Weg um die Welt gereist war, um bei ihm zu sitzen und sich an diesen kostbaren Augenblicken mit ihm zu erfreuen.

Mein Mann und ich hielten uns etwas im Hintergrund, aber Mata-ji bezog uns mit ein. Sie verließ den Raum und kam mit einem Tablett voller Plätzchen zurück. Als Antwort auf unsere erstaunten Blicke erklärte Maharishi, daß Mata-jis Familie zweifellos ihre Köche angewiesen hatte, das Essen für die ganze Reise zu bereiten. Später zeigte uns Mata-ji den Inhalt eines ihrer Koffer. Er war wie ein Picknickkorb ausgestattet, jedoch mit exquisitem Porzellan anstelle von Plastik. In kleinen Krügen mit verschließbaren Deckeln waren interessante Speisen aufbewahrt.

Es war ein lieblicher Anblick zu sehen, wie Mata-ji Maharishi bediente. Die Anmut einer Frau, die es gewöhnt ist, einen Sari zu tragen, ist beneidenswert. Die reine Liebe ihres Herzens floß durch ihre zarten, schmalen Hände in die Darreichungen mit ein. Sie bat Roland und mich, uns neben Maharishi zu setzen und bediente uns ebenfalls. Die meisten der Plätzchen waren delikat, aber eines überraschte mich mit einer Füllung aus scharfem Pfeffer!

Ich hatte es nie geschafft, mich an Pfeffer zu gewöhnen und erstickte fast daran. Als ich nach einem Hustenanfall wieder in das Zimmer zurückkam, blickte mich Mata-ji etwas kühl an. Maharishi sagte: „Sie versteht es nicht."

„Wir verstehen nicht", wurde zum Schlüsselwort für die nächsten paar Tage. Ost und West hatten sich schnell getroffen, und die Sitten von beiden Seiten mußten erst erkundet werden.

Ram Rao erklärte uns, daß Mata-ji ein Titel sei, der in Indien ‚kleine Mutter' bedeutete. Es war ein bemerkenswerter Titel, und Mata-ji wurde von vielen als eine Weise oder heilige Frau angesehen. Ganz bestimmt hatte sie Erfahrung darin, einem Meister zu dienen. Sie stand früh auf, badete und kleidete sich in frische, hübsche Saris, meditierte und bereitete dann frischen Traubensaft für Maharishi. Dazu sortierte sie die Trauben erst einmal aus und benutzte nur die ganz festen und frischen. Diese wurden wieder und wieder gewaschen. Dann suchten ihre winzigen Finger die Kerne heraus, und die Trauben wurden in ein Leintuch gegeben und von Hand gepreßt. Da der ganze Vorgang viel Zeit in Anspruch nahm, hockte sie sich gewöhnlich auf den Fußboden und legte alles auf einem sauberen Handtuch ausgebreitet vor sich hin. Wir stolperten jedoch dauernd über sie, wenn sie versuchte, uns auszuweichen und dabei ständig den Platz wechselte. Es half nichts, Ram Rao zu rufen. Er erklärte kurz, daß Mata-ji ihre eigene Art und Gründe hatte, zu tun, was sie tat.

Mata-ji war nicht an mechanische Hilfsmittel gewöhnt, aber sie war an Diener gewöhnt. Sie konnte nicht verstehen, warum wir keine besaßen. Die Frauen, die uns halfen, waren oft sehr wohlhabend. Trotzdem kamen sie, um Staub zu wischen, zu waschen, zu bügeln, zu kochen, das Geschirr zu spülen oder zu tun, was gerade getan werden mußte. Es dauerte eine ganze Weile, bis Mata-ji unsere Mittelstands-Gesellschaft verstand.

Die Arbeiten wurden in einem Geist der Freude und des Lachens verrichtet, und niemand aus der Olson-Familie mußte je etwas von der zusätzlichen Arbeit tun. Stattdessen bekamen wir oft interessante Gerichte zu essen, und es war für uns immer wieder faszinierend, gleichsam auf einer Bühne, so viele wunderbare Charaktere beobachten zu können.

Jetzt, wo seine Freunde gekommen waren, begann Maharishi, den Sommer zu genießen. Jeden Tag wurde die Familie größer. Neue Meditierende aus allen Lebensbereichen gesellten sich dazu und verbrachten jede freie Minute mit Maharishi, hörten seine weisen Ratschläge an, besuchten seine Vorträge, lachten mit ihm und machten vielleicht einmal einen Ausflug mit ihm. Ein Ausflug mit Maharishi war wie ein altmodisches Picknick einer Sonntagsschule; nur daß er nie geplant war — es geschah einfach.

Viele Meditierende waren immer bei Maharishi. Vom Zauber seiner Persönlichkeit angezogen, stellten Männer ihre Geschäfte und Frauen ihre sozialen Aktivitäten dafür zurück. Sie

Maharishi besucht mit einigen Meditierenden Disneyland.

schwärmten nach ‚433' wie die Bienen zum Honig, zufrieden, in seiner Nähe zu sein, selbst wenn sie ihn nicht sehen konnten.

Immer wieder baten wir Maharishi, sich von seiner Mission ein wenig Zeit zu nehmen, um die Stadt zu besichtigen. Mataji zeigte uns schließlich, wie das zu erreichen war.

Einer von uns ging zur Tür des Studierzimmers und sagte mit strengem Gesicht:

„Maharishi, du hast heute keine Termine mehr. Vielleicht möchtest du dich in dein Zimmer zurückziehen und ausruhen."

Wie es schien, brauchte er nachts nur etwa zwei Stunden Schlaf. Nun machte er ein Gesicht wie ein kleiner Junge, der ins Bett geschickt wurde. Indem er aufblickte, sagte er fast trotzig: „Wollen wir nicht irgendwohin gehen?"

Maharishi liebt die frische Luft des Meeres. Alle freuten sich über dieses Bild von ihm, wie er im Sande steht und eine leichte Brise durch Haar und Kleidung weht.

„Ja, wenn du meinst."

Sofort lief er durch das ganze Haus und rief: „Kommt, kommt!"

Das Bügeleisen stoppte mitten in Metern von Seide, der Abwasch wurde stehengelassen, die Schreibmaschine schwieg und das Haus leerte sich. Fünf oder sechs Wagen voll glücklicher ‚Kinder' fuhren los, um den Bauernmarkt zu erforschen, das Disneyland zu besuchen, Marineland, Chinatown oder besonders schöne Ausblicke auf die Hügel von Hollywood zu genießen. Es gab Fahrten am Strand entlang und hier und da eine Strandfahrt um Mitternacht. Maharishi genoß die frische Meeresluft und bot ein wunderschönes Bild, wenn er im Sand stand und der Wind sanft durch seine Haare und Gewänder wehte.

Obwohl mein Mann und ich wegen Arbeitsverpflichtungen an vielen dieser Ausflüge nicht teilnehmen konnten, teilten wir doch den Spaß daran durch die Berichte von Maharishi und Theresa.

Mata-ji bekam allmählich einen leichten Sonnenbrand, eignete sich in unglaublich kurzer Zeit Englisch an, lernte es, im ‚Drive-In' zu essen und begann, für ihre riesige Familie in Kalkutta einzukaufen.

Als sich immer mehr Leute unserem Kreis anschlossen, mit einer solchen Vielzahl von Ideen und Zielen, wurde uns bald klar, daß eine Familie, die viele Hundert Mitglieder zählte, eine Organisation brauchte. Obwohl sich niemand eine Organisation wünschte, schien es der einzige Weg zu sein, um eine Einheit zu etablieren, und bald nahm das ‚Internationale Meditationszentrum der Geistigen Erneuerungsbewegung' Form an. Es wurde genau am dreizehnten Juni geboren, Rolands fünfzigstem Geburtstag.

Maharishi in diesen Tagen allein anzutreffen, war eine Seltenheit, aber hin und wieder geschah es doch. Bei einer solchen Gelegenheit stellte ich ihm ein paar Fragen über die Organisation.

„Es ist eine gute Sache", sagte er, „auf diese Weise bleibe

ich frei, um mich um die spirituelle Arbeit zu kümmern. Ich bin nicht für Geld und Regeln und all diese Dinge. Ein Verwaltungsrat kann sich darum kümmern."

Ein Sprecher dieses Rates stellte Maharishi die Pläne vor.

„Unsere Aufgabe wird es sein, deine Reisen zu organisieren, die nötigen Geldmittel zu besorgen, Vortragssäle zu mieten und Material für die Öffentlichkeit bereitzustellen. Dann bleibst du völlig frei für deine andere Arbeit."

In Indien, Malaysia, Burma, Hongkong und San Francisco war immer jemand aufgetaucht, der diese Aufgaben für Maharishi erledigte, aber jetzt war es kein „Ein-Mann-Unternehmen" mehr, und auf diese Weise bekamen viele Menschen die Gelegenheit, mitzuhelfen, aber koordiniert durch die Organisation.

Der Name ‚Geistige Erneuerungsbewegung' gab Anlaß zu einem Kommentar. ‚Geistig' (amerik. ‚spiritual') bedeutet in diesem Zusammenhang bei Maharishi die Verwirklichung des höchsten Zieles des Bewußtseins. ‚Erneuerung' bedeutet die Wiederherstellung der Kraft, eine Verjüngung, eine Art Er-holung. Es konnte kein besserer Begriff gefunden werden, um die leicht zu erreichenden Ziele von Maharishis System der Transzendentalen Meditation deutlich zu machen, Ziele, die dem einzelnen gleichzeitig Frieden und Kraft geben.

Die meisten der Frauen hörten sich die Pläne an, hörten, wie Artikel über Mitgliedschaft geschrieben wurden, und das Herz war ihnen schwer; und doch wußten sie, daß es sein mußte. Jeder schien die glücklichen Augenblicke der ersten Tage unverändert bewahren zu wollen, aber das ist niemals möglich.

Internationale Meditationszentren sollten gegründet werden, um Treffpunkte zu haben, wo die vielen Tonbänder von Maharishis wundervollen Vorträgen gehört werden konnten, während er woanders auf Reisen war und um die Menschen zusammmenzubringen, die am TM-Programm interessiert waren.

Dr. Hislop, der vor seinem Eintritt in die Geschäftswelt ein Englischprofessor gewesen war, wurde zum Präsidenten gewählt. Charlie Lutes, ein Mann, auf den man sich offenbar immer verlassen konnte, wenn irgendeine Arbeit zu tun war —

sei es, Maharishi zu chauffieren oder beim Bau des Meditationshauses zu helfen — wurde Vize-Präsident und später, als Dr. Hislops Arbeit ihn von Los Angeles fortholte, zum Präsidenten ernannt.

Roland, mit seinem ausgezeichneten Hintergrund als Rechnungsprüfer, wurde zum Schatzmeister gewählt.

Viele wunderbare Menschen halfen eine Zeit lang mit, verloren dann aber das Interesse oder mußten sich wieder eigenen Geschäften widmen, die sie ganz in Anspruch nahmen. Meine vielen Bemühungen um die ‚Familie' wurden von Maharishi hoch geschätzt. Er schien sich nie darüber zu wundern, daß Menschen, die so weit fort von seinem geliebten Indien lebten, einen ganz anderen Hintergrund besaßen und andere Ideologien hatten, so viel ernsthaftes Interesse und wirkliche Fähigkeiten zeigten, ihm zu helfen.

Ein Band der Liebe begann sich durch ‚433' zu ziehen. ‚Bruderschaft der Menschheit' und ‚universelle Liebe' waren vertraute und schöne Gedanken; aber die Wirklichkeit, wie sie durch die wundervollen Menschen präsentiert wurde, die Maharishis Botschaft hörten und bei ihm blieben, war viel erfüllender als erwartet, und das Wort ‚Familienbande' bekam eine neue Bedeutung. Wieder einmal klangen mir Worte aus dem Neuen Testament im Ohr:

„. . . wer aber ist meine Familie? Jene, die meine Worte hören und nach ihnen handeln."

Viele von uns hörten seine Worte und handelten danach, und das Band zwischen uns wurde stark und vereinte uns in einer großen, liebevollen und besonders glücklichen Familie.

KAPITEL 8

FRIEDEN UND PANIK

Nachdem ‚433' wie eine gute Mutterhenne ihre Flügel ausgebreitet und die ständig wachsende Familie unter ihre Fittiche genommen hatte, hätte das Leben gleichmäßig und ruhig seinen Lauf nehmen können; aber nicht mit einem Yogi im Haus!

Seine Gegenwart löste jegliche Trägheit auf, wie das Licht die Dunkelheit, und dennoch kannten wir ihn nur als eine ruhige, scheinbar inaktive Person, die heiter und gelassen inmitten der Aktivität saß.

Die ersten Sommertage meldeten sich voller Ungeduld. Der frühe Morgengesang der Vögel bildete mit seinen rhythmischen Allegros und Andantes die Overtüre zu der Symphonie des Tages, eines Tages, der vielleicht heiter und ruhig begann, aber nicht selten in einem wirbelnden Tanz endete!

Mit leichten Schritten kamen jene, die auf eine persönliche Unterweisung warteten, den von Bäumen beschatteten Weg herauf, schon früh am Morgen um 7.30 Uhr. Geschäftiger Verkehr kam von der Straße herüber, die zum Wilshire Boulevard führte, aber er wurde von den Männern und Frauen mit duftenden Sträußen frisch gepflückter Blumen und Körben voll süßer Früchte gar nicht wahrgenommen. Geschäftsleute, die ihre Termine zurückgestellt hatten, Arbeiter, die es riskierten, zu spät zur Arbeit zu kommen, Akademiker, Hausfrauen, Betriebsleiter und Angestellte befanden sich unter den Menschen, die nach ‚433' schwärmten, als hätte man sie gerufen. Sie waren gebeten worden, nicht zu frühstücken, ein paar Früchte und Blumen mitzubringen, ein weißes Taschentuch und einen gewissen finanziellen Beitrag.

Die persönliche Unterweisung wurde allen gegeben, ob sie nun etwas spendeten oder nicht, aber jeder erhielt die Möglichkeit, einen Beitrag zu leisten. Diese Spenden wurden einzig dazu verwandt, um Maharishi zu seinem nächsten Treffpunkt zu bringen, seine Broschüren zu drucken und für seinen Unterhalt zu sorgen, bis eine andere Gruppe diese Aufgaben übernehmen konnte.

Von all den Aktivitäten des Sommers 1959 liebten wir die persönliche Unterweisung am meisten. Dann wurden die Stimmen gedämpft, und jeder bewegte sich ruhig und leise. Eine Atmosphäre des Friedens schien sich auf alles und jeden zu senken. Die große Eingangstür von ‚433' wurde zu einem Tor zwischen zwei Welten. Die Geräusche der Straße, Autolärm, Hupen, sogar das Lachen der spielenden Kinder blieben draußen zurück, wenn ein Aspirant ‚433' betrat und sich anschickte, die Seligkeit im Innern zu erfahren.

Jeder legte seine mitgebrachten Blumen und Früchte auf eine kleine Schale und nahm sie mit zur Unterweisung hinein. Die Männer gaben sich mit dem Arrangement ebenso viel Mühe wie die Frauen. Die Ausstrahlung jeder Schale wurde zu einer Widerspiegelung der Schönheit und Freude der Seele, die sie gestaltet hatte. Es war eine Vereinigung von Natur und Mensch in einem kurzen Augenblick der Erfüllung. Aufgeblüht oder als Knospe sprachen die Blumen von Schönheit, von Duft, Freude und Liebe, während sie den Sucher nach Wahrheit bei seinen persönlichen Augenblicken mit Maharishi begleiteten.

Am ersten August sollte die erste Einführungszeremonie im Gartenhäuschen stattfinden. Die Morgentermine im Haus liefen wie gewohnt weiter, und alles ging zügig voran.

Martha bewegte sich ruhig und sicher und wurde von vielen anderen tatkräftig unterstützt. Um die Mittagszeit hatten die neuen Meditierenden ihre erste Erfahrung des tiefen Transzendierens gemacht, waren überprüft worden und hatten das Haus mit einem großartigen Gefühl verlassen, das sich in ihren strahlenden Augen widerspiegelte. Die Hausgäste und Mitarbeiter im Büro wurden zum Essen außerhalb eingeladen und wollten den Nachmittag draußen verbringen. Maharishi zog sich nach den Einführungen in die Stille zurück.

An diesem Tag war der Frieden, der die Atmosphäre erfüllte, fast körperlich spürbar. Man meinte, ihn einatmen und durch den Körper strömen lassen zu können. Auch schien es, als ob wir auf etwas warteten...

In diesen Tagen hielt ‚433' seine Eingangstür fast immer geöffnet, aber heute erschien es irgendwie angebracht, sie zu schließen, vielleicht, weil kein Personal zur Hand war, um jene zu begrüßen, die für gewöhnlich hereinspazierten. Ich hatte mir diesen Tag ausgesucht, um zu Hause zu arbeiten, und der Klang der Türglocke erschreckte mich ein wenig, da sie lange Zeit geschwiegen hatte. Ich öffnete die Tür und stand vor Mr. H. und seinem Sekretär. Der Sekretär, ein junger Mann, stellte Mr. H. und sich selbst vor. Damals war ich mit den Schriften und Vorträgen dieses Herrn nicht vertraut, und ich wußte auch nicht, daß er für diesen Nachmittag eine Verabredung hatte, aber Maharishi schien ihn zu erwarten.

Ihre Begrüßung zeugte von liebevoller Anerkennung, und die beiden zogen sich zu einem Nachmittagsplausch ins Studierzimmer zurück. Der Sekretär entschuldigte sich und ging. Das Haus gehörte Maharishi und Mr. H. Eine Stunde war ihnen in Ruhe gegönnt, dann klingelte das Telefon. Ein dringender Anruf zwang mich, sie zu unterbrechen. Nachdem Maharishi ihn beantwortet hatte, sagte er:

„Mr. H. wird der erste sein, der im neuen Meditationshaus eingeführt wird". Ich wußte, daß er meinte, dies solle jetzt sofort geschehen. Als ich Mr. H. betrachtete — sein hageres, asketisches Gesicht, in dem viele Lebensjahre eingezeichnet waren, das Gesicht eines Gelehrten und Lehrers — war ich verwirrt. Es trug den Ausdruck spiritueller Erfüllung, aber in seinen Augen stand Müdigkeit. Viel Tiefe lag in dem ernsten Gesicht; aber etwas von der kindlichen Freude, der Seligkeit, die wir ständig vor Augen hatten, fehlte.

Es dauerte nur wenige Minuten, um die einfachen Utensilien für die Zeremonie zusammenzutragen und das Meditationshaus vorzubereiten.

Der Fußboden des kleinen Hauses war vollständig mit einem preiswerten, aber hübschen, apricotfarbenen Teppichboden ausgelegt. Der Raum für die persönliche Unterweisung befand sich in der Mitte des Hauses und war durch Glasscheiben abgetrennt, und um die Seiten herum gab es viele kleine Kammern.

Die Meditierenden hatten oft von einer angemessenen Einweihungszeremonie für das Meditationshaus gesprochen. Es sollte ein Anlaß sein, der von einer Feier begleitet wurde, aber die Wirklichkeit war schöner. Der kleine Raum war ruhig und still wie die Morgendämmerung und bereit, einen Aspiranten zu empfangen, der sein eigenes Licht in sich trug.

Maharishi mit Mata-ji, Helen und Charlie Lutes. Helen und Charlie waren ständig bei Maharishi und begleiteten ihn auf allen seinen Reisen.

Als Rauchspiralen von den Räucherstäbchen aufstiegen, sah ich, wie Maharishi Mr. H. durch den Garten begleitete, eine Geste, die ich nie zuvor erblickt hatte. Ein Aspirant wartet immer auf den Meister, und die Zeit, die mit Warten verbracht wird, ist bedeutungsvoll. Mr. H. wurde nicht gebeten zu warten.

Während die persönliche Unterweisung vonstatten ging, klingelte die Türglocke erneut. Diesmal war es ein Fotograf, der offenbar einen Termin hatte, um für einen Zeitungsartikel Aufnahmen von dem Meditationshaus zu machen. Fotografen haben immer etwas, das mich nervös macht. Vielleicht liegt es an dem ‚Augenblick der Wahrheit', den sie auf ihren Film bannen. Das Meditationshaus war bestimmt noch nicht für sein Bild bereit, und da ich mich oft selbst in einer ähnlichen Situation befunden hatte, überlegte ich, was man stattdessen fotografieren konnte; aber alles, was mir in den Sinn kam war, daß Maharishi sicher gern ein paar Erfrischungen für Mr. H haben würde.

„Würde es Ihnen sehr viel ausmachen, ihre Ausrüstung abzulegen und mir etwas zu helfen? Anstatt Fotos vom Meditationshaus, werden Sie Fotos von zwei Herren im Garten bekommen. Wenn wir einen Teetisch aufstellen, haben wir einen hübschen Hintergrund, und die beiden sind beschäftigt."

Der Fotograf war gutmütig und willig. Ich konnte die Erfrischungen nicht im Eßraum servieren, da dieser völlig in ein Büro umgewandelt worden war. Der Eßtisch war buchstäblich mit Schreibmaschinen, Akten, Terminkalendern und Schreibutensilien bedeckt.

Ein großer, ausklappbarer Picknicktisch war ein guter Ersatz und genau das Richtige für den Garten.

Der Fotograf schien Übung bei Tätigkeiten dieser Art zu haben. Er trug Karaffen mit Fruchtsaft und ein Tablett mit Gläsern und Silberbesteck vorsichtig hinaus. Ich folgte mit einem Tischtuch und Dresdener Fruchtschnitten. Obwohl Maharishis Geschmack in bezug auf sich selbst einfach war, hatte er doch ein Auge für den Liebreiz von Ideen, Menschen und Dingen.

Ich wußte, er würde sich für Mr. H. etwas Schönes wünschen.

Es nahm nur ein paar Minuten in Anspruch, um ein hübsches Blumenarrangement herzustellen. Das ganze Haus stand voller Vasen mit Rosen, Orchideen, Kamelien, Nelken, Astern und vielen anderen Blumen. Wir hatten immer Körbchen mit süßen Früchten, Plätzchen, Nüssen, Bonbons und Süßigkeiten im Haus, da die Leute niemals mit leeren Händen zu Maharishi kamen. Bald strahlte der Tisch eine warme Gastlichkeit aus.

„Ich habe wirklich nicht gewußt, daß man diese Dinge so schnell zusammentragen kann", sagte der erstaunte Fotograf.

„Glauben Sie mir, normalerweise kann ich das auch nicht! Damit man sich so schnell bewegen kann, braucht man einen Yogi aus einer Höhle im Himalaya, der einem ein paar entsprechende Impulse gibt."

Als er gerade eine Aufnahme von dem Tisch machen wollte, traten die beiden Männer aus dem Meditationshaus heraus. Maharishis Augen waren mit Freude erfüllt. Was Mr. H. betraf — sein Gesicht leuchtete. Nun strahlten seine blauen Augen das gleiche Licht aus, das wir so oft bei den neuen Meditierenden gesehen hatten. In weniger als einer halben Stunde schien sein Gesicht jünger und entspannter geworden zu sein. Ein Lächeln ersetzte die vormals ernste Miene.

Maharishis Blick glitt anerkennend über den Tisch. Mr. H. hatte die Unterweisung erhalten, ohne die üblichen Früchte und Blumen mitgebracht zu haben. Maharishi griff nach der lieblichsten Blume, der schönsten Frucht und legte sie Mr. H. in die Hände. Ich spürte, daß dies eine höchst ungewöhnliche Angelegenheit war und bat den Fotografen leise, ein Foto zu machen. Sie sprachen miteinander und achteten nicht auf uns, aber als ein Blitzlicht aufflammte, blickten beide auf, und Maharishi schien ein wenig verstimmt.

„Das Foto wird vielleicht nicht geglückt sein, Maharishi, sollen wir ein neues machen?"

Ganz sanft sagte Maharishi: „Ich glaube nicht, daß Rishi H. Wert darauf legt, daß ein Foto von ihm gemacht wird.

Es war wohl ein bißchen spät, aber ich bemerkte Mr. H.'s Wunsch, allein zu bleiben und entschuldigte mich.

Die beiden Herren gingen ins Haus zurück, während ich mit dem Fotografen zum Meditationshaus hinüberging, um Aufnahmen zu machen. Der kleine Raum in der Mitte blieb verschlossen, aber er fotografierte die abgetrennten Zellen, in denen von nun an viele Schüler ruhig und ungestört sitzen sollten. Nach den betriebsamen, fröhlichen Tagen voller Hämmern, Sägen und Anstreichen, war das Häuschen nun von einer sanften Stille erfüllt. In wenigen Minuten war es zu einem ruhigen Hafen geworden, einer Zufluchtsstätte vor der Welt.

Nachdem der Fotograf gegangen war, verweilte ich noch in dem kleinen Haus. Erst dort wurde mir bewußt, daß Maharishi Mr. H. ‚Rishi' genannt hatte. Als wir einmal über die Bedeutung von Maharishis Namen diskutierten, hatte sich herausgestellt, daß ‚Rishi' soviel wie Weiser bedeutete. Es schien so passend für diesen Herrn mit dem hageren, asketischen Gesicht und den nun strahlenden, blauen Augen, Rishi genannt zu werden. Ich weiß nicht, was die eigentliche Bedeutung dieses Tages war, denn ich habe Mr. H. seitdem nie wieder gesehen, aber ich hatte immer das Gefühl, daß es ein besonderes Privileg war, Zeuge dieser seltenen Begebenheit gewesen zu sein.

lumen schienen es zu lieben, seinen Händen sein zu dürfen.

Maharishi im Meditationshau[s]

Dies sollte in mehr als einer Beziehung ein ungewöhnlicher Tag werden. Der Frieden war am Nachmittag gekommen, herbeigeführt durch Mr. H..
Die Panik kam am Abend!
Der Eröffnungsabend am Theater ist immer eine Zeit großer Aufregung und Fröhlichkeit. Alle Routinearbeiten sind erledigt (oder sollten es sein), das Fundament ist gelegt, und nun liegt es allein an dem Darsteller zu zeigen, ob seine Kunst vollkommen genug ist, um dem Geschmack des Publikums zu genügen. Jetzt bleibt nur noch das Vergnügen an der Kunst, die, in einer unterhaltsamen Form präsentiert, Freude in das Bewußtsein des Zuschauers bringen soll.

Neben der Aufgabe der Verkaufsförderung war die ‚Küche' eines meiner Projekte. Eines Tages hatte ich die knarrende Tür zu einer unbenutzten Küche im Theater geöffnet und einen alten Herd, Kühlschrank und so weiter vorgefunden. So begann ich, Butterbrote für die hungrigen Tänzer zu bereiten, die zwischen den Proben nie aus dem Theater herauskamen. Sie waren so dankbar, daß sie riesige Mengen davon verzehrten, dazu Käse, Kaffee, Fruchtsaft, Eiscreme und was wir sonst noch herbeischaffen konnten. Sie bedienten sich selbst und ließen Geld in der Kasse zurück, aber sie verbreiteten die Kunde zu gründlich, und es endete damit, daß wir Musiker, Türsteher, Mitarbeiter und deren Freunde zu versorgen hatten.

Die Wärme und Freundlichkeit der improvisierten Küche zog alle Darsteller an, und oft ergab sich eine wundervolle Abendunterhaltung.

Die Künstler kamen die langen Korridore heruntergelaufen, um zwischen den einzelnen Nummern eine Tasse Kaffee zu bekommen, und die Stars machten keine Ausnahme. An diesem speziellen Abend war es Mr. Harry Belafonte, der im Scheinwerferlicht stand. Die Möglichkeit, Mr. Belafonte persönlich zu sehen, brachte uns haufenweise freiwillige Helfer. Roland war immer zur Stelle. Die winzige Küche quoll über von Menschen. Es hätte niemand mehr hineingepaßt. Seit ich so viel Zeit in der Küche verbrachte, hatte der Direktor ein Telefon hineinlegen lassen, und oft genug nahm ich mit der einen Hand Kartenbestellungen für eine Gruppenreise entgegen, während ich mit der anderen Hand Brote strich. Der Direktor hatte selbst Freude an der Küche und war glücklich, daß es einen Ort gab, wohin sich jeder ein paar Minuten zurückziehen konnte, um sich zu entspannen und ein wenig zu fachsimpeln.

An diesem Abend war es ein wilder Ort. Musiker stimmten nebenan ihre Instrumente, keiner konnte den anderen verstehen, ohne zu schreien, jeder schien am Verhungern zu sein, und zum ersten Mal, seit ich mich erinnern konnte, hatte ich überhaupt kein Bedürfnis nach all diesen Dingen und konnte doch nicht flüchten. Ich sehnte mich nach der Stille im Meditationshaus.

Mitten in diesem Durcheinander klingelte das Telefon. Wir waren zu beschäftigt, um es abzunehmen. Es kam nicht selten vor, daß einer der Künstler für mich antwortete und Kartenbestellungen für seine eigene Vorstellung entgegennahm, und der Käufer würde sich nie träumen lassen, daß er mit einem der Stars persönlich gesprochen hatte!

Heute abend nahm einer der älteren Musiker das Gespräch entgegen. Einige hatten inzwischen genug Erfahrung gesammelt, um recht intelligent über das Geschäft des Kartenverkaufens zu sprechen oder um Leute abzuwimmeln, die Freikarten wollten. Diesmal boxte er sich den Weg zu uns durch und sagte nervös:

„Mr. Olson, es ist ein Anruf von Ihnen zu Hause. Ich glaube, Sie sollten besser rangehen."

Ich beobachtete Roland, während er sprach, sah, wie sein Gesicht blaß wurde und seine Hände leicht zu zittern begannen. Glücklicherweise klingelte die Glocke zum ersten Auftritt, und die Küche begann sich etwas zu leeren.

„Wir müssen nach Hause. Ein Wasserschlauch an der Waschmaschine ist geplatzt und hat das Haus überschwemmt. Die Heizkessel könnten explodieren. Sie gehen ständig an und aus."

Roland schien Mühe zu haben, die richtigen Worte zu finden, um mir unsere mißliche Lage zu schildern.

Ich veranlaßte alles Nötige, um gehen zu können. Roland rief die Notdienste der Feuerwehr, des Gaswerkes und des Wasserwerkes an. Der Mann, der uns benachrichtigt hatte, war wegen ein paar Unterlagen, die er für den Abendvortrag vergessen hatte, noch einmal in unser Haus zurückgekehrt. Er wollte dort bleiben, bis Hilfe kam. Das Wasserwerk wurde gebraucht, um das Wasser beim Hydranten abzustellen, das Gaswerk wurde für die Heizkessel gebraucht und die Feuerwehr für den Fall, daß keiner der anderen es rechtzeitig schaffte.

Wir hatten gesonderte Parkplätze, sonst hätten wir das Gelände überhaupt nicht verlassen können. Die Autos standen kreuz und quer über dem Parkplatz verstreut.

Es erschien mir wie eine Ewigkeit, bis wir ‚433' erreichten.

Es sah aus wie an einer Unglücksstätte! Männer mit Helmen

liefen hin und her, über den Rasen waren Schläuche gezogen, und Notdienstwagen, aus denen die üblichen Radioprogramme plärrten, standen die ganze Straße entlang. Dutzende von Leuten gingen im Haus ein und aus. Roland lief hinein und kam so schnell er konnte wieder heraus.

„Es ist alles unter Kontrolle. Die Heizkessel sind ausgeschaltet, und das Wasser ist abgedreht."

Alle Notdienste, die er angerufen hatte, hatten innerhalb von Minuten das Haus erreicht. Trotzdem war Wasser in die Teppiche gesickert, und die drei großen Heizkessel waren außer Betrieb, ebenso die Waschmaschine, mit der alles begonnen hatte. Als die Leute der Versorgungsanstalten gegangen waren, nicht ohne unseren tiefsten Dank, waren wir zu erschlagen, um etwas anderes zu tun, als die Situation erst einmal zu begutachten.

Das Unglück war zu groß, um darüber hinwegzugehen. Wir liefen durch die wasserdurchtränkten Räume und wußten nicht, was wir tun sollten. Das Linoleum in der Küche und der hinteren Veranda hatten wir selbst verlegt. Es bestand aus viereckigen Platten, die sich nun alle an den Ecken umbogen. Im Flur vor Maharishis Studierzimmer war Teppichboden verlegt. Wir traten darauf und Wasser schwappte heraus. Das Wohnzimmer war Gott sei Dank verschont geblieben.

Roland und ich setzten uns hin und wußten wenig zu sagen.

„Was sollen wir nun tun?" fragte ich schließlich.

„Was immer wir tun können. Ich glaube, wir sollten einfach damit anfangen, das Wasser aufzuwischen."

Unsere finanzielle Lage hatte nie schlimmer ausgesehen. Wir hatten ein Haus voller Gäste, die für ihre umfangreiche Wäsche eine Waschmaschine brauchten. Manchmal hatten wir insgeheim gedacht, daß sie alle Fremde waren, die sich zur Zeit mehr in unserem Haus aufhielten als wir. Aber wegen eines Mannes, der all unseren Forderungen nach Vollkommenheit erfüllte, einem Yogi, der uns einen Weg zeigte, unsere Bedürfnisse zu erfüllen, noch bevor sie uns überhaupt bewußt waren, nahmen wir es in Kauf. Irgendwo wußten wir, daß wir für den Segen, den wir erhielten, sehr viel geben mußten.

Im Moment waren wir jedoch zu müde und besorgt, um viel über Segen nachzudenken. Die praktische Seite des Lebens forderte ihren Tribut.

Wir begannen, das Wasser aufzuwischen.

Gelächter vor dem Haus verkündete uns, daß das Treffen vorüber war und das Haus wieder voller Leute sein würde.

Ohne Zweifel hatten sich, wie jeden Abend, Fremde zu der Gruppe gesellt, und sie würden sich sicherlich über das Durcheinander wundern. Roland und ich gingen zur Tür und leiteten die Leute durch die Bibliothek zum Studierzimmer. Die Gruppe war fröhlich wie immer. Das Unglück wurde kaum beachtet. Ein Geist, der im Einklang mit göttlicher Inspiration steht, scheint sich von weltlichen Angelegenheiten nie berühren zu lassen.

Jemand sagte: „Oh, Sie hatten Unannehmlichkeiten. Welch ein Jammer!"

Maharishi ging direkt durch die Bibliothek zum Studierzimmer, aber für einen kurzen Moment sandten seine Augen einen Blick des Mitgefühls in unsere Richtung. Es gab ja wirklich nichts, was die Leute hätten tun können. Wir waren immer noch damit beschäftigt, unsere Aufnehmer auszuwringen, als jemand in die Küche kam und sagte: „Maharishi möchte, daß Sie sich zu uns ins Studierzimmer setzen."

Warum auch nicht? Das Saubermachen führte zu nichts. Auf dem Weg stießen wir auf Mata-ji.

„Maharishis Traubensaft?" fragte sie sanft.

Ich hatte eine Vision, wie Mata-ji auf dem Küchenfußboden saß (so wie er jetzt war) und Trauben auspreßte und mußte unwillkürlich lachen.

„Nein, Mata-ji, kein Traubensaft heute abend.. Vielleicht hat der Naturkostladen noch geöffnet. Wir werden jemanden nach einer Flasche Saft schicken", sagte ich.

Die Unterhaltung im Studierzimmer war lebendig. Einige junge Wissenschaftler hatten sich der Gruppe angeschlossen und erläuterten ihre Gründe, warum sie die Technik der Transzendentalen Meditation eher für eine mystische Erfahrung hielten, als für eine wissenschaftliche.

Maharishi meinte, seine Technik sei wissenschaftlich und wünschte es zu beweisen. Sie vereinbarten, daß ein Arzt ein Elektrokardiogramm von einer Versuchsperson machen sollte, während sie die Technik praktizierte, um zu sehen, ob sich der Herzschlag verlangsamte, wie Maharishi es annahm. Roland und ich waren fasziniert und vergaßen ein wenig unsere Schwierigkeiten. (Das Elektrokardiogramm zeigte später, daß die Herztätigkeit sich während der Ausübung der Transzendentalen Meditation normalisierte).[4]

Als in dem Gespräch eine Pause eintrat, sah Maharishi zu uns herüber.

„Was gibt es?" fragte er.

Alles, was ich hören mußte, war ‚was gibt es', um mich wie ein Kind zu fühlen, das getröstet wurde.

Roland erzählte von unserem Kummer, aber der Tonfall seiner Stimme sagte mir, daß sein Ärger schon fast verklungen war. Wir diskutierten noch eine Weile über die Situation, und jeder schenkte uns sein Mitgefühl, welches wir nun schon gar nicht mehr brauchten.

Später in unserem Schlafzimmer holte Roland ein paar Papiere aus einem Ordner und begann zu lesen.

„Du wirst es nicht glauben!" sagte er, „unsere Versicherung deckt alle Wasserschäden. Stell dir das vor! Nach all den Jahren wird uns die Versicherungsgesellschaft etwas zahlen. Welch eine Erleichterung!"

Wir schliefen sehr gut in dieser Nacht.

Unser Versicherungsagent war unübertrefflich. Er kam sofort, als wir ihn anriefen und nahm die Sache in die Hand. Und dann merkten wir, wie gesegnet wir in Wirklichkeit waren. Die Heizungsinstallateure sagten uns, der Zustand unserer alten Heizkessel sei so katastrophal, daß sie jederzeit hätten in die Luft gehen können. Wir hatten sie jedes Jahr überprüfen lassen, aber nie ausgewechselt. Das Linoleum, das wir auf dem

Fußboden verlegt hatten, saß unter dem Spülbecken nicht ganz fest, so daß das Fundament darunter nicht richtig austrocknen konnte. Der Teppichboden in der Diele konnte eine gründliche Reinigung gut vertragen, die er auch bald erhielt.

Was wie ein großes Unglück ausgesehen hatte, entpuppte sich allmählich als ein gutes Stück Glück. Es war für uns ein Riesenspaß, die Linoleummuster durchzugehen und auszuwählen, was gefiel, anstatt das, was wir uns leisten konnten.

Ich hatte Dinge wie Heizkessel und Kellerräume immer ignoriert, aber da sie unser Leben hätten ruinieren können, war es wohl an der Zeit, damit vertraut zu werden. Die Installateure sahen aus wie Ärzte in einem Krankenhaus. Sie informierten uns über ihre Fortschritte, und am Ende hörten wir glücklich, daß die dreißig Jahre alten Heizkessel sich von ihrer Operation erholt hatten und nun für weitere zehn Jahre ihre Arbeit gefahrlos verrichten würden.

Nach ein paar anstrengenden Tagen hatten wir wunderschönes neues Linoleum in unserer Küche und der hinteren Veranda. Die Teppiche sahen aus wie neu. Die Heizkessel funktionierten besser als je zuvor.

Was die treue, alte Waschmaschine anging, so war es leicht, die schuldigen Schläuche zu ersetzen, und bald gurgelte sie wieder vor sich hin, mit Ladungen kostbarer Seide gefüllt.

Es war auch für Maharishi ein kleiner Segen dabei.

Er war den Traubensaft wirklich leid, brachte es aber nie übers Herz, ihn zu verweigern, wenn Mata-ji ihn brachte. Da sie eine Zeitlang nicht in die Küche konnte, hatte sie Zuflucht zu abgefülltem Apfelsaft und anderen Säften genommen, die ihr unbekannt gewesen waren. Sobald sie entschieden hatte, daß sie für Maharishi geeignet waren, freute er sich ausgiebig über die Abwechslung, und wir waren von der Sorge befreit, über Mata-ji zu stolpern, wenn sie auf dem Fußboden hockte.

Und ‚433' fand zu weiteren Tagen des Friedens zurück, nachdem es die Panik überlebt hatte, die uns im Nachhinein bewußt gemacht hat, wieviel Gelassenheit und Stärke wir gewonnen hatten. Und wir begannen, sie wirklich wertzuschätzen.

KAPITEL 9

VON ZEHEN UND ROSEN

Das Walroß sprach:
Ich möchte nun
erzählen, von so vielen Dingen,
von Schiffen, Kohl und Schuhen,
von Königen und Siegelringen.
  — Alice im Wunderland —

Von den vielen Dingen, über die man aus dem Bereich der täglichen Erfahrungen des Sommers 1959 erzählen könnte, stehen die „Zehen und Rosen" des Meisters an erster Stelle.

Wenn er einen Raum betrat, ließ er seine Sandalen zurück und setzte sich mit untergeschlagenen Beinen auf seinen Sitz, wodurch seine anmutigen Füße in das Blickfeld traten.

Wer sich einmal die Zeit nahm und sich näher mit Maharishis Persönlichkeit befaßte, der wurde immer wieder von seinem Charme und seiner Natürlichkeit bezaubert.

In der Tat wurde Maharishi schnell zu einer begehrten Berühmtheit. Schon war es gar nicht mehr so leicht, sich an den zurückhaltenden, ruhigen, kleinen Mann zu erinnern, dessen Stimme sich selten über ein Flüstern erhob. Der Einsiedler aus dem Himalaya, der scheinbar reglos Stunde um Stunde auf dem Sofa im Studierzimmer saß und sich Tag für Tag geduldig das Leid der Menschheit anhörte, begann in der Wärme der kalifornischen Sonne aufzublühen.

Er wurde allmählich mit den Sitten und der Sprache der zwanglosen westlichen Menschen vertraut, hatte seinen Spaß daran und übernahm so manche ihrer Redewendungen. Immer häufiger war ein ‚okay' mit britisch-indischem Akzent zu hören, und die Zuhörer freuten sich immer wieder darüber. Er wurde in einem fortwährenden Strom der Liebe gebadet, die ihm von jedem Menschen, der in seinen Bannkreis trat, zuteil wurde, und er lachte und plauderte mit allen. Besondere Freude machte es ihm, sich mit Studenten, Akademikern und Wissenschaftlern zusammenzusetzen und die verschiedenen Denkmodelle zu erforschen. Wir fürchteten ein wenig die älteren Damen, die zu ihm kamen, um ihm von ihren langen Leidensgeschichten zu erzählen oder die kranken und haltlosen Seelen, die bereits von einem Meister zum anderen gewandert waren und nun seine Zeit für sich in Anspruch nahmen. Nachdem er ihnen eine Stunde oder länger zugehört hatte, sagten wir oft: „Maharishi, wie kannst du es nur aushalten, dir so viele Sorgen anzuhören?"

Er antwortete einfach: „Sie brauchen das."

Er teilte jeden Tag mit den unzähligen Menschen, die unser Studierzimmer betraten. Sie wurden immer gebeten, ihre Schuhe auszuziehen. Ob sie den Grund dafür verstanden oder nicht, machte keinen Unterschied. Niemand weigerte sich, obwohl einige der Geschäftsleute etwas erstaunt waren.

Normalerweise saßen zwanzig oder mehr Leute auf den Stühlen (und teilten sie mit anderen, die sie nie zuvor gesehen hatten, die aber nun keine Fremden mehr waren) und machten dann Platz für jene, die auf dem Fußboden saßen. Unsere Familie bevorzugte den Fußboden. Die Unterhaltung war immer lebendig. Meist kreisten die Gespräche um das Programm der Transzendentalen Meditation und wem man alles davon erzählen sollte. Einige störte es, daß wir so viel Weisheit von einem Mann aus Indien erhielten, da von unserem Standpunkt aus gesehen unser Land viel fortschrittlicher war als Indien.

„Maharishi, wir wissen so wenig über Indien", sagte eines Tages Arthur Granville, ein praktisch veranlagter Mann mit einem analytischen Verstand. „Ist Erziehung dort jedem Menschen zugänglich?"

„Nein", antwortete Maharishi, „sie ist in Indien so selten wie in jedem anderen Teil der Welt." Und er hob den Kopf und lächelte. Im Raum brach ein Gelächter aus.

Eine Menge Gedanken gingen den Anwesenden durch den

Kopf. Jeder spürte irgendwo in sich etwas von der wahren Bedeutung der Erziehung. Allmählich beruhigte sich das Gelächter und Maharishi sagte:

„Unsere Technik der Transzendentalen Meditation wird der Erziehung in der ganzen Welt einen Sinn geben."

Jemand sagte: „Ist unsere Erziehung denn sinnlos, Maharishi?"

„Sie ist nicht sinnlos. Es mangelt ihr nur an Vollständigkeit. Eine Erziehung sollte so sein, daß sie den ganzen Menschen entwickelt. Die heutige Erziehung ist nicht in der Lage, das volle Potential des Menschen zu entfalten. Sie füllt den Geist mit Informationen über ernstzunehmende Themen, aber sie ist nicht in der Lage, den wirklichen, inneren Gehalt, der unerschlossen in der Tiefe unseres Bewußtseins liegt, zu erschließen."[5]

Sobald die persönlichen Gespräche und Unterweisungen, die Überprüfungen und das Mittagessen vorüber waren, teilte Maharishi freizügig seine Zeit mit allen, die zu ihm kamen, um bei ihm zu sein. Er hörte jedem aufmerksam zu, stellte ein paar einfache Fragen und bezog den Zuhörer allmählich in den magischen Kreis seines natürlichen Charmes mit ein. Dann führte er den Studenten, die Hausfrau, den Geschäftsmann, den Künstler, den Arbeiter Stück für Stück in die Thematik der Transzendentalen Meditation ein.

Da ich in der Welt des Theaters zu Hause war, war mir eine ausgezeichnete, professionelle Darstellung recht vertraut, und nachdem ich Maharishis Darstellung mit angesehen hatte, stand für mich fest, daß mehr als eine einfache, unwissende Person dahinter steckte. Er war wirklich ein hervorragender, professioneller Darsteller, wenn ich jemals einen gesehen habe!

Immer wieder kehrten die Fragen zu Maharishis Herkunft zurück, zu seiner Kindheit und zu seinem gegenwärtigen Leben.

Einige wollten mehr über sein Zuhause wissen, und seine Antworten waren einfach und direkt. Er war in einer guten Familie aufgewachsen, in einer kultivierten Umgebung, was aus jeder seiner Gesten deutlich sichtbar wurde.

Als er erst kurze Zeit bei uns gewesen war, fragte ich ihn einmal: „Maharishi, möchtest du, daß ich deiner Mutter eine Nachricht schicke? Ich würde sie gern wissen lassen, wie sehr wir uns freuen, dich bei uns zu haben und daß es dir gut geht."

Ohne aufzublicken sagte er: „Die Mutter weiß, daß es dem Sohn gut geht."

‚Gut', in der Tat, dachte ich. Fünfzig bis sechzig Leute besuchten an jedem Wochentag seine Vorträge, und an den Wochenenden waren es hundert oder mehr.

Wenn wir mit ihm zusammen im Studierzimmer saßen, beobachteten wir immer mehr die Leute. Es war eine große Freude zu sehen, wie hinter den angesammelten Verhaltensweisen, Konventionen und Förmlichkeiten, die die Menschen bei ihrer Tätigkeit in der Welt offenbar annehmen mußten, eine natürliche Schönheit wieder hindurchzuscheinen begann. Eine wunderbare Transformation fand statt.

‚433' wurde nicht nur durch die Gegenwart eines Meisters gesegnet, sondern durch hunderte von Menschen, die in ihrem Denken und Handeln Liebe, Freude und Bescheidenheit ausdrückten. Lachen war unsere Sprache, und Liebe war wahrhaft das universale Band in unserem Haus.

Die unzähligen Meditierenden, die jede freie Minute des Sommers 1959 in unserem Haus verbrachten, hatten nur einen Gedanken, ein Ziel im Kopf — Maharishi. Sie wollten ihn sehen, bei ihm sein, über ihn sprechen und Fragen an ihn stellen. Ab und zu fragte uns jemand nach Maharishis Alter. Ich verspürte keinen Wunsch, es zu wissen. Er schien mir immer so weit jenseits von Zeit und Alter zu sein. Aber um die Fragen anderer Leute beantworten zu können, begann ich seine Person genauer in Augenschein zu nehmen.

Maharishi war klein von Statur, etwa einen Meter und zweiundsechzig groß. Als erstes fielen die großen, leuchtenden, dunklen Augen auf. Sein Gesicht hatte weiche Linien, es war faltenlos und jugendlich, drückte aber gleichzeitig Autorität aus, und es wurde ringsum von schwarzem, lockigem Haar umrahmt. Seine Haare fielen in natürlichen Wellen um sein Gesicht und vermischten sich mit dem Haar seines Bartes. Sein Körper, in reichlich weiße Seide gehüllt, bot einen königlichen Anblick. Besonders auffallend waren seine anmutigen Hände und Füße. Seine Hände waren ausdrucksvoll und stark. Seine Füße klein und wohlgeformt.

Kein Bild von Maharishi kann vollständig sein ohne Blumen. Sie sind ein Teil von ihm. Vom frühen Morgen bis spät in die Nacht wurden ihm von den Leuten, die zu ihm kamen, Blumen überreicht. Manchmal war es eine einzelne Rose, manchmal ein ganzer Strauß. Niemand ging von ihm fort, ohne eine Blume erhalten zu haben. So wurde Freude gegeben und Freude empfangen. In seinen Händen schienen die Blumen eher aufzublühen, als zu verwelken. Es war, als ob sie in seiner Gegenwart zu leben begannen, und sie erinnerten uns irgendwie an glückliche Kinder.

Wir freuten uns immer wieder über die Bemerkungen, die einige der neu hinzugekommenen Leute machten. „Die Blumen scheinen in seiner Hand frischer zu werden, und ihre Farben werden tiefer, je länger er sie hält."

Oder aus einem anderen Mund: „Es klingt vielleicht seltsam, aber die Blumen sehen aus, als ob sie sich freuen, in seiner Hand zu sein."

Jeden Abend um acht Uhr fuhr er zu dem Center für Transzendentale Meditation, um einen Vortrag zu halten. Jeden Tag wurden die Blumen in ‚433' eingesammelt und zum Vortragssaal gebracht, und Maharishi kam immer mit einem Strauß im Arm dort an. Sein Anblick unterschied sich sehr von dem eines gewöhnlichen Redners und war viel bezaubernder. Es ist für mich heute noch wundervoll, mich an seine Vorträge und an sein Spiel mit den Blumen zu erinnern.

Wenn er in seinem Vortrag einen bestimmten Punkt illustrieren wollte, benutzte er dafür immer wieder eine Blume. Oft hatte er eine schöne, langstielige Rose in der Hand, mit der er gegen die Tafel tippte, um einen bestimmten Punkt zu betonen. Manchmal, wenn er einen wichtigen Aspekt der TM-Technik besonders hervorheben wollte, fiel diese Berührung nicht gerade sanft aus. Die Leute im Vortragssaal folgten mit ihrem Geist der Richtung seiner Gedanken, aber ihre Augen folgten den reizvollen Bewegungen der Blumen in seiner Hand.

Maharishi wurde oft gefragt, welchen Wert es habe, über etwas Bestimmtes zu meditieren. Viele Leute meditierten über ein Symbol, eine Behauptung, einen Vers aus der Bibel oder über einen Gedanken.

Maharishi erklärte dazu:

„Transzendentale Meditation ist eine Reise von den groben zu den subtilen Ebenen der Schöpfung. Wenn ein Mensch mit Hilfe einer geeigneten Schwingung meditiert, produziert er lebensfördernde Einflüsse in der ganzen Schöpfung. Wir wissen alle, daß diese Blume sich verletzen kann, wenn sie gegen etwas schlägt."

(Jetzt schlägt die Blume gegen das Mikrophon.)

„Aber wenn wir die Atome der Blume anregen könnten, wäre die Wirkung viel stärker. In den feineren Bereichen der Schöpfung liegt eine viel größere Macht."

Währenddessen schlug Maharishi zur Betonung dieses Punktes mit der Blume immer wieder leicht gegen das Mikrophon. Und er fährt fort:

„Wenn wir also zu den subtileren Phasen dieser Schwingungen gelangen, wächst ihre Macht, und die Macht dieser Schwingungen besteht darin zu reinigen, die Qualität des Lebens anzuheben und zu verbessern."

Nun hält er die Blume, eine rote Rose, in der einen Hand. Sanfte Finger teilen die Blütenblätter auseinander bis das Herz der Rose sichtbar wird.

Und weiter:

"Wir finden, daß die Macht der Schwingungen größer wird, wenn wir zu feineren und feineren Ebenen der Schöpfung gelangen. Und das Eintauchen in den Bereich des Absoluten ruft einen sehr machtvollen Einfluß hervor, der das Leben in der ganzen Schöpfung bereichert."

Irgendwie endet ‚das Leben in der ganzen Schöpfung' im Herzen der Rose. Für diejenigen, die es nicht gewohnt waren, so viel Tiefe in so einfachen Worten dargelegt zu bekommen, hielt die Rose die geistige Anspannung in erträglichen Grenzen. Ich bin überzeugt davon, daß das ganze Spiel der Blumen allein der Erbauung der Zuhörer diente. Auf diese Weise konnte eine unschuldige Blume dem Zuhörer auf seinem Weg zum Bereich des Absoluten helfen. Die Augen sahen, was die Ohren hörten. Maharishi fährt fort:

"Was meinen wir, wenn wir von einem ‚Kampf zwischen Geist und Materie' sprechen?"

Er blickt wieder auf die Blume.

"Nehmen wir ein Beispiel. Wir sehen eine Blume. Die Schönheit der Blume ist da. Wenn der Wahrnehmende sich nun vollständig in der Wahrnehmung des Objektes verliert, dann ist es, als ob das Objekt die wesentliche Existenz des Subjektes vernichtet hat. Das Subjekt hat die Herrlichkeit seiner eigenen, essentiellen Natur verloren, indem es von dem Eindruck des Objektes überschattet wurde."

Er hält inne. Er hält jetzt die Blume in einer Hand, reibt sie an seinem Auge und hält seine gewölbte Hand darüber. Wir blicken auf einen Yogi mit einem großen, braunen Auge und einer roten Rose. Ein Auge wird von der Blume überschattet.

„Das Subjekt hat die Herrlichkeit seiner eigenen, essentiellen Natur verloren, weil es von dem Eindruck des Objektes überschattet wurde. Während es die Schönheit der Blume betrachtet, ist nur noch die Blume vorhanden. Nur das Objekt ist da, und die Existenz des Subjektes ist ausgelöscht. Nur das Objekt bleibt im Bewußtsein zurück. Dies ist der Sieg der Materie über den Geist. Dies ist die innere Vernichtung des Geistes."

Seine machtvollen Worte trafen sanft das Ohr. Auf den Blütenblättern der Blumen verliert sich die Bedeutung nicht in der äußeren Geschliffenheit der Worte. Es werden keine Emotionen geweckt. Alle Energie ist darauf ausgerichtet, die Fakten im Rahmen der Grenzen der Vernunft aufzunehmen.

Hier war ein weiser Meister, der die bewußte Aufmerksamkeit des Geistes auf die Bewegungen der farbenprächtigen Blume lenkte, während die subtileren Bereiche des Bewußtseins die tiefere Bedeutung eines jeden Wortes erfaßten.

Das Thema wurde weiter fortgeführt:

„Die Materie hat den Wahrnehmenden in den Hintergrund gedrängt, sie hat den Geist in den Hintergrund gedrängt. Alles was bleibt ist Materie. Der Geist, welcher denkt, ‚oh, diese Blume ist so schön', bemerkt gar nicht, daß seine eigene, selige, essentielle Natur im gleichen Moment ausgelöscht wurde. Wenn nur noch die Blume im Bewußtsein bleibt, ist vom Wahrnehmenden nichts mehr zu finden."

Und nun kommt die Antwort auf das Problem.

„Was ist zu tun? Der Wahrnehmende sollte sich an der Blume erfreuen, ohne seine Identität zu verlieren. Dann bleibt die Freude an der Herrlichkeit der Blume bestehen, und die Existenz des Wahrnehmenden geht nicht verloren."

Diese beiden Punkte waren für uns sehr wichtig. Niemand

im Vortragssaal verspürte den geringsten Wunsch, ein Einsiedler zu werden oder der Welt zu entsagen. Hier war ein Mann, der uns sagte, daß wir uns nicht von der Tätigkeit innerhalb der Welt zurückziehen mußten. Unser Ziel war es, ein Leben zu führen, in dem Materie und Geist sich nicht gegenseitig überschatteten. Jeder Bereich des Lebens — der geistige, körperliche und spirituelle — sollte gelebt werden und gleichzeitig seinen eigenen Status bewahren.

In diesem Moment wurden wir gewahr, daß wir genau das gerade erlebten. Wir waren uns unseres inneren Selbstes vollständig bewußt, welches von Natur aus heiter, göttlich und glücklich ist, und zur gleichen Zeit nahmen wir die liebliche, langstielige Rose wahr.

Während Maharishi sprach, hatte sich die Rose zwischen seinen Zehen verfangen, so daß das innere Herz der Rose seinen Fuß schmückte.

Ohne den Kopf zu wenden, blickte ich langsam umher und fand bei allen ein Lächeln auf den Lippen. Nur einige der Männer, die vollkommen von seinen Gedanken gefangen genommen waren, hatten der Rose keine Beachtung geschenkt.

Das Wissen über das Absolute wurde von uns so natürlich und unschuldig aufgenommen wie Luft und Sonnenschein. Während unsere Blicke sich trafen und wieder zurück zu dem geschmückten Fuß wanderten, wurden wir uns unserer gemeinsamen Freude bewußt, und unser Lächeln entwickelte sich allmählich zu einem glücklichen Lachen.

Maharishi mit seiner Philosophie der essentiellen Seligkeit des Lebens, bemerkte unsere Fröhlichkeit und lächelte ebenfalls, offensichtlich ohne den Grund unserer unschuldigen Freude zu kennen.

Inzwischen waren wir neugierig geworden, was mit der gefangenen Rose geschehen würde. Sie lag dort glücklich, unberührt von ihrer Zukunft.

Maharishi nahm eine andere Rose zur Hand und fuhr fort:

„Wenn die materiellen Herrlichkeiten durch das Licht des

inneren Selbstes noch strahlender werden können, so möchte dies jeder erreichen. Und hier ist die Technik, der Weg, das zu verwirklichen. Wenn aber eine Stimme ruft: ‚Oh, ihr werdet göttlich sein und erhaben, und ihr werdet Meister über die Natur sein, aber ihr müßt aufhören, euch die Blumen anzuschauen, aufhören, die Freuden des Lebens zu genießen, ihr müßt eure Sinne zurückziehen, ihr müßt einfach sein, ein Leben in Abgeschiedenheit führen, dann werdet ihr Meister über die Natur sein', wird niemand sie hören wollen."

Wir hörten jedes seiner Worte! Wir nahmen den Wunsch nach dem inneren Sein mit all unseren Sinnen und unseren feineren Anlagen in uns auf. Er brachte uns das Königreich des Himmels im Innern so nahe, daß wir es sehen, fühlen und hören konnten und daß wir die Seligkeit, von der er sprach, auf der Zunge schmeckten. Und wir waren glücklich zu hören, daß wir, um Seligkeit erfahren zu können, nicht damit aufhören mußten, uns an den Rosen zu erfreuen, die uns an diesem Abend so sehr entzückten.

Wir fragten uns, was als nächstes im Leben der roten Rose geschehen würde.

Der Vortrag ging weiter, und die Rose entblätterte sich immer mehr.

„Nun stellt sich die Frage: ‚Wenn Gott allgegenwärtig ist, und wenn Gott mit Herrlichkeit gleichzusetzen ist, wenn er gnädig ist und der Vater aller Dinge, und wenn er möchte, daß wir die ewige Seligkeit erfahren, die er allgegenwärtig erschaffen hat, warum erfreuen wir uns dann nicht die ganze Zeit über an seiner Herrlichkeit?"

Gegen Ende der Frage verbarg die Rose ihren Kopf wieder in seiner braunen, sanften Hand.

„Wir müssen nur das Sein aus seinem transzendentalen Zustand herausholen und unser Leben mit seiner Gegenwart

verherrlichen. Das tun wir durch die Technik der Transzendentalen Meditation."

Der Gedanke nahm meinen Geist gefangen, und ich wollte immer mehr über das Sein erfahren, aber vor allem wollte ich diese rote Rose meiner Andenkensammlung hinzufügen — den Erinnerungen an die wundervollen Augenblicke, in denen die Seele das lebendige Wasser erhält, das sie zum Erblühen bringt. Ich wollte diese Rose haben, aber ich wußte auch, daß andere sie ebenfalls begehrten!
Wieder klangen seine Worte durch den Raum:

„Der Geist sehnt sich nach einem tiefen Glück, aber das Glück, das in den weltlichen Freuden erfahren wird, ist so klein, so winzig, so unbedeutend. Es kann die Suche des Geistes nach Glück nicht befriedigen, und wenn der Geist in der äußeren Welt nirgends einen Ozean des Glücks findet, wird er immerzu hierhin und dorthin geworfen."

Bei seinen letzten Worten war die Rose von allen Blütenblättern befreit, die nun in einem rubinroten Haufen zu seinen Füßen lagen. Hätte Salomon mit all seiner Weisheit es besser gemacht? Nun gab es Blütenblätter für alle, die es wollten.
Als der Vortrag vorüber war, kannte die Freude keine Grenzen mehr. Alle drängten sich um Maharishi. Einige wollten ihm noch Blumen überreichen. Andere stellten persönliche Fragen, während wieder andere einen persönlichen Kontakt mit ihm herzustellen wünschten. Einige waren gekommen, um ihn zu einem Vortrag an einem anderen Ort und vor einer anderen Gruppe einzuladen, und wieder andere überbrachten ihm eine Einladung für einen Ausflug zu interessanten Sehenswürdigkeiten in der Umgebung der Stadt. Jedem, der zu ihm kam, reichte er eine Blume.
Ich saß still da und erfreute mich an ihren strahlenden Gesichtern, wenn sie ihn mit einer einzelnen Blume in der Hand wieder verließen.

Wir blieben noch eine Weile im Center für Transzendentale Meditation. Von unten drang der Mißklang der Straßengeräusche zu uns herauf. Doch das An- und Abschwellen des abendlichen Verkehrs, der schrille Klang der Hupen in der hereinbrechenden Nacht, und sogar die Lichter, die vom Wilshire Boulevard in unser großes Fenster fielen, konnten den Zauber des Abends nicht zerstören.

Und vor dem Fenster der Seele war ein kleiner Vorhang sanft zurückgezogen worden, um das Licht hereinzulassen.

Roland und ich fuhren nach Hause und sprachen in der Zurückgezogenheit unseres Schlafzimmers noch einmal über die Begebenheiten des Tages, wie wir es oft vor dem Schlafengehen taten.

„Weißt du," sagte ich, „wir haben eine Menge Vorträge besucht und viele gute Theaterstücke gesehen, aber ich kann mich an keinen Abend erinnern, den ich so herrlich fand. Hast du je etwas so Wundervolles erlebt?"

„Kein anderer als ein Yogi hätte so mit einer Rose spielen können, ohne sich lächerlich zu machen", schmunzelte Roland und fügte hinzu, „und ich bin nicht sicher, ob irgendein anderer Yogi es gekonnt hätte."

Da ich noch nicht müde war, nahm ich mir eine kleine Taschenbuchausgabe von William James' Buch „Die Vielfalt religiöser Erfahrungen" vor.

Nach einer Weile traf ich auf ein Zitat von Ralph Waldo Emerson:

„Wenn wir einer Seele begegnen,
deren Handlungen königlich sind, anmutig
und angenehm wie eine Rose,
so müssen wir Gott danken,
daß es so etwas geben kann
und gibt."

Ich legte die Blütenblätter der Rose, die ich an mich genommen hatte, in einen Umschlag und vermerkte darauf: Zehen und Rosen.

KAPITEL 10

DIE GROSSE AUTOMATIK

Obwohl es unter den Menschen, die zu Maharishi kamen, einige gab, die man fast als Fanatiker bezeichnen konnte, bestand die überwiegende Mehrheit aus Männern und Frauen, die das Gefühl hatten, daß diese einfache Technik sie von ihren Spannungen befreien könnte. Viele der Leute fühlten sich aus verschiedenen Gründen mit ihrem religiösen Glauben nicht zufrieden und waren Suchende, ohne genau zu wissen, wonach.

„Transzendentale Meditation ist ein nicht-medikamentöses Beruhigungsmittel," hörte ich Maharishi manchmal sagen, „aber das ist nur einer ihrer Nebeneffekte. Wenn wir einen Apfelbaum pflanzen, dann vor allem, um Äpfel zu bekommen, aber lange, bevor die Äpfel soweit sind, spendet der Baum uns Schatten. Der Schatten ist ein Nebenprodukt. Die Lösung von Verspannungen ist ein Nebenprodukt der Transzendentalen Meditation. Es geschieht automatisch."

Immer häufiger gebrauchte Maharishi das Wort ‚automatisch', wenn er die wohltuenden Wirkungen der Transzendentalen Meditation beschrieb. Anhänger des Yoga, der Metaphysik, sowie jene, die mit den Übungen religiöser Orden vertraut waren, brachten oft das Argument vor, daß Maharishis Methode zu einfach klänge. Dann wiegte Maharishi seinen Kopf, lächelte und sagte:

„Es ist nicht nötig, um des Göttlichen willen zu leiden. Unser Pfad ist ein Pfad der Seligkeit. Wir tauchen nur einige Minuten morgens und abends in uns hinein und fühlen uns frisch und voller Freude. Und dann geht alles andere automatisch. Es ist allein die Unausgefülltheit, der Mangel an Seligkeit, der das Verhalten der Menschen in die falsche Richtung lenkt. Wer den Pfad der Seligkeit nicht kennt, muß auf das hören, was die Kirchen sagen. Sie betonen immer wieder, daß wir bestimmte

Dinge tun müssen, weil sie richtig sind und andere lassen müssen, weil sie falsch sind. Und wir müssen uns danach richten."

„Wenn wir Ihre Technik ausüben, brauchen wir dann die Kirchen nicht mehr?"

Maharishi blickte in seiner unnachahmlichen Art auf, sah den Fragesteller an und sagte:

„Was wäre die Welt ohne Kirchen? Wir werden uns an den Kirchen viel mehr erfreuen können, denn wir werden ihre Lehren besser verstehen. Bei den Menschen, die keiner Kirche angehören, wird Transzendentale Meditation ein Verständnis dafür wecken, was richtig und was falsch ist. Wenn wir in das innere Selbst eintauchen und den vollkommenen Zustand des Seins finden, wird das Leben davon durchdrungen, und alles Gute ist eine automatische Folge. Sie erinnern sich an das, was Jesus Christus sagte: ‚Trachte zuerst nach dem Königreich des Himmels in dir, so wird dir alles andere hinzugefügt.' "

Während der Sommer fortschritt, hörten wir immer wieder die gleichen Fragen, und uns wurde bewußt, daß die Bedürfnisse der einzelnen Menschen sehr ähnlich sind.

Eine Frage, die fast alle männlichen Personen betraf, bezog sich auf das Rauchen. Wenn die Leute zu einer persönlichen Unterweisung kamen, wurden sie als erstes von einem Schild mit der Aufschrift ‚Bitte nicht rauchen' begrüßt.

„Oh nein," sagte dann der geplagte Raucher oft, während er seine Zigarette ausdrückte, „ich würde mit dem Rauchen nie aufhören können."

„Maharishi verlangt nie, daß Sie irgendetwas aufgeben", versicherte ihm daraufhin regelmäßig ein Assistent.

Dann hörten wir oft das Argument: „Wenn wir gar nichts aufgeben müssen, kann die Sache keinen großen Wert besitzen."

Diese Art von Leuten hielten uns beinahe eine Zeitlang zum Narren, aber da unser Verständnis des Wortes ‚automatisch' zunahm, merkten wir bald, daß es sich hierbei um Menschen handelte, die an allem etwas auszusetzen hatten. Sie würden weder im TM-Programm noch in einer Kirche noch in der Wissenschaft eine Antwort finden, da ihnen der tiefe Wunsch nach wirklichem Wissen fehlte.

„Wir denken nicht einmal daran, daß wir irgend etwas aufgeben wollen", betonte Maharishi. „Wir tun, was immer unserem Bedürfnis entspricht, aber wir sind regelmäßig in der Ausübung der Transzendentalen Meditation, und wenn unser Leben allmählich von Seligkeit und Sein erfüllt wird, verschwindet das Bedürfnis von selbst. Es ist nicht nötig, einen Gedanken daran zu verschwenden. Wenn wir an etwas denken, das wir gerne aufgeben möchten, so wird der Wunsch danach noch tiefer in den Geist eingegraben, und als Folge davon wünschen wir es uns immer mehr."

Zu einem Raucher sagte er gewöhnlich: „Wenn das Bedürfnis zu rauchen dich verläßt, versuche nicht, es festzuhalten."

Immer wieder erhielten wir von den Leuten, die TM regelmäßig ausübten, die Bestätigung, daß sie mit dem Rauchen aufgehört hätten, ohne sich darum bemüht zu haben, und sie konnten nie genau sagen, an welchem Tag oder zu welcher Stunde sie es aufgegeben hatten. Normalerweise merkten sie nur, daß ihr letzter Zigarettenkauf schon eine ganze Weile her war. Mein Mann, der vor der Ausübung der Transzendentalen Meditation ab und zu geraucht hatte, merkte als erster, wie vollkommen automatisch der Übergang war. Es gab kein Wehleiden und Klagen, keine Nebenwirkungen, keine Projektion der Erfahrungen, gleichgültig, ob sie guter oder schlechter Art waren, auf andere. Man merkte einfach eines Tages, daß das Rauchen im eigenen Leben keinen Platz mehr hatte.[6]

Aber das Rauchen war nur ein Teil der ‚großen Automatik', wie das TM-Programm bald schmunzelnd von allen genannt wurde, nachdem sich Maharishi bei seinem Vortrag einmal entsprechend darüber geäußert hatte.

Frauen, die gerne abnehmen wollten, merkten, daß ihr Bedürfnis nach einem Übermaß an Essen immer geringer wurde, wenn sie meditierten. Diese Art der ‚Automatik' war eine meiner Freuden.

Jemand fragte einmal: „Werden wir alle zu Asketen?"

„Meine Technik ist für den Hausvater, den Menschen in der

Welt, den Menschen, der mehr erreichen will, mehr schaffen will, mehr wissen will. Er kann nur dann mehr tun, wenn er weiß, wie er zu der Quelle aller Kraft gehen kann, zum Sein, zum Absoluten, zum Feld reiner, unbegrenzter Bewußtheit. Und die Reise dorthin ist erst der eine Teil. Der andere Teil ist es, das Gewonnene mitzunehmen und in das tägliche Leben zu integrieren. Nur dann lebt der Mensch ein vollkommenes Leben, ein Leben der Freude, des Friedens, des Glücks und ein Leben großer Aktivität und großer Kreativität. Er lebt nicht nur einhundert Prozent, sondern zweihundert Prozent! Wenn ein Hausvater allein durch die Welt geht, ist es wie ein Wagen, der auf einem Rad fährt. Es ist besser, wenn zwei zusammen sind. Die Stellung der Frau ist sehr wichtig. Die Frau erfüllt das Heim mit Anmut, mit Schönheit. Sie ist der Ausgleichspunkt zwischen dem Positiven und dem Negativen."

„Ein Leben ohne Kinder ist wie ein Apfelbaum ohne Äpfel. Aber keine zwei Wege sind jemals gleich. Für jene, die den Wunsch nach einem Leben als Einsiedler verspüren, ist das Leben eines Einsiedlers der richtige Weg, und der Klang, mit dem sie meditieren, ist ein anderer als der Klang, den ein Hausvater erhält."

Oft wurde Maharishi gefragt:

„Könnte man nicht irgendein Wort nehmen, irgendeinen Klang, ihn auf seinen subtilsten Zustand reduzieren und so das Transzendentale Bewußtsein erreichen?" (Es ist bekannt, daß der englische Dichter Alfred Lord Tennyson immer seinen eigenen Namen wiederholte, bevor er zu schreiben begann).

„Ja", antwortete Maharishi. „Jeder Klang kann immer und immer wiederholt werden, bis er auf einem Nullpunkt angekommen ist, oder man kann den anderen Weg gehen und einen Klang so lange steigern, bis er irgendwann auf einem Nullpunkt ankommt. Aber wir wissen nicht, welche Wirkung dieser Klang auf den Körper, den Geist und die Seele haben wird. Jeder Klang hat einen Einfluß im Universum. Manche Klänge machen die Menschen aggressiv und manche machen sie friedlich, einige bewirken, daß sich die Menschen von der Aktivität zurückziehen und andere lassen sie aktiver werden. Dies ist das Wissen, das uns durch unsere Meister der Shankaracharya-Tradition vermittelt wurde. Wir kennen die Wirkung bestimmter Worte auf eine bestimmte Art von Menschen. Wenn wir diese Worte benutzen und die Meditation regelmäßig durchführen, wird die Wirkung gut sein, rundum angenehm, und wir werden uns glücklich und erfüllt fühlen und doch in der Welt produktiv sein."

„Dann sollten die Menschen in Indien kreativer und produktiver sein, Maharishi — ist es nicht so?"

„Ganz recht! Wenn dieses Wissen in Indien bekannt wäre, wäre es ein kreativeres und in jeder Beziehung besseres Land. Der feine Unterschied zwischen einem Klang, der allein für einen Mönch oder Einsiedler richtig ist und dem Klang für einen Hausvater ist in Vergessenheit geraten, und dieser Verlust hat sich in der Gesellschaft ausgewirkt. Viele haben sich auch einfach keine Veränderung gewünscht, aber sobald die Menschen bereit sein werden zu hören, wird auch Indien aus seinem Schlummer erwachen.

Die Menschen in Indien müssen nur den richtigen Klang benutzen. Schon jetzt meditieren die Leute dort regelmäßig und besitzen viel Hingabe an Gott."

Maharishi liebte es, Vorträge an Universitäten zu halten. Bei einer Einladung an die Universität von Südkalifornien (siehe Anhang C) kamen interessante Fragen auf. Eine brachte Maharishi besonders zum Lachen, und er zitierte sie oft.

„Warum sollte ich mir jetzt die Zeit nehmen zu meditieren? Ich bin schon glücklich. Ich habe kreative Ideen. Ich werde es mehr brauchen, wenn ich alt bin."

Maharishi sagte dazu: „Meditation ist keine Vorbereitung auf den Tod, sie ist ein Weg zu einem erfolgreichen Leben. Die Meditation auf einen späteren Zeitpunkt aufzuschieben bedeutet, größere Intelligenz aufzuschieben, größere Kreativität, größere Macht und größeres Glück aufzuschieben. Warum sollten wir das alles nicht besitzen, solange wir jung sind. Warum den Reiz des Lebens für das Alter aufheben?"

Wir bemerkten, daß viele Leute zu einem Lehrer oder einem Weisen kamen, weil sie von einem körperlichen Leiden geheilt werden wollten. Immer wieder wollten die Leute Maharishi dazu überreden, ein Heilungswunder zu vollbringen. Er lachte nur und schüttelte den Kopf.

„Nein. Wenn einmal eine Heilung durchgeführt wird, dann müssen immer mehr und immer größere Heilungen folgen, und niemand denkt mehr an die Ausübung der Meditation. Wenn ich anfange zu heilen, dann wird keine Zeit mehr für die Geistige Erneuerungsbewegung übrigbleiben."

„Mein Auftrag ist allein, die einfache Technik der Transzendentalen Meditation zu verbreiten; ich möchte rechtdenkende Männer und Frauen ansprechen, die in ihrer Meditationsausübung regelmäßig sein werden. Für sie wird Heilung automatisch folgen. Wenn sich ein Kind verletzt hat, liegt die Kraft der Heilung darin, auf dem Schoß der Mutter zu sein. Ein guter, gefälliger Film wirkt heilend, wenn man sich müde fühlt. Alles, was uns in der Natur bezaubert, besitzt die Kraft zu heilen; aber Transzendentale Meditation hat die größte Heilkraft. Sie heilt den Geist, den Körper, die Seele. Alles Leben muß geheilt werden, nicht nur ein Teil davon; alles sollte harmonisch und sanft sein."

Manchmal brachten Sozialarbeiter die Sprache auf die Kriminalität in der Gesellschaft.

Maharishi sagte dazu: „Um die Kriminalität in der Gesellschaft auszurotten, ist es notwendig, größere Zufriedenheit in das Leben der Gesellschaft zu bringen."

Und er fügte hinzu: „Die Völker und Nationen müssen handeln, wie sie es für richtig halten. Wenn ein Volk eine höhere Stufe der Evolution erreicht, werden sich die Gesetze in der Nation automatisch ändern. Wenn die Menschen in den Gefängnissen das Programm der Transzendentalen Meditation erlernen könnten, dann würden sie sich automatisch bessern."

Und er fuhr fort:

„Wenn sie den Bereich reiner kreativer Intelligenz erfahren, verliert sich der Wunsch, ein schlechtes Leben zu führen. Sie werden von Natur aus friedvoll und gut sein."

Unvermeidlich folgte die Frage nach der Wirkung der Transzendentalen Meditation auf die Jugendkriminalität.

Maharishis Antwort:

„Die Vergehen Jugendlicher haben ihre Ursache in Unsicherheit, in mangelnder Ausgeglichenheit. Transzendentale Meditation beseitigt diesen Mangel. Es ist das Beste, den Schaden zu verhindern, bevor er entsteht. Für Kinder ist es etwas Natürliches zu lieben, sie müssen nur eine Richtung gezeigt bekommen. Kinder richten nur Unheil an, wenn nicht genug Liebe vorhanden ist."[7]

Oft gab es bei den Treffen Männer und Frauen, die ihr Leben sozialen Verbesserungen gewidmet hatten. Diese Menschen stellten ernsthaft die Frage:

„Wenn TM eine soziale Reform bewirken kann, friedliche Beziehungen zwischen den Nationen und Kreativität in allen Bereichen, müßte es dann nicht möglich sein, einen idealen Zustand der Gesellschaft zu erreichen, ein Utopia? Könnten wir nicht sogar einem ‚Goldenen Zeitalter' entgegengehen, vergleichbar mit dem in Griechenland und Rom? Wäre das möglich?"

Maharishi sagte ganz nüchtern:

„Ja, das ist möglich."[8]

Eine Frage, die Maharishi als einen weisen Mann zeigte, wurde von einem Kind gestellt.

„Wer hat Gott den Vater gemacht?"

Maharishi wiegte sanft den Kopf, lächelte und sagte:

„Gott, der Sohn, hat Gott, den Vater gemacht. Niemand kann ein Vater sein, bevor er einen Sohn hat. Der Vater erschafft den Sohn, und der Sohn erschafft den Vater."

„Warum hungern die Menschen in Indien?" war eine andere, häufig gestellte Frage.

„Wenn die Menschen in Indien hungern und Transzendentale Meditation ausüben, dann ist es ihr Karma (Gesetz von Ursache und Wirkung), aber das bedeutet nicht, daß sie dabei unglücklich sind. Es ist möglich, wenig zum Essen zu haben und dennoch glücklich zu sein. In Amerika, wo die Menschen so viel besitzen, sind sie oft sehr unglücklich. Es ist schlimmer, inmitten von Überfluß und Reichtum unglücklich zu sein, als inmitten von Armut."

Eine andere Frage, die oft von religiösen Menschen gestellt wurde, lautete:

„Werden wir durch das Leid nicht geläutert?"

„Transzendentale Meditation ist der größte Läuterer," antwortete Maharishi. „Und Transzendentale Meditation ist der Weg zu unbegrenztem Glück. Es ist die natürliche Tendenz des Geistes, mehr und mehr Freude zu erfahren, und das ist sehr leicht. Es ist viel schwieriger zu leiden. Wenn ein Mensch gern Musik hört, wird er sich automatisch einer schöneren Melodie zuwenden. Niemand muß ihm das sagen. Er wird nicht zufrieden sein, bis er die schönste Melodie hört. Der Mensch gibt sich nicht mit Tautropfen zufrieden. Und er muß es auch nicht. Der allmächtige, gnädige Vater hat uns einen Ozean des Glücks zugedacht. Warum sollten wir ihn nicht annehmen?"

„Der Geist mag keine ausgedehnten Übungen, und er mag nicht stillhalten. Er will es einfach nicht. Er würde sich vom Königreich des Himmels im Innern nicht angezogen fühlen, wenn er nicht zunehmend Beglückung dabei erführe. Unsere Technik besteht nicht darin, den Geist zu kontrollieren. Wir befriedigen ihn einfach, und alles andere folgt automatisch. Wir nehmen den leichten Weg."

„Wir nehmen den leichten Weg, der uns automatisch weiterführt, erreichen das Feld reiner Seligkeit und sind automatisch glücklich. Wir erreichen die Quelle der Macht und sind automatisch machtvoll. Wir erreichen die Quelle der Kreativität und sind kreativ."

„Das alles gehört uns, und es gehört uns automatisch. Transzendentale Meditation ist einfach ‚eine große Automatik'."

KAPITEL 11

MITTSOMMERNÄCHTLICHE PLÄNE

Jeder Gedanke Maharishis war auf das eine Ziel ausgerichtet: Seine Weltmission, die Verbreitung der Technik der Transzendentalen Meditation in der ganzen Welt zu erfüllen, und die verschiedenen Wege, sich diesem Ziel zu nähern, waren faszinierend und angefüllt mit kreativen Ideen.

Oft traf er sich mit zehn oder zwanzig intelligenten Leuten in seinem Zimmer oder im Studierzimmer, und den Ideen wurde freier Lauf gelassen. Neu hinzugekommene schlugen oft vor, den Präsidenten der Vereinigten Staaten zu benachrichtigen. Andere nannten die Namen prominenter Persönlichkeiten, mit denen man in Kontakt treten sollte. Große Zeitschriften wurden angesprochen. Jeder steuerte Ideen aus seinem eigenen Interessensgebiet oder von seinem eigenen Standpunkt aus bei.

Geschäftsleute betonten gern den Wert der Transzendentalen Meditation als Hilfe bei der Bewältigung wirtschaftlicher Probleme. Studenten betonten den wissenschaftlichen Zugang und begrüßten das Öffnen tieferer Bewußtseinsbereiche, um mehr Wissen zu erschließen; Frauen wiederum betonten, daß Transzendentale Meditation den Charme vergrößere und den Wunsch nach einem anmutigen Leben wecke. Für sie stand fest, daß der größte Wert der TM kosmetischer Natur sei: Der Teint werde klarer, und die Gesundheit verbessere sich, da Verspannungen im Körper gelöst werden. Das Gesicht bekäme ein jüngeres und anziehenderes Aussehen. Doch alle waren sich darin einig, daß der größte Wert der TM, für die größte Anzahl von Menschen, in der Möglichkeit des Herbeiführens des Weltfriedens läge.

Maharishi war über diesen Aspekt höchst erfreut. Er beantwortete alle Fragen dazu offen und mühelos. Oft wurde er gefragt:

„Wie kann ein Mensch, indem er in die Stille geht, den Weltfrieden beeinflussen?"
Maharishi antwortete etwa folgendermaßen:

„Die Führer der Nationen sind nicht die primären Verursacher von Kriegen. Sie handeln, wie es die Atmosphäre in der Nation bestimmt. Wenn die Menschen voller Spannungen und Unzufriedenheit sind, bildet sich ein entsprechendes Klima, und irgendetwas muß geschehen. Wenn ein Mensch in sich selbst friedvoll ist, kann er keine Spannungen hervorbringen. Und die Schwingungen, die auf den tieferen Ebenen des Bewußtseins entstehen, sind viel machtvoller. Die Welt könnte voller Frieden sein, wenn nur ein Zehntel der Bevölkerung meditieren würde." [9]

Daraufhin wurde oft die Frage gestellt:
„Vielleicht nennt man in Indien ‚friedvoll', was wir in Amerika einfach als ‚passiv' bezeichnen."
Maharishis Antwort:

„Nein, nein, nein. In Indien meditieren die Menschen nicht in der richtigen Weise. Die Passivität kommt daher, daß zu viele Menschen den falschen Klang benutzen, das falsche Medium. Der eine Klang ist für einen Hausvater geeignet und der andere für einen Einsiedler. Jeder Klang erzeugt, wenn er in der richtigen Weise benutzt wird, eine geeignete Wirkung in der Atmosphäre. Stille ist die zugrunde liegende, motivierende Kraft der Aktivität. Meditation wird, richtig angewandt, den Hausvater aktiver machen und gleichzeitig friedvoller, kreativer und liebevoller; und der Einsiedler kann erreichen, was immer er sich im Leben wünscht."

Manchmal gingen die Fragen stundenlang weiter. Die Begeisterung wuchs mit jeder Beantwortung einer Frage. Viele prominente Leute wurden Maharishi vorgestellt, die dann Interesse zeigten, ihm zu helfen.

„Ost und West sind zwei verschiedene Welten", sagten sie manchmal. „Was für den einen selbstverständlich ist, kann der andere nicht immer akzeptieren."
Maharishi lächelte.

„Transzendentale Meditation ist keine Philosophie oder Religion. Sie ist ein Weg zu Transzendentalem Bewußtsein."

Es wurden Radiosendungen organisiert, Fernsehauftritte und Vorträge an Universitäten. Viele sehr liebe und kultivierte Menschen kamen zur persönlichen Unterweisung. Maharishi hatte das Gefühl, daß sich alles sehr langsam entwickelte, aber wir staunten immer wieder über die Geschwindigkeit, mit der die Bewegung wuchs.

In der Mitte des Sommers verkündete Maharishi seinen Plan, ein erstes internationales Treffen abzuhalten.

Wir konnten uns kaum noch vorstellen, wie Maharishi im vergangenen Mai in Los Angeles ankam und nicht mehr als zwei Menschen kannte! Jetzt, sechzehn Wochen danach, konnte er über einen Kongreß nachdenken.

Die Vorbereitungen für den Kongreß gingen zügig voran. Um den Leuten, die in ganz Kalifornien verstreut wohnten, entgegenzukommen, und zum Vorteil der Meditierenden in San Francisco, wurde der ‚Sequoia National-Park' als Treffpunkt gewählt. Der Kongreß sollte an einem Wochenende stattfinden und drei Tage dauern, und die Pläne dafür hörten sich wundervoll an.

Wegen Arbeitsverpflichtungen konnten die Olsons nicht teilnehmen, und da Maharishi und seine Gäste für den ersten Teil der Woche nach San Francisco fahren wollten, nutzten wir die Gelegenheit, unsere älteste Tochter Melinda mit ihrem Baby aus Las Vegas einzuladen.

Melinda und ihr Töchterchen Kimberly trafen ein, bevor Maharishi fort war. Meine beiden Mädchen verehrten Maharishi vom ersten Augenblick an. Melinda begann mit der TM, und Kimmie konnte nicht widerstehen, so nah wie möglich an Maharishi heranzukrabbeln, um mit seiner Perlenkette zu spielen, die er um den Hals trug. Maharishi unterhielt sie damit, daß er ihr Blumen gab. Sie und die Siamkatzen wurden ständig von den Helfern aus dem Zimmer gebracht, um dann still von Maharishi wieder eingeladen zu werden.

Obwohl die Anwesenheit Maharishis zu jeder Zeit eine Freude für uns war, war es wundervoll mit anzusehen, wie unbefangen und natürlich er mit kleinen Kindern umging.

Unschuld traf auf Unschuld, und die gegenseitige Wertschätzung geschah in einem Austausch von Blumen und glücklichem Lächeln. Nicht selten fanden wir ein winziges Paar Sandalen zwischen der Kollektion von Schuhen vor Maharishis Zimmer. Dann öffnete sich manchmal die Tür und ein Kind kam heraus, ein einziges Lachen, die Augen hell und strahlend, die Arme mit Früchten beladen. Solch ein Anblick zauberte ein Lächeln auf erwachsene Gesichter und Wärme in jedes Herz. Er ließ einen unauslöschlichen Eindruck zurück.

Nachdem Maharishi und die anderen Gäste nach San Francisco abgereist waren, holten wir einige Helfer zusammen und unterzogen das Haus einer gründlichen Reinigung.

Die Abwesenheit unseres Yogis ließ eine schmerzende Leere zurück. Wir konnten kaum glauben, wie sehr wir alle ihn und seine Helfer vermißten.

Wir nutzten jedoch die Zeit, um uns so einfachen Vergnügungen hinzugeben, wie morgens im Bademantel Kaffee zu trinken und unsere Kleidung zu waschen, wann immer es uns in den Sinn kam.

Bevor Melinda uns wieder verließ, nahm ich mir vor, sie ein wenig auszuhorchen.

„Ich habe mir überlegt, daß ich doch recht impulsiv mit der Transzendentalen Meditation begonnen habe. Vielleicht sollte ich eine Zeitlang damit aufhören."

Melinda war ganz erschrocken.

„Bitte tu das nicht, Mutter. Du glaubst gar nicht, wie sehr ihr euch verändert habt, Papa und du. Ihr seid so entspannt und glücklich, so viel geduldiger, freundlicher und verständnisvoller geworden."

Melinda war mir als mein ältestes Kind immer sehr lieb und nah gewesen. Sie wußte, daß sie mit mir frei und offen über unsere Fortschritte sprechen konnte, aber ich war doch ein wenig erschrocken und gleichzeitig amüsiert, von so vielen Unvollkommenheiten zu hören, die sich nun verbessert haben sollten.

Wir haben beide Sinn für Humor. Ich konnte nicht widerstehen und sagte: „Ich freue mich, daß TM solche Veränderungen bei mir bewirkt hat. Aufgrund deiner schönen Karten und Geschenke zum Muttertag hatte ich immer angenommen, ich sei ein Muster an Vollkommenheit." Wir lachten beide.

Ich mußte an meine andere Tochter und ihren Mann denken und sagte: „Ich wünschte, du könntest Mary und Peter herüberschicken. Wenn sie einen Tag mit Maharishi verbringen könnten, würden sie ihn bestimmt auch gern haben, und vielleicht würden sie dann nicht mehr denken, ich sei ein wenig verrückt."

Melinda lachte. Sie war gerade einen Tag lang bei ihrer Schwester und ihrem Schwager gewesen. Wie es schien, hatten sie den Sommer über immer wieder versucht, bei uns anzurufen und waren es leid geworden, eine fremde Stimme am Telefon zu hören. Manchmal wurde ihnen gesagt: „Es gibt hier niemanden unter diesem Namen", wenn sie nach Mr. und Mrs. Olson fragten. Sie dachten wirklich, ich sei etwas verrückt. Ich hatte sie angerufen und versucht, ihr Interesse an der TM zu wecken, indem ich ihre Wissenschaftlichkeit betonte.

„Ich müßte es selber sehen, um es glauben zu können. Es klingt für mich alles recht emotional", sagte Peter mit kollegialer Autorität.

„In diesem Moment, Peter, sieht es im Haus aus wie in einem Laboratorium; im Keller werden Untersuchungen durchgeführt; sie haben die Herztätigkeit getestet, über Veränderungen in der Zusammensetzung des Blutes gesprochen und

In der Mittsommernacht (1959) verkündete Maharishi seinen Plan für den ersten Internationalen Kongress im Sequoia National Park in Kalifornien.

was weiß ich noch alles."

Sie versprachen, nach Abschluß der Sommerschule vorbeizukommen.

Die Tage vergingen wie im Flug, und am Sonntagabend ließen Theresa und ich die Fenster zur Straße keinen Augenblick aus den Augen. Wir hielten nach ‚unserer anderen Familie' Ausschau. Endlich kamen ein paar Autos mit lachenden und etwas zerknautschten Menschen die Straße heraufgefahren. Unsere Gäste hatten sich auf vier Wagen verteilt. Mata-ji sah ein bißchen müde aus, und es machte mir Spaß, ihr ein Tablett mit eisgekühltem Fruchtsaft auf das Zimmer zu stellen.

Maharishi ließ nie irgendwelche Anzeichen von Müdigkeit erkennen. Die Fahrer machten sich allerdings schnell wieder auf den Weg, bevor weitere Pläne für die geistige Erneuerung der Welt im Studierzimmer entwickelt wurden. Als alle fort waren, blickte Maharishi wie ein enttäuschtes Kind, das noch weiterspielen möchte, dessen Spielkameraden aber gegangen waren, um ein Nickerchen zu machen!

Roland und ich waren gespannt, etwas über den ersten Kongreß zu erfahren, und wir setzten uns zu Maharishi ins Studierzimmer. Bei einem Glas kühlem Apfelsaft erzählte er uns, welche Freude es für ihn gewesen war, so viele von seiner Familie versammelt zu sehen.

„Ich sollte auch in London ein Center haben", stellte er fest.

London schien so weit entfernt. Wie sollte dieser kleine Mann in London jemanden finden, der ihm zuhörte? Aber wie hatte er andererseits in Los Angeles jemanden gefunden?

„Das Beste von allem war der Beschluß eines Drei-Jahres-Plans", fuhr Maharishi fort. „Da die Technik der Transzendentalen Meditation nur persönlich weitergegeben werden kann, würde es sehr lange dauern, bis ich allein meine Botschaft verbreitet hätte. Aber ich kann einige Leute sorgfältig ausbilden, und dann können sie das gleiche tun wie ich. Und ich kann Hunderte von Leuten zu Führern ausbilden, die über die

Erfahrungen sprechen und sie überprüfen können. Wenn wir spirituelle Führer haben, die in allen Teilen der Welt unterrichten und Meditationsführer, die über den Wert der Transzendentalen Meditation sprechen, wird alles sehr schnell gehen, und die Welt kann bald voller Frieden sein."

Die Größe dieses Planes raubte mir den Atem. Es war einzusehen, daß sogar eine so starke Persönlichkeit wie Maharishi Hilfe brauchen konnte.

Roland war sehr interessiert.

„Wie stellst du dir die Durchführung vor?"

„Der beste Weg wäre es, Centren zu gründen und dann die Leute zu einem dreimonatigen Ausbildungskurs einzuladen", sagte Maharishi.

„Vielleicht in Indien?" fragte Roland. „Oder warum nicht in Los Angeles?"

Charlie Lutes, der in diesem Moment zurückkam, um ein paar Unterlagen zu holen, beantwortete die Frage.

„Könnt ihr euch die Reaktion vorstellen, wenn jemand uns fragt, wo wir unsere Ausbildung als Lehrer der Transzendentalen Meditation erhalten haben, und wir sagen: „In der Siebten Straße am Broadway, Los Angeles."

Maharishi lachte. „Indien wäre das Beste", sagte er.

Wir hatten von Lachsman, Mata-jis Bruder, erfahren, wie billig es war, in Indien zu bauen und wie wenig die Lebensmittel im Vergleich zu Los Angeles kosteten.

Die Pläne für eine Internationale Meditationsakademie kamen ins Rollen und entwickelten sich wie ein Schneeball, der einen Abhang hinunterkullert. Jeden Tag, wenn wir nach Hause kamen, war er ein Stück umfangreicher geworden. Ein Künstler aus der Gruppe fertigte eine Zeichnung an; ein Architekt entwarf eine Anzahl von Plänen; der Bauplatz sollte in einem Hochtal in der Nähe von Uttar Kashi im Himalaya liegen.

„Dort ist die Luft rein", sagte Maharishi. „Dort hat nie jemand gelebt außer ein paar wandernden Sanyasis, die ständig meditieren. Die Quelle des Ganges liegt in der Nähe, und der kristallklare Bach, der durch dieses Tal fließt, wird zu

Indiens berühmtem Fluß. Dort hat man noch niemals Zigaretten, Alkohol oder Gewalt gekannt.

Wir kamen uns vor wie Kinder, die vom ‚Gelobten Land' hörten.

Die Pläne der Geistigen Erneuerungsbewegung hörten sich harmlos an im Vergleich zu dem, was die Meditierenden sich ausdachten, um zu der Meditationsakademie in Indien zu gelangen, einer Akademie, deren Bau zu diesem Zeitpunkt noch nicht einmal begonnen hatte.

Ich hatte hunderte von unpraktischen Ideen. Roland hatte eine praktische Antwort für sie alle: „Nein!"

„Maharishi, ich möchte nach Indien gehen und in diesem wunderschönen Tal leben, darf ich?" bat ich ihn.

Maharishi schwieg einen Augenblick. Dann lächelte er ein wenig.

„Du wirst gehen, wenn es für Damen angebracht ist." Seine Augen zwinkerten. „Wenn du deine elektrische Decke mitnehmen kannst. Es ist nachts sehr kalt. Aber du wirst gehen." (Zu unserer großen Freude konnten Roland und ich 1966 drei Monate in der Akademie in Rishikesh verbringen).

„Was wirst du nun tun?" fragten wir ihn.

„Was gibt es da zu tun? Ich gehe einfach hin. Es wird sich alles regeln."

„Aber Maharishi", sagten die Damen mit feuchten Augen, „du wirst so allein sein."

„Ich fühle mich nie allein."

Eine junge Frau, die oft mit Maharishi zusammensaß, war Lois Hague. Lois sah aus wie zwanzig, aber aus ihren klugen Kommentaren schlossen wir, daß sie älter sein mußte. Im Gespräch mit ihr erfuhr ich von ihrer interessanten Herkunft. Sie war als einziges Kind in einer sehr behüteten, religiösen Atmosphäre im Mittleren Westen aufgewachsen. Sie hatte immer stark ausgeprägte religiöse Neigungen gehabt, und sie hatte sich in ihren Teenagerjahren einer Gruppe angeschlossen, die über das Land zog, predigte und evangelische Lieder sang.

„Und doch hatte ich das Gefühl, daß es noch mehr geben

mußte", sagte Lois.

Lois kannte wie unsere Familie das Neue Testament recht gut. Wir zitierten beide oft daraus und staunten, wie viel klarer uns die Bedeutung und der Glaube Christi geworden waren.

Obwohl Maharishi gesagt hatte, daß er das Neue Testament nicht gelesen hätte, schien er oft genau das auszudrücken, was darin geschrieben stand. Er bezog sich immer wieder auf das Königreich des Himmels im Innern, auf Christus den Herrn und so weiter.

Viele der Fragen, die nach den Vorträgen gestellt wurden, betrafen die Göttlichkeit von Chistus. Hatte er überhaupt existiert; war es nicht möglich, daß nur das Christus-Bewußtsein existierte?

Auf jede dieser Fragen antwortete Maharishi, manchmal ein wenig schockiert, daß es an der Existenz Jesu Christi keinen Zweifel gebe, daß er fraglos eine göttliche Inkarnation war und daß man die Person nicht von ihrem Bewußtseinszustand trennen könne. „Christus hat der Welt Erlösung gebracht, aber seine Botschaft ist nicht verstanden worden!"

Maharishi erzählte der Gruppe, daß er eine Broschüre herausgeben wolle, die all die Ideen, die während des Kongresses in Sequoia aufgekommen waren, enthalten sollte. Die Pläne umfaßten einen Zeitraum von drei Jahren. Ein Drei-Jahres-Plan sollte ausgearbeitet werden.

Eine Schreibkraft reichte nicht aus, um all die neue, kreative Aktivität zu bewältigen. Der Eßtisch stöhnte unter dem zusätzlichen Gewicht. Frauen, die den ganzen Tag über arbeiteten, kamen nach Feierabend zu uns, überreichten Maharishi einige Blumen und tippten die halbe Nacht hindurch.

Das Formulieren und Neu-Formulieren war faszinierend. Ein Satz wurde in den Raum gestellt. Fünf oder sechs Leute gaben ihren Kommentar dazu oder machten Verbesserungsvorschläge, bis von dem ursprünglichen Gedanken nicht mehr viel übrig war. Wer etwas Erfahrung im Schreiben hatte, hielt tapfer durch. Am Ende meinte Maharishi dann: „Sollten wir nicht lieber sagen..." und der Gedanke nahm aufs neue Gestalt an.

Mir kam der Gedanke, daß wir alle eine Art von Training erhielten. Dr. Hislop bewies die größte Flexibilität, da das Schreiben in seiner Obhut lag. Er schrieb zum Beispiel eine ausgezeichnete Passage. Während sie vorgelesen wurde, kamen Fremde ins Studierzimmer und Maharishi sagte zu ihnen: „Was meint ihr dazu?"

Wir versteiften uns unwillkürlich, wenn sie Ideen vorbrachten, die zwar sorgfältig durchdacht waren, aber keinerlei Bezug zum Thema hatten.

Dann strahlte Maharishi Dr. Hislop an und sagte: „Nimm das mit hinein." Dr. Hislops bereits gerötetes Gesicht wurde noch etwas röter, aber er sagte in einem ruhigen, gefaßten Ton: „Ganz wie du wünschst, Maharishi."

Obwohl Dr. Hislop sehr gut wußte, daß ihn Kritik erwartete, wenn das, was er schrieb, keinen Sinn ergab, ließ er nie eine Bemerkung darüber fallen. Die Disziplin der Führer unserer Gruppe war wirklich beeindruckend.

Ebenso beeindruckend war der Vize-Präsident Charles Lutes. ‚Charlie', wie Maharishi ihn liebevoll nannte, war jeden Abend zur Stelle, um Maharishi zum Vortrag zu fahren oder wo immer er hinwollte. Er war ein hochgewachsener, attraktiver Mann und Spitzenverkäufer bei einer großen Zementfirma. Die meisten Kommentare, die Charlie machte, waren klug und recht intelligent.

Maharishi fühlte sich immer von seiner klardenkenden, praktischen Persönlichkeit angezogen, und es war deutlich zu sehen, daß sich eine tiefe Zuneigung für Charlie entwickelte. Es war Charlie, der an diesem Tag schließlich den Drei-Jahres-Plan rettete. Nach einer langen Sitzung mit immer neuen Kommentaren und endlosen Bonmots, sammelte Charlie alle Blätter von den Maschineschreiberinnen ein, faßte Dr. Hislop unter den Arm und sagte fest: „Ich bringe das alles jetzt zum Drucker."

Maharishi lächelte nur.

Irgendwie schafften es die beiden Männer, Ordnung in das Ganze zu bringen, und eine verständliche und vorzeigbare Broschüre ging daraus hervor (siehe Anhang B).

Während die in der Broschüre angestrebte Anzahl von Meditationszentren und deren Leitern etwas zu hochgegriffen war, waren die grundlegenden Pläne verwirklicht, noch bevor drei Jahre vergangen waren.

Maharishi, begleitet von Dr. Hislop, dem ersten Präsidenten der S.R.M. und einigen Meditierenden bei einem Spaziergang.

KAPITEL 12

JAI GURU DEV

In den letzten Augusttagen ließ sich eine ganze Anzahl Meditierender durch nichts mehr von ‚433' fortlocken, es sei denn durch so schreckliche Notwendigkeiten, wie dem Verdienst des Lebensunterhalts. Viele Leute vernachlässigten in jenen Tagen ein wenig ihre häuslichen Pflichten. Aber sie sagten sich: „Was soll's, ich möchte so oft wie irgend möglich bei Maharishi sein."
Wir fühlten das gleiche, aber wir sahen ihn immer seltener. Viele der Meditierenden waren damit zufrieden, den ganzen Tag im Wohnzimmer oder im Garten zu sitzen und ihn nur in den wenigen Augenblicken zu sehen, wenn er zum Vortragssaal fuhr. Da meine Arbeit beim Theater abgeschlossen war und ich mich nur noch ab und zu einmal dort blicken lassen mußte, hatte ich mehr Zeit, zu Hause zu sein, und ich verbrachte sie nun mit Maharishi.

Ein herrlicher Sonntag in der letzten Augustwoche sollte eine Ausnahme machen. Nach einem mit Kochen, Waschen und Bügeln angefüllten Sommer waren die meisten Frauen froh, einmal eine Ruhepause zu bekommen. Sheela hatte diese Aufgabe schon lange an Mata-ji übergeben, und Mata-ji drückte jedem, der sich in der Küche zeigte, sogleich einen großen Korb Bügelwäsche in die Arme und sagte: „Segen gefällig?"

In Indien wird es als ein großer Segen angesehen, einem Meister zu dienen. Die meisten Frauen waren jedoch weniger an dem Segen interessiert, als an der persönlichen Freude, etwas für Maharishi tun zu können. Wenn aber wieder einmal einer der Ausflüge anstand, wurde alles Bügeln, Kochen und Waschen stehengelassen und jeder eilte zur Tür, um bereitzustehen. Maharishi enttäuschte sie nie. Es war wundervoll, sein

‚kommt, kommt' im Haus zu hören und zu beobachten, wie sie alle in die Autos kletterten und wie glückliche, unbesorgte Kinder davonfuhren.

Da am Samstag ein Ausflug stattgefunden hatte, bot die Küche am Sonntag einen schlimmen Anblick. Helen Lutes, Christine Granville und andere riefen an und boten ihre Hilfe an. Ich lehnte ab, glücklich, jedem eine kleine Ruhepause gönnen zu können und erfreut, das Haus und Maharishi für mich allein zu haben.

Mata-ji und ihr Bruder waren so beliebt, daß sie jeden Tag zwei oder drei Einladungen erhielten. Ram Rao war zu Geschäften nach Indien zurückgerufen worden. Da es Sonntag war, kümmerten sich die meisten um ihre häuslichen Pflichten.

Es dauerte nicht lange, bis die Ordnung wieder hergestellt war und ich damit beginnen konnte, Maharishis Essen vorzubereiten. Es war das erste Mal, daß ich für ihn kochte, und ich wollte es besonders gut machen. Doch dann konnte ich nicht mehr aufhören zu kochen. In jedem Topf, der im Haus aufzufinden war, befand sich irgendein Gemüse. Zumindest würde er Quantität erhalten, wenn schon nicht Qualität. Ich hoffte auf beides.

Ich erinnerte mich an eine spezielle Art von Mandelplätzchen, die ihm vielleicht schmecken würde und begann, den Teig anzurühren. Dann konnte ich einem Fruchtsalat nicht widerstehen, da es so viele köstliche, verlockende Früchte gab, die ihm von den Schülern mitgebracht worden waren. Als ich mich vom Spülbecken umwandte, fand ich Maharishi am Küchentisch sitzen, seine großen, braunen Augen voll strahlendem Lachen, und mit der Miene eines kleinen Jungen sagte er:

„Ich habe Hunger."

„Oh, Maharishi, ich bringe dir sofort dein Essen. Ich habe nicht gemerkt, daß es schon so spät ist."

Da er kein Frühstück zu sich nahm, wurde ihm das Mittagessen gewöhnlich zwischen zwölf und ein Uhr im Studierzimmer serviert. Jetzt war es halb zwei.

Er lachte und sagte beiläufig: „Ich bleibe hier."

Ich war froh, daß Mata-ji nicht da war. Sie hätte eine solche Formlosigkeit nicht erlaubt, aber für uns war es wundervoll.

Während Maharishi aß, stellte ich ihm ein paar Fragen über Mata-ji.

„Mata-ji hat in eine der ältesten und reichsten Familien in Kalkutta eingeheiratet. Sie leben nach den alten Traditionen. Alle Familienmitglieder wohnen zusammen in einem großen Appartementhaus, und die Ältesten entscheiden. Sie sind sehr streng, so daß Mata-ji beispielsweise nicht auf die Straße gehen darf, ohne ihr Gesicht zu bedecken. Es ist sehr ungewöhnlich, daß sie herkommen durfte.

Es war bestimmt ein großer Sprung aus der Obhut eines solchen Lebens zu der Freiheit von Hollywood. Mata-ji war für die ausgeglichene Art, mit der sie das Leben hier bei uns akzeptiert hatte, zu bewundern. Nun verstand ich, warum sie oft über viele Dinge so verwundert war.

„Maharishi, Ram Roa hat uns erzählt, daß Mata-ji in Indien als eine Heilige betrachtet wird. Was versteht ihr dort unter Heiligkeit?"

„Von einem Heiligen wird gesagt, daß er niemandem in der Welt ein Leid zufügt."

Inzwischen hatten ein paar Leute in die Küche geschaut und sich zu uns gesellt, und wir diskutierten nun über die Antwort. Sie befriedigte mich, obwohl ich Heilige gewöhnlich mit Wundertaten in Verbindung brachte. Ein Mensch, der niemandem in der Welt körperlich, geistig oder spirituell ein Leid zufügte, müßte göttlich sein. Es war für ein menschliches Wesen kaum möglich. Zweifellos war Mata-ji in der Welt aktiv, und wir konnten in ihr nichts Schlechtes entdecken. Maharishi betonte oft, daß Spiritualität sich in der Welt beweisen müsse.

Mach dem Essen zog Maharishi sich in sein Zimmer zurück, und ich nahm mir den Berg mit Bügelwäsche vor. Die Seide fühlte sich wunderbar an, und während der Haufen sorgfältig gefalteter Seidengewänder allmählich wuchs, fühlte ich in mir eine wachsende Zufriedenheit anstelle von Müdigkeit. Da ich mich am Vorbild einer ‚pingeligen' Büglerin in der Person unserer lieben, kleinen Grannie, Rolands Mutter, zu messen gelernt hatte, war ich voller Zuversicht, Mata-ji zufrieden zu stellen.

Ich war noch nicht ganz fertig, als Mata-ji und eine Gruppe von Frauen, die sie zum Mittagessen eingeladen hatten, nach Hause kamen.

Als Mata-ji mich beim Bügeln entdeckte und einen Blick über die fertige Arbeit warf, war sie erfreut und gleichzeitig verärgert.

„Du ruhst dich jetzt aus", sagte sie zu mir, mit dem Ton einer kleinen Mutter. Jemand anderes übernahm das Bügeln. Mata-ji winkte mich heran. „Komm, komm!" Sie hörte sich an wie Maharishi.

Ich folgte ihr nach oben in ihr kleines Zimmer. Auf ihrem Bett waren Dutzende von Saris ausgebreitet, exquisite Kreationen mit wunderschönen, verschlungenen Mustern, in kunstvollen Farben, aus eleganter Seide.

Sie bat mich, einen davon zu nehmen.

„Oh, Mata-ji, das kann ich nicht."

Mata-ji konnte sehr gebieterisch sein.

„Du nimmst jetzt sofort einen!" befahl sie mir.

Wir hatten von Ram Rao gehört, daß der Preis für einen Sari zwischen fünfzig und vierhundert Dollar lag. Nachdem ich sie mir alle angesehen hatte, suchte ich einen mit einem kleinen Muster und einer grünen Borte heraus. Mata-ji holte einen hübschen Baumwollunterrock hervor, der von der Taille bis zum Boden reichte. Eine Schnur hielt ihn in der Taille zusammen. Alles hing an dieser Schnur. Sie wurde sehr fest zusammengebunden und der Sari dann hineingesteckt.

Sie führte es mir vor und zeigte mir, wie ihr eigener Sari angezogen war. Es sah recht einfach aus. Ich ging in mein Zimmer, um es auszuprobieren. Wenige Augenblicke später verkündete mir ein fröhliches Lachen, daß noch andere einen Sari erhielten.

Es war letzten Endes doch nicht so leicht, den Sari anzuziehen. Fünf Meter Seide sind eine Menge Stoff, und immer quollen irgendwo ein paar Zentimeter heraus, wie ich es auch anstellte.

Das Gelächter lockte Maharishi aus seinem Zimmer. Zwei oder drei Frauen, die mit ihrem Sari zurechtgekommen waren und wunderschön darin aussahen, luden ihn ein, im Garten ein paar Fotos zu machen. Er freute sich über ihre Erscheinung und sagte:

„Ah, schön, sehr anmutig."

Einige Frauen kamen mit mir in mein Schlafzimmer, und wir versuchten gemeinsam, den Sari an mir festzustecken. Die Frauen in Indien benutzen niemals Nadeln, und auch wir fanden es sehr schade, Nadeln durch diese liebliche Seide zu stecken. Emily, die in allem sehr geschickt war, schaffte es, ihren Sari anzubehalten und versuchte nun, dem Rest von uns bei unseren Schwierigkeiten zu helfen. Es fielen viele Bemerkungen darüber, welch schöne Figur er den Frauen gab.

„Ist es nicht schade, daß die Frauen hier diese liebliche Kleidung nicht tragen und stattdessen in Shorts und Hemden herumlaufen?"

„Ich frage mich, wie sie darin ihre Hausarbeit machen und auf die Kinder aufpassen sollen," sagte eine jüngere Frau.

„Mata-ji schafft das ganz leicht und gibt ein anmutiges Bild dabei ab. Ich denke, ein Sari ist viel anziehender als Shorts und Arbeitshosen. Wenn man einmal darüber nachdenkt, ist unsere Kleidung gar nicht so bequem. Ich glaube, ich werde mich immer so anziehen."

Obwohl ich das sagte, meinte ich es natürlich nicht ernst. Trotzdem gefiel mit die Idee — falls ich den Sari je dazu bringen konnte, an meinem Körper zu bleiben.

In diesem Augenblick rief eine Stimme die Treppe herauf:

„Jemand fragt nach Ihnen, Mrs. Olson."

Ich dachte, es wäre einer der neuen Meditierenden, der etwas liegengelassen hatte, wie es so oft vorkam. So segelte ich die Treppe hinunter, in meinen Händen hielt ich den größten Teil des Saris, den ich beinahe schon verloren hatte und stieß prompt mit meiner Tochter Mary und ihrem Mann zusammen.

Bei ihrem Anblick stockte mir der Atem. Sie trugen Shorts — extra kurz — wie mir schien.

Mary nahm mich kurz in den Arm, hob ein Ende meines Saris hoch und fragte: „Was in aller Welt trägst du da?"

Ich wünschte, ich hätte etwas davon über ihre Beine decken können.

Bevor ich antworten konnte, kam eine Gruppe kichernder Frauen, von Emily angeführt, die Treppe herunter. Wir standen immer noch in der Eingangshalle. Emily, die schönes, langes Haar besaß, hatte es heruntergelassen — im indischen Stil — und eine rote Hibiskusblüte über ihrem Ohr befestigt. Sie hielt noch mehr von den Blüten in der Hand und gab mir eine auf dem Weg in den Garten.

Ich hörte, wie jemand sagte: „Wer ist denn das?"

Emily antwortete: „Mrs. Olsons Familie."

Peter nahm die Hibiskusblüte. Seine schwarzen Augen blitzten. „Komm, ich mache sie dir fest. Sind das die Wissenschaftler, von denen du mir erzählt hast?"

„Vergiß es. Laßt uns ins Eßzimmer gehen."

Dort konnten wir die Tür hinter uns schließen und unter uns sein.

Ich betrachtete meine Kinder mit den Augen eines Außenstehenden. Ein ansehnlicheres Paar konnte es kaum geben. Peter war gut gebaut, ein Meter achtzig groß, mit dunklem, lockigem Haar. Mary war ein reizendes junges Mädchen. Sie hatte die hellen, skandinavischen Züge ihres Vaters und besaß viel eigene Haltung und eine heitere Gelassenheit.

Wenn sie nur etwas anders angezogen wären!

„Wir sind nur schnell vorbeigekommen, um dir und Papa ,Guten Tag' zu sagen," meinte Mary. „Wir haben eine Tennis-Verabredung, und ich muß meine Schläger in der Garage gelassen haben."

In diesem Augenblick wünschte ich mir nichts sehnlicher, als daß Mary und Peter eine solide, ernsthafte Gruppe von Leuten angetroffen hätten und daß ich meine liebe Tochter und ihren netten Mann Maharishi in einer Kleidung hätte präsentieren können, die für die Augen eines Yogi aus dem Himalaya angemessen gewesen wäre.

„Ihr bleibt hier und ich hole Papa. Er weiß sicher, wo deine Schläger sind."

Roland verbrachte den Sonntag gewöhnlich damit, kleine Reparaturen im Haus auszuführen und überall ein wenig nach dem Rechten zu schauen. Ich konnte ihn jetzt im Keller hören. Seit dieser in ein wissenschaftliches Labor umgewandelt worden war, in dem das Anwachsen der Lichtstrahlen auf den Gesichtern der Meditierenden bei der Ausübung der Meditation festgestellt werden sollte, versuchte er, den Keller etwas komfortabler zu gestalten.

„Nein, nein, bemühe Papa nicht. Wir treffen ihn einmal zum Essen, sobald die Sommerschule vorüber ist. Ich glaube, ich weiß, wo meine Schläger sind."

Und sie steuerten auf den Garten zu.

Frauen in Saris, mit Hibiskusblüten im Haar, schwebten überall im Garten umher. Maharishi, Mata-ji und Lachsman wurden gerade mit einigen von ihnen fotografiert.

Wenn es je so war, daß sich Ost und West nicht trafen, so geschah es jetzt! Ein hörbarer Atemzug ging durch den Garten, als die beiden jungen Leute sich in ihren Shorts zu der Gruppe gesellten.

Ich bin sicher, Mata-ji hatte noch nie einen Mann oder gar eine Frau in Shorts gesehen, und ich hoffte, sie würde nicht in Ohnmacht fallen!

„Meine Tochter und mein Schwiegersohn gehen zum Tennisspielen und kamen vorbei, um ihre Schläger zu holen," erklärte ich Maharishi.

„Das ist ganz natürlich", sagte er und wandte sich wieder dem Geschäft des Fotografierens zu.

Es war nicht schwer, Peters Gedanken zu lesen. Er hatte schon immer gemeint, ich sei ein bißchen verdreht. Da er einen feinen Verstand und Sinn für Humor besaß, hatte ich irgendwie gehofft, daß er sich der Gruppe anschließen würde, aber jetzt war mir klar, daß es ein hoffnungsloser Fall war. Die ganze Situation war zu absurd.

Als Peter sich im Garten umschaute, bemerkte er einen Draht, der sich von Maharishis Schlafzimmerfenster zum Meditationshaus zog. Als Antwort auf seinen fragenden Blick sagte ich nur: „Ach das..." Ich wollte wirklich nicht darüber diskutieren. Es war ein Kommunikationssystem, das sich einer der Ingenieure ausgedacht hatte. Auf diese Weise konnte Maharishi mehr Zeit in seinem Schlafzimmer verbringen, da er nur einen Knopf zu drücken brauchte, um mit den neuen Meditierenden in ihren Zellen sprechen zu können, und sie konnten von dort aus antworten. Es war praktisch und eine Quelle des Vergnügens für Maharishi. Aber ich fühlte, daß Peter nicht beeindruckt sein würde. Außerdem war ich nicht daran interessiert, daß die beiden, so wie sie bekleidet waren, lange im Garten herumstanden.

„Komm Peter, es wird Zeit." Mary spürte meine Verlegenheit und versuchte, mir zu helfen.

Als wir in das Haus zurückgingen, schlug plötzlich die Tür zu und klemmte meinen Sari ein. Er wurde mir ganz und gar vom Leib gerissen.

Wir mußten alle lachen. Ich dankte Gott für den Baumwollunterrock! Es gibt nichts Besseres, als ein herzliches Lachen, um eine gespannte Atmosphäre zu lösen.

Mary raffte den Sari zusammen und verliebte sich in die schöne Seide. Sie hätte ihn womöglich anprobiert, wenn Peter sie nicht fortgezogen hätte.

Als sie davonfuhren, sah ich ihnen mit gemischten Gefühlen nach. Transzendentale Meditation bedeutete inzwischen sehr viel für mich. In so kurzer Zeit hatte sie mir ein Gefühl innerer Sicherheit gegeben, ein inneres Gleichgewicht. Sie hatte mich in meinen Vorsätzen gestärkt, und gleichzeitig konnte ich das Leben leichter nehmen. Meine Gesundheit, die immer anfällig gewesen war, verbesserte sich von Tag zu Tag, obwohl sie stärkeren Belastungen ausgesetzt war. Das alles wollte ich mit meinen Kindern teilen, aber ich wußte, daß dies eine persönliche Angelegenheit war. Es war nichts, was man hätte forcieren oder erzwingen können. Man konnte es nur anbieten. Wir hatten es angeboten, aber der Zeitpunkt, es anzunehmen, schien für sie noch nicht gekommen zu sein.

Während der letzten wenigen Abende, an denen Maharishi bei uns war, wurde das mittsommernächtliche Pläneschmieden von ernsthaften Überlegungen für New York abgelöst — Maharishis nächster Station.

Ron Sheridan sollte vorausfahren, um ein Hotelzimmer zu besorgen. Vorträge und Informationen für die Öffentlichkeit waren bereits organisiert und weitere Vorbereitungen getroffen. Die Mission der geistigen Erneuerung mußte weitergehen. Alle baten Maharishi, in Los Angeles zu bleiben und die Welt zu sich kommen zu lassen.

Roland brachte recht fundierte Argumente zugunsten dieser Überlegung vor, und Maharishi schaute ihn amüsiert und liebevoll an, als er all die praktischen Gründe dafür aufzählte, warum Maharishi in Los Angeles bleiben sollte.

„Ich muß gehen, aber ich werde zurückkommen", sagte Maharishi leise. Das Versprechen, weitere glückliche Tage mit unserem heißgeliebten Yogi verbringen zu können, machte die Trennung etwas erträglicher.

Es waren ständig dreißig oder vierzig Leute in unserem Haus, aber ihre Anwesenheit vergrößerte nur unsere Freude.

Das gemeinsame Erleben so vieler schöner Dinge hatte ein starkes Band der Liebe und Freundschaft zwischen uns entwickelt. Wir wollten uns alle in der Wärme von Maharishis Gegenwart sonnen. Jeder versuchte, seine Wertschätzung und Zuneigung auszudrücken, indem er ihm bei der Verwirklichung seines einen Herzenswunsches half — seiner Weltmission.

Zeit, Ideen und Geld wurden geopfert. Das Geld, das durch die persönlichen Unterweisungen hereinkam, war für die Bewegung bestimmt, nicht für Maharishis persönlichen Gebrauch. Es wurde benutzt, damit auch andere Menschen mit ihm in Kontakt kommen und seine einfache Botschaft hören konnten. Viele erlernten dann Transzendentale Meditation und zogen danach ihres Weges. Es war nicht möglich, ihm irgend etwas persönlich zu geben. Obwohl ihm viele Geschenke gebracht wurden, akzeptierte er nur die Geste und gab die Dinge weiter.

„Was sollen wir Maharishi zum Abschied schenken?" fragten wir uns immer wieder.

Als wir das Problem unter Mithilfe eines Dolmetschers mit Mata-ji besprachen, stellte sich heraus, daß es tatsächlich etwas gab, das wir für ihn tun konnten.

„Maharishi würde sich über eine Puja freuen."

Das Wort ‚Puja' sagte mir nichts und so gingen wir zu Lois. Lois wußte etwas über Puja und übernahm die Vorbereitungen dafür. Wir erfuhren, daß eine Puja eine Zeremonie ist, die als Dank für ein glückliches Ereignis ausgeführt wird. In Indien ist sie sowohl eine religiöse Zeremonie als auch ein Fest. In dieser Puja sollte Guru Dev und den Meistern, die uns durch alle Zeitalter hindurch das Geschenk reinen Wissens gegeben haben, eine Huldigung dargebracht werden. Dabei werden Früchte und Blumen übergeben, kleine Kerzen aus süßer Butter und Baumwolle entzündet, und jeder einzelne bringt Gott ein Gebet dar.

Im Vortragssaal wurden umfangreiche Vorbereitungen getroffen. Wir erwarteten die Teilnahme von über hundert Leuten. Nicht alle Meditierenden konnten benachrichtigt werden, da viele zu weit entfernt wohnten.

Die Stühle wurden an die Wand gerückt und große, niedrige Tische aufgestellt und mit weißen Tüchern (Bettlaken, um ehrlich zu sein!) bedeckt. Überall standen Kerzen, Räucherstäbchen und Bilder von Maharishis geliebtem Meister; Schalen mit Plätzchen und Körbchen mit Früchten und Nüssen sorgten für eine festliche, bunte und wohlduftende Atmosphäre.

Wir kleideten uns zeitig für die Puja an. Alle Damen, die einen Sari besaßen, wollten ihn tragen. Fast alle bewegten sich darin anmutig und natürlich — außer mir. Ich hatte immer noch Mühe, ihn nicht zu verlieren!

Maharishi und seine Gefolgschaft aus ‚433' kamen recht früh im Vortragssaal an. Jeder erhielt einen kleinen Halter aus Folie mit Blütenblättern und einer kleinen Kerze darin. Von meinem Sitzplatz auf dem Fußboden vor dem Podest konnte ich die prächtig geschmückten Tische sehen, den Glanz in den Augen der Männer und Frauen, die im Kerzenlicht leuchteten, und es war herrlich, den Geruch der Räucherstäbchen und den feinen, im ganzen Raum verteilten Duft der Rosen einzuatmen. Die schönen Saris wirkten wie große Farbtupfer in dieser Umgebung, während die Frauen sich darin bewegten.

Die Zeremonie begann mit Stille; wir meditierten zusammen mit dem Meister.

Bei der Puja... Christine Granville, Helen Lutes, Jessamine Verrill, David Verrill, Emily Lee auf dem Fußboden vor dem Podest.

Maharishi und Meditierende im Garten. Von links nach rechts: Ram Rao, Lachsman, Ron Sheridan, Maharishi, Helen Lutes, Charlie Lutes, Mata-ji, Helena Olson, Roland Olson, Emily Lee.

Maharishi mit Roland, Helena und Tochter Theresa. „Eine ungewöhnliche Erinnerung an einen wunderbaren Sommer."

„Wenn zwei oder drei in meinem Namen versammelt sind...", ging mir durch den Kopf, und ich spürte wahrhaftig die Gegenwart Gottes. Es war leicht zu erkennen, daß jeder das gleiche fühlte, denn es war die Vereinigung aller in der Meditation, die dies hervorrief.

Leise begann Maharishi zu singen. Wir folgten dem Beispiel von Mata-ji und Lois und warfen bei der Aussprache eines jeden Namens einige Blütenblätter.

Gegen Ende wurden alle Kerzen auf den Haltern angezündet. Mata-ji und ihr Bruder Lachsman trugen einige Hindugesänge vor.

Dann bat Maharishi darum, Gebete aufzusagen und nickte in unsere Richtung. Roland und ich begannen mit dem ‚Vater Unser'. Alle fielen mit ein. Es war wie das Brausen des Ozeans und gab allen, die in der christlichen Tradition erzogen waren, ein tiefes Gefühl der Erfüllung.

Danach wurden alle möglichen Gebete aufgesagt. Viele Männer überraschten uns mit einfachen, schönen Gebeten. Manche waren etablierte Kirchengebete, manche kamen aus dem Herzen und aus den Erinnerungen der Kindheit. Die Atmosphäre war von Liebe und Hingabe erfüllt, und es war nur natürlich, daß wir unsere Herzen öffneten und die tiefsten und aufrichtigsten Gedanken, die in uns waren, ausdrückten.

Lois sang ein wunderschönes, einfaches Lied aus den Tagen ihrer evangelischen Mission. Das ‚Ave Maria' wurde gesungen und in Latein, Spanisch, Deutsch und Portugiesisch aufgesagt. Lehrsätze kamen von den Anhängern der Religionswissenschaft.

Ein langes Schweigen deutete an, daß die Gebete beendet waren.

Und nun war es Zeit für die Party.

Jeder versorgte sich selbst mit Erfrischungen. Mata-ji hatte viele goldene Medallions mit einem Emaillebild von Guru Dev mitgebracht. Sie bat Theresa, sie an alle zu verteilen, die eines haben wollten.

Dann nahm sie von einer Kette an ihrem Arm einen ungewöhnlich schönen Anhänger mit einem Bild von Guru Dev auf einem goldenen Lotus und überreichte ihn mir. Maharishi erzählte mir später, daß es ein Geschenk der Maharani der Provinz war, in der Mata-ji lebte und daß er ihr sehr viel bedeutete. Gesegnete Mata-ji! Sie bewies mir jeden Tag aufs neue den wahren Wert der Transzendentalen Meditation, und durch ihr kostbares Geschenk schloß ich sie noch tiefer in mein Herz.

Die Party dauerte bis spät in die Nacht. Lichtbilder von Meditierenden und einige Filme wurden gezeigt.

Maharishi lachte, als er sich auf der Leinwand sah und hier und da sagte er: „Zeig es noch einmal", wenn ein Bild besonders gut gelungen war.

Alle waren glücklich, und der Morgen schien noch weit entfernt. Einmal jedoch mußte die Puja zu Ende gehen, und die Dämmerung des letzten Tages von Maharishis Aufenthalt mußte unvermeidlich kommen.

Da er in San Francisco noch einmal Halt machen wollte, bevor er nach New York weiterflog, akzeptierte Maharishi das Angebot, daß ihn einer der Gruppe nach Norden fuhr. Die Abreise war für acht Uhr morgens geplant.

Alle waren früh auf den Beinen und hielten sich in der Nähe des Hauses auf. Die Leute standen diskret auf dem vorderen Rasen, während im ganzen Haus gepackt wurde. Mata-ji hatte viele Geschenke erhalten, und ihre großen Koffer waren bis zum Rand gefüllt. Sie beabsichtigte, diese Geschenke an die Meditierenden in Indien zu verteilen.

„Mata-ji, gib das bitte nicht weiter", sagte ich und überreichte ihr fünf Meter feinen Nylonstoffs mit verstreut eingearbeiteten weißen Blumen.

„Nimm ihn bitte für einen Sari. Du brauchst ihn nicht zu bügeln."

Mata-ji war erstaunt und erfreut und versprach, ihn zu behalten.

Lachsman mußte sein zusätzliches Gepäck in Kartons unterbringen. Niemand hatte bemerkt, daß er Kassettenrekorder,

Polaroid-Kameras und andere Dinge eingekauft hatte, die er in Indien nicht bekommen konnte. Auch bei ihm fanden sich viele Hinweise auf die Großzügigkeit seiner neuen amerikanischen Freunde.

Maharishis neuer Koffer war bis an die Grenze seiner Kapazität gefüllt, und er brauchte eine zusätzliche Kiste für die Tonbänder mit den Vorträgen, die in anderen Städten gespielt werden sollten. Er hatte auch gedruckte Broschüren dabei, die ihm in New York helfen sollten, Zeit zu sparen.

Das alles wollte mitgenommen werden, und dann kam der Herr, der Maharishi chauffieren sollte, in einem Volkswagen vorgefahren. Er hatte sich wohl vorgestellt, nur Maharishi und seine kleine Teppichrolle transportieren zu müssen. Glücklicherweise besaß er auch einen Opel Kombi und fuhr sogleich wieder nach Hause zurück, um ihn zu holen. Als er ihn beladen hatte, brauchten die Reifen mehr Luft. Der Wagen senkte sich tiefer und tiefer auf die Straße!

Leute mit Blumen säumten den Bürgersteig. Einige hatten an Fotoapparate gedacht. Kurz bevor Maharishi in das Auto einstieg, lud er Roland, Theresa und mich zu einem gemeinsamen Foto ein. Wir waren den ganzen Morgen herumgehastet und keiner von uns war auf ein Foto vorbereitet, aber Maharishi gab Lou Lee ein Zeichen, und Lou machte eine Farbaufnahme, obwohl es an diesem Morgen sehr bewölkt war und er daran zweifelte, daß sie gelingen würde. Das Bild gelang nicht nur, sondern es wurde eine recht ungewöhnliche, eine wundervolle Erinnerung an einen herrlichen Sommer.

Ein Meditierender nach dem anderen trat an das Autofenster heran, um eine Blume und einen Segen zu empfangen. Dieser ungewöhnliche Mensch, diese bezaubernde und heitere Persönlichkeit, war mit seiner natürlichen, liebevollen Art in unser Leben getreten — und nun mußten wir uns von ihm trennen. Die Gesichter waren gefaßt, aber in allen Augen schwammen Tränen, die nicht überfließen durften. Es war gut, die Blume zu haben, um damit zu winken, um den Händen etwas zu tun zu geben und um das Gesicht darin zu verbergen.

Maharishi, begleitet von Mata-ji und Lachsman, verläßt ‚433'.

Während ich darauf wartete, daß die Reihe an mir war, an das Autofenster heranzutreten, wußte ich, daß ich nichts würde sagen können. Es gab zu Vieles, wofür ich dankbar war. Seine Gegenwart in unserem Haus; das Lachen in unseren Räumen; der verwunderte Ausdruck auf seinem Gesicht, wenn er sich bemühte, uns zu verstehen; die Komödien und Aufregungen, die er mit uns geteilt hatte; die Gesänge im Badezimmer; die Spiele mit den Kindern und den Siamkatzen; die schönen, blumengefüllten Tage; die große, glückliche Familie, die sich um ihn geschart hatte. Das alles hatte er uns gebracht, und, was noch wichtiger war, den heiligen, stillen Frieden der Seele.

Nein, es war nicht möglich zu sprechen. Nur die Blume zu überreichen und zu lächeln.

Die Menge drängte sich näher an das Auto heran, als es langsam den Harvard Boulevard herunterrollte, fort von ‚433'.

Nach einem herzerfrischenden Lachen über die Möglichkeit, daß das vollgepackte Auto es womöglich nicht schaffte, winkten wir mit unseren Blumen und flüsterten den Segensspruch, den unser geliebter Meister uns gelehrt hatte:

„Jai Guru Dev, . . . Maharishi, . . .

JAI GURU DEV."

ANMERKUNGEN

1 Kapitel 4 – Hat jemand den Präsidenten angerufen?
Wissenschaftliche Untersuchungen aus späteren Jahren bestätigten, daß die regelmäßige Ausübung der TM-Technik bemerkenswerte Verbesserungen in der Physiologie, der psychischen Verfassung und dem sozialen Umfeld des einzelnen bewirkt. Diese Ergebnisse sind in den wissenschaftlichen Untersuchungen im Anhang A zusammengefaßt. Unter den Resultaten finden sich: eine natürliche Änderung der Atemfrequenz und des Atemvolumens (siehe A 11), Verbesserung der Wahrnehmung (I 2) und kürzere Reaktionszeit (I 1), erhöhte Intelligenz und Kreativität (L 1), größere Geordnetheit der Gehirnfunktion (D 10), verminderte Angst (K 24) und Abbau von Schlaflosigkeit (G 5).

2 Kapitel 4 – Hat jemand den Präsidenten angerufen?
1977 bot Maharishi, Begründer der Weltregierung des Zeitalters der Erleuchtung, der ganzen Menschheit vorbehaltlos das Geschenk der Unbesiegbarkeit für jede Nation an. „Wenn jede Nation unbesiegbar wäre", erklärte Maharishi, „würde Frieden Wirklichkeit werden". Gemäß Maharishis Worten liegt das Ideal der Unbesiegbarkeit darin, daß ein Feind gar nicht erst geboren wird. Das ist nur möglich, wenn das kollektive Bewußtsein einer Nation so rein geworden ist, daß die Nation als Ganzes nur lebensfördernde Einflüsse hervorbringt und die Gesetze der Natur nicht verletzt.
Wissenschaftliche Untersuchungen haben gezeigt, daß Harmonie und Geordnetheit im kollektiven Bewußtsein einer Bevölkerung wachsen, wenn ein Prozent der Bevölkerung eines Landes die Technik der Transzendentalen Meditation ausübt. Auf ähnliche Weise wird eine Nation unbesiegbar, wenn ein Prozent des Landes TM praktiziert. Maharishi sagt dazu: „Die Nation, die diese Technik übernimmt, um Unbesiegbarkeit zu erlangen, wird erkennen, daß die Na-

tur in ihrem Namen arbeitet und daß sich keine Feinde gegen sie erheben werden. Nicht einmal mit negativen Absichten wird ein solches Land von außen konfrontiert werden."

3   Kapitel 5 — Zu Hause — in ‚433'
Eine wissenschaftliche Studie von 1975 zeigte, daß die Toleranz mit der Ausübung der Transzendentalen Meditation wächst.

4   Kapitel 8 — Frieden und Panik
Wissenschaftliche Untersuchungen, die Anfang 1970 durchgeführt wurden, bestätigen, daß die Herzfrequenz während der Technik der Transzendentalen Meditation signifikant abnimmt (A 7).

5   Kapitel 9 — Von Zehen und Rosen
1971 wurde die ‚Maharishi International University' in den USA gegründet, um den Studenten einen Lehrplan zur Verfügung zu stellen, der das volle Potential ihres Bewußtseins entfaltet. Die in Fairfield, Iowa, gelegene M.I.U. bietet reguläre, anerkannte Kurse an, die zu einem Abschluß als B.A. (Bakkalaureus der Philosophie) und M.A. (Magister der Philosophie) führen. Alle Kurse zentrieren sich um die Wissenschaft der Kreativen Intelligenz und deren praktischen Aspekt, das Programm der Transzendentalen Meditation, die Maharishis Wissensgrundlage darstellt. Sie basiert auf dem Wissen der alten Veden, welches die volle Reichweite eines erleuchteten menschlichen Bewußtseins entfaltet.

6. Kapitel 10 — Die große Automatik
1972 zeigte eine Studie, daß bei Personen, die TM über einen längeren Zeitraum von durchschnittlich 20 Monaten praktizierten, der Zigaretten- und Alkoholkonsum abnahm. Andere Studien haben einen noch bemerkenswerteren Rückgang bei Drogenmißbrauch festgestellt.

7   Kapitel 10 — Die große Automatik
Anfang 1970 fanden Wissenschaftler heraus, daß das Programm der Transzendentalen Meditation die Streßebene bei Gefangenen herabsetzt, was sich in einem besseren sozialen Verhalten ausdrückt (N 3). TM hat ebenfalls einen bemerkenswerten Einfluß auf die Jugendkriminalität, wie durch die Abnahme von angstbezogenem Verhalten und durch größere Selbstverwirklichung aufgezeigt wird (K 8).

8   Kapitel 10 — Die große Automatik
1974 entdeckten Wissenschaftler, daß die Teilnahme von einem Prozent der Bevölkerung am Programm der Transzendentalen Meditation genügt, um die Kriminalitätsrate, die Unfallrate und die Krankheitsrate herabzusetzen. Dies führt zu wachsender Harmonie, Geordnetheit, Kreativität und Wohlstand. Wissenschaftler haben daraufhin dieses Phänomen den Maharishi-Effekt genannt. Dieses Resultat zeigt fraglos an, daß es möglich ist, jetzt, in dieser Generation, eine ideale Gesellschaft zu verwirklichen.

Auf der Grundlage dieses Ergebnisses hat Maharishi am 12. Januar 1975 die Morgendämmerung des Zeitalters der Erleuchtung angekündigt. Damals sagte er: „Wenn ein Prozent der Bevölkerung die Technik der Transzendentalen Meditation praktiziert, werden ideale Gesellschaften entstehen, ideale Nationen und eine ideale Welt. Die Gesellschaft wird durch Harmonie und dynamischen Fortschritt charakterisiert sein. Die Erziehung wird ideal sein und voll entwickelte Bürger hervorbringen. Die Gesundheit wird vollkommen sein. Jede Kultur wird belebt und in ihrer Integrität gestärkt. Die Erfolge jeder Regierung werden zunehmen. Die Nationen werden sich zur Unbesiegbarkeit erheben. Die Natur wird im Gleichgewicht sein — die Jahreszeiten werden rechtzeitig kommen, die Ernten werden reichlich sein, und es wird keine Naturkatastrophen geben. Frieden wird unter den Nationen der Menschheit herrschen. Die ganze Welt wird im vollen Sonnenschein des

Zeitalters der Erleuchtung leben."

9 Kapitel 11 − Mittsommernächtliche Pläne
Aufgrund der tiefgreifenden Wirkungen der TM auf das kollektive Bewußtsein, revidierte Maharishi später diese Aussage, da sich gezeigt hatte, daß hierzu bereits 1% der Weltbevölkerung genügt.

ABSCHLIESSENDE BEMERKUNGEN

von Tina Olson

Mama verbrachte Stunden mit dem Schreiben, manchmal den ganzen Tag — kein Morgengeplauder im Schlafzimmer mehr mit ihr. Alle Gedanken und Aktivitäten kreisten um das Buch. „Es muß so perfekt, so vollkommen geschrieben werden, wie es damals geschah", sagte sie. Sie sprach darüber, daß in einigen Jahren Maharishi und die TM-Bewegung in der ganzen Welt bekannt sein würden. „Ich muß von seinen ersten Tagen in den Vereinigten Staaten so genau wie möglich berichten."

Ich fragte mich, warum sie diese Geschichte den vielen anderen Erlebnissen in ihrem Leben vorzog, um darüber zu schreiben. Warum diese Konzentration auf Maharishi, und warum glaubte sie, daß diese Geschichte eines Tages historischen Wert haben würde und von ‚Hunderttausenden von Menschen in der ganzen Welt' gelesen würde? Nun, dies war nicht das erste Mal, daß die Voraussicht einer Mutter den relativ begrenzten Gesichtskreis eines sechzehnjährigen Mädchens bei weitem überschritt, und ich muß sagen, daß ich dankbar bin, daß sie auf ihrem Vorhaben bestanden hat. Dieser bezaubernde und gleichzeitig völlig authentische Bericht von Maharishi Mahesh Yogi's erstem Besuch in den Vereinigten Staaten und dem daraus folgenden Beginn der TM-Bewegung, ist tatsächlich von Tausenden von Menschen in der ganzen Welt gelesen worden. Und nun ist er historisch geworden — eine intime Nacherzählung von Begebenheiten — aber trotz alledem ein historischer Bericht.

Es war Maharishi, der zuerst vorschlug, daß Mutter ein Buch „über diese Anfangstage der Bewegung" schreiben sollte. Sie hatte immer ein Buch schreiben wollen und verbrachte Stunden damit, jung und alt mit ihren Geschichten zu unterhalten, wie sie in der ‚St. Cecilias's School' für junge Damen in Tennessee erzogen worden war. Sie erzählte uns, wie sie einmal auf einen alten Apfelbaum kletterte, um in die Waschküche der Nonnen zu gelangen. Sie wollte wissen, wie sie selbst als Nonne aussehen würde. Die Tatsache, daß die Kleider zum Einweichen im Waschkessel lagen und nun in großen, tropfnassen Falten an ihr herunterhingen, störte nicht im geringsten ihre Vorstellung von sich selbst als einer potentiellen geistigen Mutter.

Wir wollten, daß sie diese Geschichten aufschrieb. Ihre Erzählungen waren so lustig und spiegelten so lebensnah die Stimmung jener Zeit wider. Mutter brauchte jedoch Maharishis Ermutigung, damit sie tatsächlich mit dem Schreiben begann.

Als Maharishi ‚433‘ für einige Wochen verlassen wollte, sagte er zu Mutter: „Während ich fort bin, kannst du dieses Buch schreiben."

Das Chaos, welches dieser Aufforderung folgte, übertraf bei weitem die Turbulenzen, wie sie in dem Buch beschrieben werden. Erst mein Vater brachte Ordnung in die Situation, in der Mutter sich vergeblich bemüht hatte, die Organisation des Familienlebens auf ihre schriftstellerische Tätigkeit einzustellen. Vater hingegen schaffte dies mit der gleichen, ruhigen Leichtigkeit, die sein gesamtes Leben charakterisierte, und so hatte Mutter Zeit zu schreiben, zu schreiben und zu schreiben! Als Maharishi zurückkam, war das Buch fertig.

Nun kamen Augenblicke großer Aufregung, als ein Kapitel nach dem anderen Maharishi vorgelesen wurde. Das geschah gewöhnlich spät am Abend, nach einem langen, arbeitsreichen Tag. Gelegentlich schien es so, als sei Maharishi eingeschlafen, und der Vorleser schwieg. (Mutter war viel zu nervös, um das Buch selbst vorzulesen). Sofort bat Maharishi darum fortzufahren. Er hatte kein Wort verpaßt und steuerte ab und zu sogar einige Erinnerungen mit bei.

Mutters Buch war für uns alle eine vollkommene Freude — obwohl es nicht nötig ist, daß jeder weiß, daß ich mich manchmal über den Abwasch beklagte. Die Geschichte ist so natürlich; sie spiegelt die Unbefangenheit aller Beteiligten wider.

Ich erinnere mich, daß ich einmal gebeten wurde, ein paar Nächte bei unseren Nachbarn zu schlafen. Es waren zwei ältere Schwestern, von denen eine einen Unfall gehabt hatte. Sie fragten mich, ob ich bei ihnen bleiben könne, für den Fall, daß in der Nacht irgendetwas passierte. Als ich im Bett lag und auf die Aktivitäten in unserem Haus lauschte, sehnte ich mich wirklich danach, dort zu sein. Während des Vortrages war das Haus still und doch lebendig. Man wußte einfach, daß etwas Interessantes dort drüben geschah.

Nach dem Vortrag nahm die Aktivität wieder zu. Ich hörte das Rücken von Stühlen, angeregtes Sprechen und an- und abschwellendes Gelächter, gekrönt von Maharishis vollem, herzlichem Lachen; ich hörte, wie der Kühlschrank geöffnet und wieder geschlossen wurde und Papa heiße Schokolade zubereitete. Mutter rief: „Möchte irgend jemand noch etwas mehr?" „Warum bin ich nur nicht dort?" seufzte ich innerlich.

In späteren Jahren habe ich viele Leute getroffen, die sich genauso fühlten, wie ich in jener Nacht, und andere, die diese vertraute Zeit noch einmal zurückholen wollten. Aber wir können nicht zurückgehen. Die Natur des Lebens ist es, sich auszudehnen, in immer größere Freude hineinzuwachsen, bis zu einem Zustand der Erfüllung. Es ist aufregend, in dieser Zeit zu leben. Die Gegenwart ändert sich so schnell, daß wir dabei die Zukunft ständig im Blick behalten müssen. Phänomene, die man gestern noch für unmöglich hielt, werden heute mit Leichtigkeit vollbracht. Und doch ist es inmitten dieser ‚Super-Sound'-Evolution immer noch möglich, ein Flüstern aus der Vergangenheit zu hören, eine Stimme, die die Geschehnisse einer besonderen Zeit so deutlich und klar erzählt, daß man für einige Stunden meint, man ist dabei.

NACHSCHRIFT DER AUTORIN

DANKSAGUNG AN DIE FAMILIE SMITH
„Curly" (Gerald A.), Georgette und Christy.
In der freundschaftlichen und gastlichen Atmosphäre ihres Hauses fand ich die richtige Umgebung, um mehr zu ‚Als Maharishi kam', zu schreiben.

Jetzt schreiben wir das Jahr 1975, und Maharishi hat diese Zeit zur Morgendämmerung des Zeitalters der Erleuchtung erklärt.
„Noch ist es dunkel", sagte er im Januar 1975 in Hertenstein in der Schweiz, vor Tausenden seiner Führer und Lehrer, vor einem internationalen Mitarbeiterstab und der internationalen Presse, „aber die Morgendämmerung beginnt in der Dunkelheit, und die ersten Lichtstrahlen künden uns an, daß bald mehr Licht kommen wird. Durch das Fenster der Wissenschaft sehen wir die Morgendämmerung des Zeitalters der Erleuchtung."
Für mich war, ohne daß es einer formellen Erklärung bedurft hätte, 1959 das Jahr, in dem die ‚Ankunft des Lichtes der Intelligenz' geschah. Zu einer Zeit, als die Erfahrungen der Menschen von Kriegen geprägt waren, von ökonomischer Instabilität, von einem Zusammenbruch der Autorität der Kirche, des Staates, der Schulen und der Familie, kam ein feiner Hoffnungsstrahl zu uns von einem Yogi aus Uttar Kashi, Himalaya, Indien, der in großer Einfachheit seinem ersten westlichen Publikum erklärte:
„Ich bin gekommen, um der ganzen Welt zu sagen, daß der Mensch nicht geboren wurde, um zu leiden; nein, er wurde geboren, um Freude zu erfahren."
Er erklärte weiter, daß dieser Zustand auf natürliche Weise durch eine einfache, geistige Technik erlangt würde, die er allen Menschen in der Welt zu geben bereit sei. Als ich mit ihm 1972 in Mallorca, Spanien, in einem kleinen Hotelzimmer zu-

sammensaß, wurde ich unwillkürlich von der Größe seiner Gedanken ergriffen, als er einen zugegebenermaßen recht ehrgeizigen Weltplan ankündigte, um die uralten Probleme der Menschheit in dieser Generation zu lösen: je einen ausgebildeten, qualifizierten Lehrer für 1000 Menschen in der ganzen Welt und ein Weltplancenter für je eine Million der Bevölkerung; eine Aufgabe, die in vier Jahren erfüllt sein sollte.

1972 war das Jahr des Wissens.
(Entwicklung und Vervollständigung von Öffentlichkeitsmaterial, Broschüren, Ausstellungen und Planungen von Lehrerausbildungskursen).

1973 war das Jahr der Aktivität.
(Durchführung internationaler Symposien unter Teilnahme von hervorragenden Wissenschaftlern und Vortragsrednern aus Kunst, Wissenschaft und Literatur sowie Nobelpreisträgern. Persönliche Besuche von Maharishi in vielen Ländern. Durchführung von Lehrerausbildungskursen in verschiedenen Ländern.)

1974 war das Jahr des Erfolgs.
(Berufung qualifizierter Lehrer der Transzendentalen Meditation in Länder der ganzen Welt. Durchführung von Lehrerausbildungskursen. Strukturierung der ‚Maharishi International University'. Kurse über die Wissenschaft der Kreativen Intelligenz werden in internationale Erziehungssysteme integriert.)

1975 war das Jahr der Erfüllung, die Morgendämmerung des Zeitalters der Erleuchtung.
(Ausbau aller Kommunikationskanäle – Presse, Fernsehen und Radio. Gründung der ‚Maharishi Eurpoean Research University', deren Hauptaufgabe es ist, Forschung über höhere Bewußtseinszustände voranzutreiben und praktische Methoden für die Entfaltung dieser höheren Zustände zu entwickeln.)

Nur die Bezeichnung dieser Jahre wurde von Maharishi 1972 festgelegt. Ich sagte zu ihm: „Aber Maharishi, vom ersten Tag an, als du aus dem Himalaya kamst, hattest du einen Weltplan." Maharishi lächelte sanft. „Ja", sagte er, „so ist es. Nur ist jetzt ein Weltplan zu DEM WELTPLAN geworden."

Maharishis Art, seine weitreichenden Ideen in eine solch einfache und ansprechende Sprache zu kleiden, gab der Handvoll von Leuten, die sich im Sommer 1959 in Los Angeles um ihn geschart hatte, die Zuversicht, jeden seiner Wünsche ausführen zu können und dieses praktische Wissen über ein Leben in Fülle allen Menschen zu vermitteln.

Im allgemeinen stimmte ich all der Erhabenheit, die ihn umgab, liebend gerne zu, aber insgeheim hatte ich einige Zweifel. „Es gibt nur ein kleines Handicap", dachte ich bei mir. „Er kennt die Welt nicht. Er kennt ein paar Leute in Indien, ein paar in Kalifornien. Ihm stehen keine sichtbaren Hilfsmittel zur Verfügung, er hat keinen Presseagenten, keinen Organisator, keinen Reiseagenten, kein Öffentlichkeitsmaterial. Er ist ein einzelner Mann, ein Mönch, der nichts besitzt, außer der Idee, daß alle Menschen in der Welt glücklich werden können." Wie schön! Nun, die Zweifel wurden beseitigt, Grübeleien wurden beseitigt, Aktivitäten begannen, und die Erfolge stellten sich schnell ein.

Den ganzen Sommer 1959 über hatte Maharishi darum gebeten, fast gefleht, mit Wissenschaftlern sprechen zu können. Wir schrieben das seinem eigenen, wissenschaftlichen Hintergrund zu (er hatte an der Universität in Allahabad Physik studiert). Einige Male kamen Leute zur Unterweisung und setzten in die Spalte des Fragebogens, in der nach dem Beruf gefragt wurde, ‚Wissenschaftler' ein. Das verursachte eine Welle der Aufregung, aber gewöhnlich hatten diese Leute — sehr gewissenhaft gegenüber dem, was sie Wissenschaft nannten — nicht das Format, nach dem Maharishi suchte. Trotzdem verbrachte er Stunden damit, mit jedem zu diskutieren, der ein tieferes Interesse an der Erforschung der Wirkungen des Programms der Transzendentalen Meditation auf den Körper zeigte. Als ein Mann einmal versicherte, daß sich während der Ausübung der TM aus dem Gesicht des Meditierenden Licht nachweisen lassen müßte, rief Maharishi Roland zu sich ins Studierzimmer. „Wo könnten wir in diesem Haus ein wissenschaftliches Labor einrichten?" Das Haus platzte, seit Maharishi es betreten hatte, mit all seinen vierzehn Zimmern aus den Nähten. Gelegentlich waren sogar unsere Schlafzimmer und Ankleidezimmer mit belegt, wenn wir nicht zu Hause waren.

„Wie wäre es mit dem Keller?" fragte Roland.

„Zu dunkel," sagte jemand. Maharishi lächelte und sagte: „Genau richtig für das Studium des Lichts".

So begann Roland, den Keller herzurichten. Alles, was er brauchte, war ein neuer Platz für den Christbaumschmuck, für ausgediente Kindermöbel, Geschenkkästchen, die zu gut waren, um sie fortzuwerfen und für all den Kleinkram, den eine Hausfrau aufzubewahren pflegt. Ich weiß nicht, wo Roland das alles gelassen hat; ich habe seitdem sehr wenig davon gesehen – und ein ordentliches Labor entstand. Viele Tests wurden in dem improvisierten Labor durchgeführt. Oft jedoch wiegte Maharishi seinen Kopf und sagte: „Es ist zu grob. Wir brauchen feinere Instrumente." Jene von uns, die die ersten Freuden und wohltuenden Wirkungen der Transzendentalen Meditation am eigenen Leib erfuhren, wunderten sich über Maharishis Interesse an der Wissenschaft. Wer konnte 1959 ahnen, daß eine Botschaft, die der Welt von einem Yogi aus dem Himalaya überbracht wurde, sich eines Tages zu einer Wissenschaft entwickeln würde. Hierdurch wurden ihre Wirkungen wissenschaftlich wiederholbar und anhand wissenschaftlicher Untersuchungsmethoden nachweisbar. (*) Siehe Fußnote S. 198

Und doch war es nur durch diese Art des Vorgehens möglich, daß schließlich wahre Menschenmassen die Transzendentale Meditation übernahmen. Das führte dazu, daß das Jahr 1975 zum Jahr der Erfüllung ernannt werden konnte. Wir hatten die Meditation in unser Herz geschlossen, aber intellektuelles Verständnis und Nachprüfbarkeit besitzen eine größere Beweiskraft.

Mein einziger Versuch, Maharishis Wunsch nach Wissenschaftlern zu erfüllen, ist nicht erfolgreich gewesen. An einem heißen Augusttag rief ich die wissenschaftliche Abteilung der U.C.L.A. an. Da ich nicht nachgeben wollte, wurde ich von einer Abteilung zur nächsten verwiesen. Ich zitierte die Wirkungen auf die Gesundheit und wurde schließlich an die medizinische Abteilung weitergeleitet. Dort erklärte ich ausführlich, wie diese Meditation eine sofortige Veränderung in den Funktionen des Körpers bewirkt und Krankheiten bessert und beseitigt. Als Beispiel erzählte ich den Fall einer jungen Epileptikerin, der mich selbst erstaunt hatte. „Obwohl sie unter einer schweren Form der Epilepsie leidet, sind die Anfälle seit Beginn der Meditation immer weniger geworden." Es war jedoch alles umsonst.

Doch die Folge davon war, daß ein meditierender Student für seine Doktorarbeit das Thema „Die physiologischen Wirkungen der Transzendentalen Meditation" wählte. Dr. Robert Keith Wallace legte eine Arbeit von solcher Klarheit vor, auf

---

* Mit der Gründung der M.E.R.U. (Maharishi European Research University) 1975 hat sich Maharishis Wunsch nach einem hochmodernen, wissenschaftlichen Labor schließlich erfüllt. Im Zentrum der Studien höherer Bewußtseinszustände in Seelisberg, Schweiz, werden detaillierte Untersuchungen über elektroencephalographische Veränderungen (EEG) durchgeführt, die während der Ausübung der Technik der Transzendentalen Meditation auftreten, insbesondere bei erfahrenen Versuchspersonen, die die Technik seit etlichen Jahren praktizieren. Ein 17-Kanal Elektroenzephalograph und ein Polygraph, verbunden mit verschiedenen anderen modernen Untersuchungsgeräten, messen Gehirnwellen, Herzfrequenz, Respiration, Hautwiderstand, Elektromyogramme und andere physiologische Parameter; ein 3-Kanal Tachistoskop wird für visuelle Studien benutzt, und ein Von-Bekesy-Audiometer für akustische Untersuchungen. Ein biochemisches Labor wurde kürzlich eingerichtet, um hormonelle und andere biochemische Veränderungen zu messen, die durch die TM-Technik als ein Resultat längerer Fortgeschrittenenkurse in dem TM-Programm auftreten. Siehe Anhang A.

der Grundlage vieler Tests mit empfindlichen Instrumenten so überzeugend dargestellt, daß ein führendes wissenschaftliches Magazin, „Science", sie veröffentlichte und Maharishis Interesse an der Wissenschaft augenblicklich gerechtfertigt war. Die wissenschaftliche Welt war aufgerüttelt worden, und Hunderte von Wissenschaftlern begannen, anspruchsvolle Tests durchzuführen und erweiterten auf diese Weise das Wissen über die Wirkungen der Transzendentalen Meditation. Und über alldem sitzt ein Yogi mit einer großen Wertschätzung für verläßliche Beweise, und er gibt lächelnd den Erkenntnissen der Wissenschaft seinen Segen. Und hieraus sind die wissenschaftlichen Untersuchungsergebnisse hervorgegangen.

ANHANG A

WISSENSCHAFTLICHE UNTERSUCHUNGSERGEBNISSE

Anmerkung des Herausgebers:
  Seit 1970 wurden in Hunderten von wissenschaftlichen Experimenten die Auswirkungen der TM-Technik sowohl auf den einzelnen als auch auf seine Umgebung an der Maharishi European Research University, Schweiz, an der Maharishi International University, U.S.A., und an wissenschaftlichen Forschungsinstituten und Universitäten in der ganzen Welt untersucht. Die folgenden 32 Abbildungen bestätigen die Voraussagen, die Maharishi 1959 über die wohltuenden Wirkungen der TM, wie in dem vorliegenden Buch beschrieben, gemacht hat.
  Die vollständigen Untersuchungsunterlagen finden sich in „Scientific Research on the Transcendental Meditation Program, Collected Papers: Volume I." Herausgeber: David W. Orme-Johnson, Ph.D. und John T. Farrow, Ph.D., veröffentlicht von der MERU-Press 1976 (beim Verlag erhältlich).

Alle Abbildungen aus Maharishi Mahesh Yogi, Verwirklichung einer Idealen Gesellschaft — Ein weltweites Unternehmen, MERU Press 1977

Abbildung A1
EBENEN DER RUHE

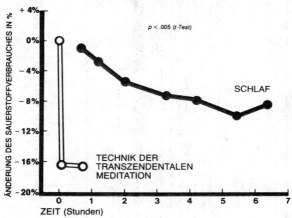

Abbildung A7
VERÄNDERUNG DER HERZFREQUENZ I

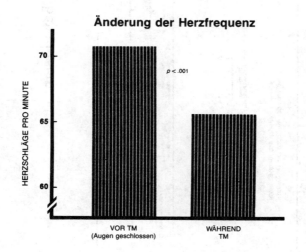

Abbildung A11
STILLSTAND DER ATMUNG

Vollkommene Ruhe im Zustand des Transzendentalen Bewußtseins

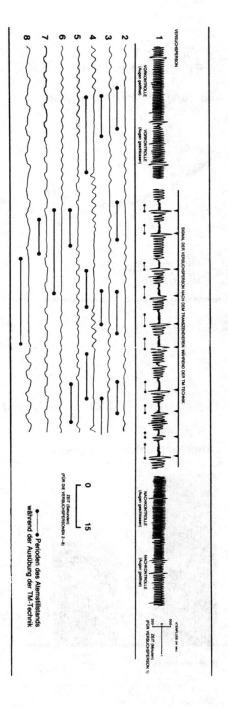

202

Abbildung A10
VERBESSERTES GLEICHGEWICHT IM AUTONOMEN NERVENSYSTEM

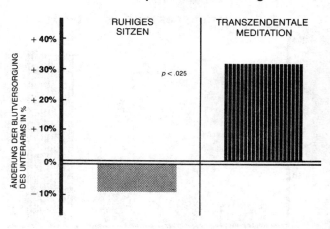

Abbildung B2
BIOCHEMIE DES STRESS-ABBAUS

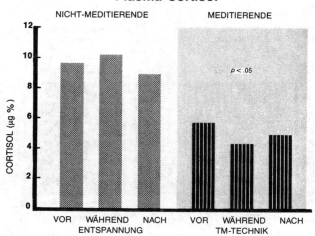

Abbildung C2
ZUSTAND DER ENTSPANNUNG

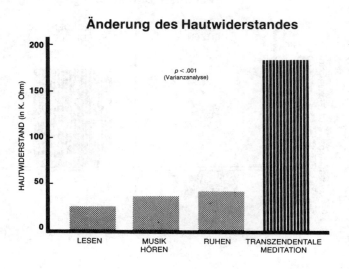

Abbildung D10
KOHÄRENZ DER GEHIRNWELLEN

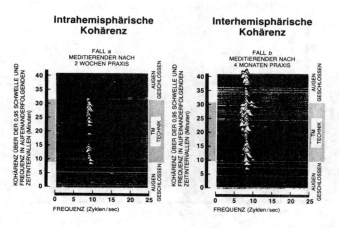

Abbildung E5
ANDAUERN PHYSIOLOGISCHER RUHE WÄHREND DER AKTIVITÄT

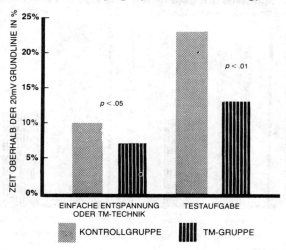

Abbildung D12
KORRELATIONEN ZWISCHEN GEHIRN-WELLENKOHÄRENZ, KREATIVITÄT, NEUROLOGISCHER EFFIZIENZ UND TRANSZENDENTALEM BEWUSSTSEIN

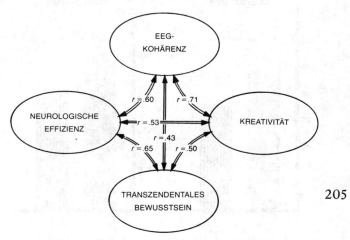

Abbildung F4
GRÖSSERE VEGETATIVE STABILITÄT UND ENTSPANNTERE BEZIEHUNGEN ZUR UMWELT

Ergebnisse nach einer Woche

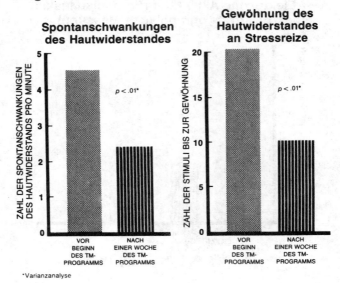

*Varianzanalyse

Abbildung G1
NORMALISIERUNG HOHEN BLUTDRUCKS

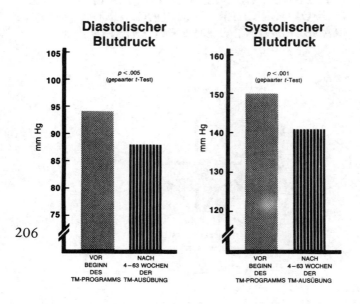

Abbildung G2
SENKUNG DES ALKOHOL- UND ZIGARETTENKONSUMS

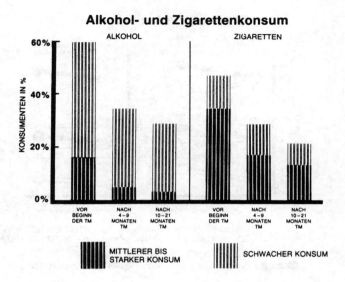

Abbildung G5
ABBAU VON SCHLAFLOSIGKEIT

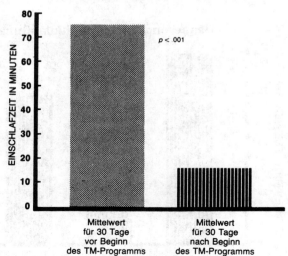

Abbildung G6
NORMALISIERUNG DES KÖRPERGEWICHTS

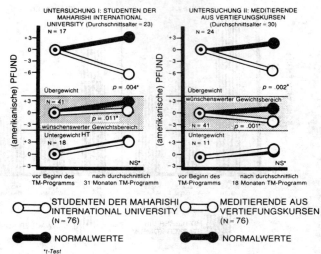

Abbildung G7
HEILENDE WIRKUNG AUF BRONCHIALASTHMA

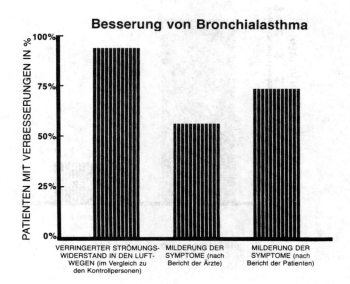

Abbildung G 8
GRÖSSERE KÖRPERLICHE BELASTBARKEIT BEI HERZKRANKEN

(Angina pectoris)

Größere Belastbarkeit bei Körperübungen

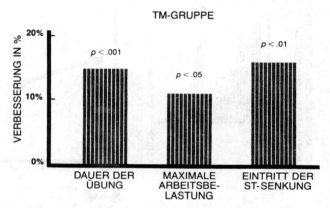

BEI DER KONTROLLGRUPPE TRAT KEINE SIGNIFIKANTE ÄNDERUNG AUF

Abbildung H 1
BESSERE SPORTLICHE LEISTUNGEN

(im Kurzstreckenlauf)

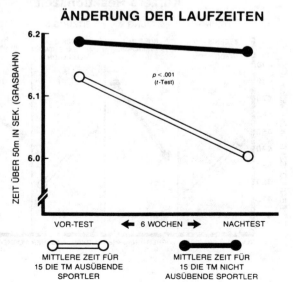

Abbildung H4
BESSERE KONDITION BEI SPORTLERN

Kardiovaskuläre Leistungsfähigkeit

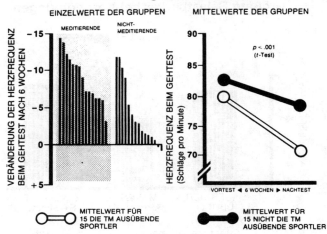

Abbildung I1
KÜRZERE REAKTIONSZEIT

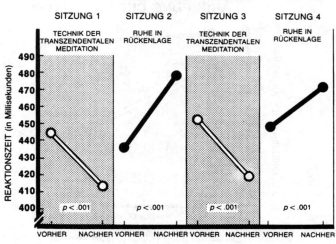

Abbildung 12
GESTEIGERTE WAHRNEHMUNGS-
FÄHIGKEIT

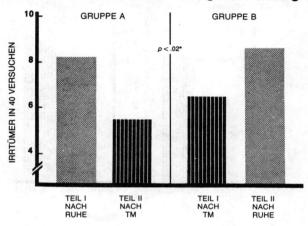

*Varianzanalyse: Meditation—Entspannung

Abbildung 14
GRÖSSERER ÜBERBLICK UND VERBESSERTE FÄHIGKEIT ZU ZIELGERICHTETER AUFMERKSAMKEIT

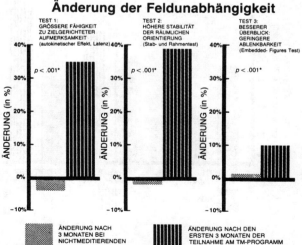

*Varianzanalyse—Wirkung der Meditation

Abbildung J1
STÄRKERES INTELLIGENZWACHSTUM

Zunahme des Intelligenz

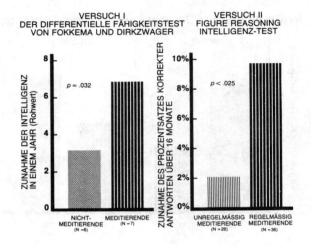

Abbildung J9
BESSERE SCHULISCHE LEISTUNGEN BEI GYMNASIASTEN

Verbesserung der schulischen Leistungen

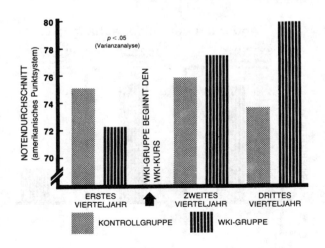

Abbildung K1
ENTWICKLUNG DER PERSÖNLICHKEIT

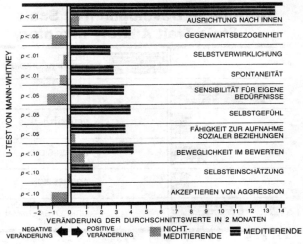

Abbildung K8
HÖHERE GRADE VON SELBSTVERWIRKLICHUNG

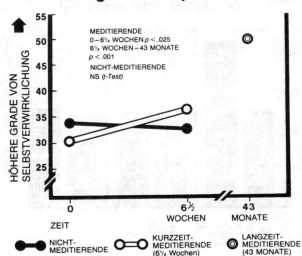

Abbildung K24
BESSERE SEELISCHE GESUNDHEIT –
WENIGER ANGST

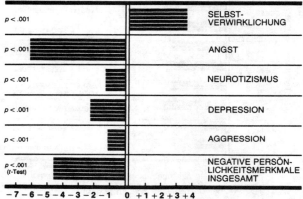

Abbildung L1
ERHÖHTE KREATIVITÄT

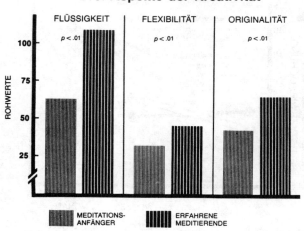

Abbildung M2
GESTEIGERTE PRODUKTIVITÄT II

Angestellte und Führungskräfte

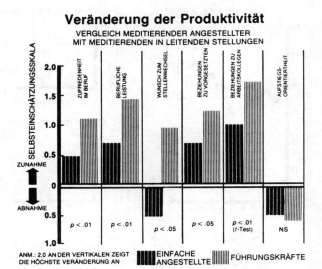

Abbildung M7
VERBESSERUNG DER ARBEITSLEISTUNG

Eine Wiederholung

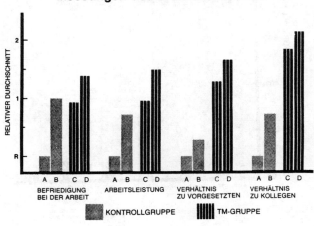

Abbildung N3
REHABILITATION VON STRAFGEFANGENEN
Verbessertes soziales Verhalten

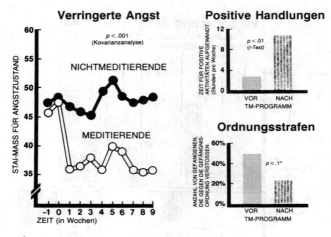

*Mann-Whitney-U-Test: Vergleich von TM-Ausübenden und Nicht-TM-Ausübenden

Abbildung N4
VERRINGERUNG DES DROGEN-MISSBRAUCHS I

(USA)

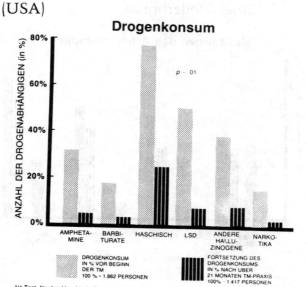

*(t-Test, für den Haschisch Konsum, Lit.2)

Abbildung O1
ANZEICHEN DES ZEITALTERS DER ERLEUCHTUNG

Der Maharishi-Effekt

Verbesserung der Lebensqualität: Rückgang der Kriminalität

Veränderung der Verbrechensrate 1972–1973: Städte, in denen ein Prozent der Bevölkerung die TM-Technik ausübt, im Vergleich mit Kontrollstädten

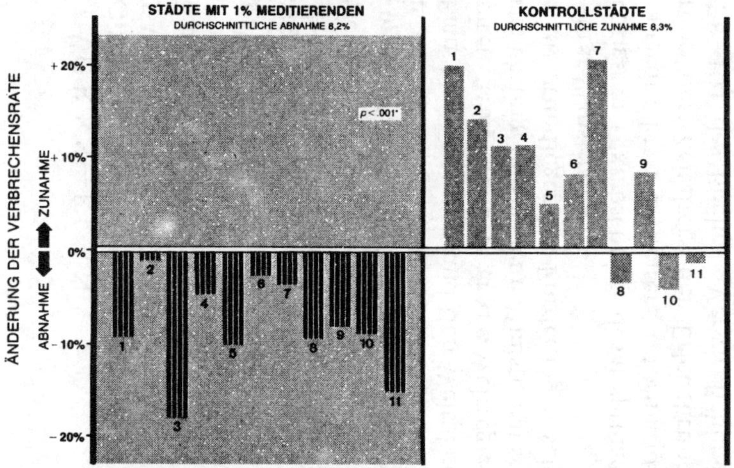
STÄDTE MIT 1% MEDITIERENDEN
DURCHSCHNITTLICHE ABNAHME 8,2%
KONTROLLSTÄDTE
DURCHSCHNITTLICHE ZUNAHME 8,3%
ÄNDERUNG DER VERBRECHENSRATE
ABNAHME
ZUNAHME
+ 20%
+ 10%
0%
– 10%
– 20%
p < .001*
1
2
3
4
5
6
7
8
9
10
11

*Covarianzanalyse — 1% Städte im Vergleich mit Kontrollstädten

STÄDTE MIT 1% MEDITIERENDEN

Name der Stadt	Veränderung
1. Chapel Hill, NC	− 9.3%
2. Ithaca, NY	− 0.6%
3. Lawrence, KS	− 18.4%
4. Bloomington, IN	− 4.5%
5. Carbondale, IL	− 9.9%
6. Iowa City, IA	− 2.5%
7. Ames, IA	− 3.6%
8. Boulder, CO	− 9.1%
9. Santa Cruz, CA	− 7.9%
10. Santa Barbara, CA	− 8.8%
11. Davis, CA	− 15.2%

KONTROLLSTÄDTE

Name der Stadt	Veränderung
1. Rocky Mount, NC	+ 20.2%
2. Poughkeepsie, NY	+ 14.4%
3. Lafayette, IN	+ 11.1%
4. Columbia, MO	+ 11.2%
5. Marshalltown, IA	+ 5.0%
6. Oshkosh, WI	+ 8.3%
7. Norman, OK	+ 20.8%
8. Fort Collins, CO	− 3.2%
9. Monterey, CA	+ 8.5%
10. Costa Mesa, CA	− 3.9%
11. Pleasant Hill, CA	− 1.2%

ANHANG B

DREI-JAHRES-PLAN
DER GEISTIGEN ERNEUERUNGS-
BEWEGUNG
1960 — 1962

Anmerkung des Herausgebers:

Der Drei-Jahres-Plan der geistigen Erneuerungsbewegung, den Maharishi 1959 entwickelte, hat als Grundlage für die Verbreitung der TM-Bewegung während der letzten 20 Jahre gedient. Maharishi hat seit damals einen zweiten Drei-Jahres-Plan, einen Fünf-Jahres-Plan für Studenten und den Weltplan der 70er Jahre ausgearbeitet. 1976 gründete er die Weltregierung des Zeitalters der Erleuchtung, dessen zehn Ministerien so strukturiert sind, daß sie die grundlegenden Forderungen seines ursprünglichen Drei-Jahres-Plans erfüllen.

Wir haben hier die wichtigsten Textabschnitte des ursprünglichen Drei-Jahres-Plans abgedruckt. Für weitere Informationen über die Weltregierung des Zeitalters der Erleuchtung siehe Seite 62—65 und 78—101 des Buches „Verwirklichung einer Idealen Gesellschaft: Ein weltweites Unternehmen", herausgegeben von der MERU-Press 1977 (beim Verlag erhältlich).

GEWIDMET DEN UNBEGRENZTEN MÖGLICHKEITEN DES INNEREN MENSCHEN

Die Schnellstraße
zum Weltfrieden

DREI−JAHRES−PLAN
der
GEISTIGEN ERNEUERUNGSBEWEGUNG
1960 − 1962

Das Ziel der geistigen Erneuerungsbewegung ist die Verwirklichung von universalem Frieden und universaler Harmonie durch die Entwicklung von Frieden und Harmonie im Leben des einzelnen. Das einzigartige Merkmal dieser weltweiten Bewegung, das sie von allen anderen Bewegungen mit der gleichen Zielsetzung unterscheidet, ist ihr praktischer Wert.

Sie gibt dem vielbeschäftigten, weltlichen Menschen einen Schlüssel zur Entfaltung höherer Bewußtseinszustände in die Hand — eine einfache Praxis der Meditation, die es jedem Menschen ermöglicht, Frieden des Geistes, inneres Glück, eine Erweiterung seiner Fähigkeiten und einen angemessenen Sinn für alle Werte des Lebens zu entwickeln.

DIE PHILOSOPHIE DER BEWEGUNG

LEBEN IST SELIGKEIT, seiner wesentlichen Natur nach ist es nicht Kampf.

DER MENSCH IST ZUR FREUDE GEBOREN, ganz sicher nicht, um zu leiden.

DER MENSCH IST AUS SELIGKEIT GEBOREN, AUS BEWUSSTSEIN, AUS WEISHEIT UND KREATIVITÄT.

DAS ALLES WIRD IN FÜLLE VORGEFUNDEN,

WENN DIE BLUME DES LEBENS ZUR VOLLEN BLÜTE ERWACHT – EIN ERBLÜHEN ALLER HERRLICHKEITEN DES LEBENS, INNERER WIE ÄUSSERER.

Wenn die inneren, spirituellen und die äußeren, materiellen Herrlichkeiten bewußt miteinander in Einklang gebracht werden, erreichen wir eine Integration des Lebens. Und nur ein solches Leben ist lebenswert.

DAS LEBEN HAT ZWEI ASPEKTE –
einen inneren und einen äußeren.

INNERES LEBEN IST ABSOLUTES SELIGKEITSBEWUSSTSEIN.
Es ist bedingungslose, ewige Existenz, Glück, Weisheit und Kreativität.

ÄUSSERES LEBEN IST RELATIV.
Es ist Existenz, Glück, Weisheit und Kreativität, bedingt durch Zeit, Raum und Kausalität.

DIE INNERE SPHÄRE DES LEBENS IST DIE QUELLE DER ÄUSSEREN SPHÄRE,
sie ist der Ursprung des äußeren Stromes des Lebens.

DIE UNMITTELBARE VERBINDUNG UND HARMONIE MIT DEM INNEREN LEBEN IST DIE GRUNDLAGE ALLER HERRLICHKEITEN DES ÄUSSEREN LEBENS IN DER WELT.
Der Geist des Menschen ist beständig auf der Suche nach größerem Glück. Wenn er in der rechten Weise nach innen geführt wird, wird er die inneren Herrlichkeiten spontan erfahren.

KONTROLLE DES GEISTES SOWIE AUSGEDEHNTE UND ANSTRENGENDE ÜBUNGEN SIND NICHT NÖTIG, UM DEN GEIST NACH INNEN ZU FÜHREN.
Auf dem nach innen gerichteten Weg liegt der Ozean des Glücks, die Seligkeit des Absoluten, die genügt, um den Geist auf natürliche Weise anzuziehen und den Menschen befähigt, die innere Herrlichkeit des Lebens in

allen praktischen Aspekten zu erfahren.

ES BESTEHT KEINE NOTWENDIGKEIT, SICH VON DER VERANTWORTUNG DES LEBENS ZURÜCKZUZIEHEN, UM EINE INTEGRATION IM EIGENEN LEBEN ZU ERREICHEN UND DAS LEBEN IN SEINER FÜLLE IN DER WELT ZU LEBEN.

ES IST FALSCH ZU GLAUBEN, DASS ES DIE NATUR DES GEISTES SEI ZU WANDERN.

Der Geist wandert nur, um sich irgendwo in der Seligkeit niederzulassen. Wenn er nichts Anziehendes findet, wo er bleiben mag, fühlt er sich nicht glücklich. Dies zeigt, daß das Wandern nicht der Natur des Geistes entspricht. Darum können alle Vorteile einer Kontrolle des Geistes leicht erlangt werden, indem wir den Geist zu dem Bereich der Seligkeit des inneren Lebens leiten und seinen Durst nach Glück stillen.

MAHARISHIS EINFACHES SYSTEM DER TRANSZENDENTALEN MEDITATION IST EINE TECHNIK, DIE AUF DER NATÜRLICHEN TENDENZ DES GEISTES BASIERT, ZU EINER QUELLE GRÖSSEREN GLÜCKS ZU GEHEN.

Darum ist es für jeden Menschen leicht, alle Vorteile der Entfaltung höherer Bewußtseinszustände durch diese Praxis zu erlangen.

MAHARISHIS SYSTEM DER TRANSZENDENTALEN MEDITATION HARMONISIERT AUF EINFACHE WEISE DIE INNEREN UND ÄUSSEREN HERRLICHKEITEN DES LEBENS.

Die materiellen und spirituellen Werte der Existenz werden durch ein goldenes Bindeglied miteinander vereint.

DIESES SYSTEM SCHAFFT NICHT NUR HARMONIE ZWISCHEN DEN MATERIELLEN UND SPIRITUELLEN ASPEKTEN DES LEBENS, SONDERN ERWEITERT DIE HERRLICH-

KEITEN DES MATERIELLEN LEBENS DURCH DAS LICHT DER SPIRITUELLEN ERFAHRUNG: UND HIERIN LIEGT DIE EINZIGARTIGKEIT DIESES SYSTEMS, DAS DEM SCHNELLEN, MATERIALISTISCHEN TEMPO DES MODERNEN LEBENS ANGEPASST IST.

TAUSENDE VON MENSCHEN IN DER GANZEN WELT HABEN ERFAHREN, DASS ES SO IST.

AUF DER BASIS DER PERSÖNLICHEN ERFAHRUNGEN DER MENSCHEN UND MIT IHRER UNTERSTÜTZUNG VERBREITET SICH DIE BEWEGUNG SCHNELL, UM JEDERMANN ÜBERALL IN DER WELT ZU ERREICHEN.

UND HIERAUS IST DER DREI-JAHRES-PLAN HERVORGEGANGEN

EINLEITUNG

von John Smith Hislop, M.A., ED.D.
Los Angeles, Kalifornien

DER DREI-JAHRES-PLAN der Geistigen Erneuerungsbewegung ist das wirkungsvollste Programm zur Erlangung des Weltfriedens, das der zivilisierten Welt bis heute bekannt ist. Sein Ziel ist die Verwirklichung universalen Friedens und universaler Harmonie durch die Entwicklung von Frieden und Harmonie im einzelnen. Es ist ein systematisches Programm, um jedem und allen den maximalen Nutzen der Geistigen Erneuerungsbewegung zu bringen, deren Ziel es ist, durch ein spirituelles Erwachen Disharmonie und Spannung in allen Bereichen des menschlichen Lebens zu neutralisieren.

DAS GRUNDPRINZIP

Das Grundprinzip dieser weltweiten Bewegung besagt, daß in jedem Menschen ein enormes Potential an Energie und Möglichkeiten latent vorhanden ist und daß jeder die grundlegende Fähigkeit besitzt, diesen großen, inneren Schatz zu erschließen und zu nutzen. Da dieses natürliche Geschenk vorhanden ist, gibt es für den Menschen keinen Grund, in irgendeiner Form zu leiden. Und dennoch leidet der Mensch. Er leidet in so vielfältiger Weise ALLEIN aus Unwissenheit darüber, wie er seine inneren Möglichkeiten erschließen und sie vorteilhaft im täglichen Leben anwenden kann. Da er die Technik zur Entfaltung seines inneren Bewußtseins nicht kennt, leidet er im Leben. Alles Leid des Menschen kann beseitigt werden, wenn man ihn in der Kunst unterweist, sein eigenes, inneres Bewußtsein zu entfalten und ihm hilft, seine wirkliche Natur zu erkennen, die frei ist von Unzulänglichkeiten.

DER MENSCH BRAUCHT HILFE

Brauchen die Menschen Hilfe, um den Schatz, der ihnen gehört, aufzufinden, um die Herrlichkeiten ihres eigenen Bewußtseins zu entdecken? Die Geschichte zeigt, daß der Mensch Hilfe braucht. Ein Christus, ein Buddha, ein Krishna kommt in die Welt, um den Menschen zur Erlösung zu führen. In jedem Jahrhundert gibt es bestimmte Menschen, die sich zur Einheit mit dem Göttlichen erheben, und die Menschen nennen sie ‚Meister‘ oder ‚Guru‘ und bitten sie, ihnen den Weg zum ewigen Glück zu zeigen. Religionen entstehen, da der Mensch nach Hilfe ruft, um sein Elend zu überwinden und immerwährende Freude zu erfahren.

WO ?

Wo gibt es heute einen solchen Lehrer? Wo gibt es heutzutage einen großen, spirituellen Führer, der den Menschen einen direkten, gangbaren Weg zu ewiger Freiheit zeigen kann?

Ich sage, daß es einen solchen Mann in der heutigen Welt gibt. Maharishi Mahesh Yogi erhebt keinen Anspruch auf einen Status dieser Art für sich selbst. Er sagt nur, daß er für jeden Menschen, der einen normal funktionierenden Geist besitzt, einen Weg kennt, um tief in sein Inneres einzutauchen, eine Quelle der Energie zu finden, eine Quelle des Friedens und des Glücks und das höchste Ziel des Lebens zu erreichen. Er sagt nur, daß es sein Ziel ist, jedem Menschen zu zeigen, wie er sich von den Sorgen und Anspannungen des täglichen Lebens befreien kann, wie er frei bleiben kann von Unglück und Gebundenheit. Er sagt nur, daß es sein Ziel ist, der Menschheit eine geistige Erneuerung zu bringen und dauerhaften Frieden und Glück in der Welt zu etablieren.

ERHABENER ABSCHNITT IN DER GESCHICHTE

Trotz seiner Weigerung, für sich selbst irgendeinen besonderen Status in Anspruch zu nehmen, ist Maharishi Mahesh Yogi dazu bestimmt, einer der größten spirituellen Führer der Geschichte zu werden. Sein Kreuzzug für die geistige Erneuerung der ganzen Menschheit, durch den direkten und schnellen Weg der Transzendentalen Meditation, ist eine der erhabenen Abschnitte in der Geschichte. Ein Mann aus Indien macht sich auf, den Lauf der Welt zu ändern und universalen Frieden und Glück zu verwirklichen. Vor solch einem Mann, vor solch einem Ideal, vor solch einem heiligen Kreuzzug beuge ich meine Knie in Hochachtung und Verehrung, und ich gelobe meine Hilfe in jeder mir möglichen Weise.

GESCHICHTE DER BEWEGUNG

Die Geistige Erneuerungsbewegung wurde von Seiner Heiligkeit Maharishi Mahesh Yogi im Januar 1958 in Madras, Indien bei einem ‚SEMINAR OF SPIRITUAL LUMINARIES' ins Leben gerufen, das zur Feier des 89. Jahrestages des

Geburtstages des großen spirituellen Meisters, Seiner Göttlichkeit, Swami Brahmananda Saraswati Jagadguru Shankaracharya of Jyotir Math, Himalaya, abgehalten wurde.

Gegen Ende des Jahres rollte eine Welle der Geistigen Erneuerungsbewegung über den Pazifik hinweg halb um die Welt und verursachte eine Bewegung im spirituellen Verständnis Amerikas. Die moderne Botschaft aus dem alten Indien wurde von Maharishi Mahesh Yogi in seinen Abhandlungen dargelegt. Er sagte: „Selbst für den vielbeschäftigten, modernen Menschen ist es nicht schwer, die inneren Herrlichkeiten des Göttlichen zu erfahren". Er erklärte seine Botschaft theoretisch, bewies sie logisch, wissenschaftlich und praktisch, indem er die Menschen dahin führte, sie zu erfahren.

MEDITATION

Nach Maharishi bedeutet Meditation ein Hinwenden der Aufmerksamkeit nach innen, zu den feineren Ebenen des Ozeans des Geistes, bis die höchste Stufe des Lebens erreicht ist und die Quelle grenzenloser Energie, Friedens und Seligkeit erlangt wird.

EINE EINFACHE TECHNIK

Maharishi hat eine einfache Technik der Transzendentalen Meditation entwickelt, durch die alle Ebenen höherer Bewußtseinszustände schnell erlangt werden können. Dabei wird das enorme Potential des inneren Selbstes genutzt, um die latenten Fähigkeiten zu entfalten und alle gewünschten Erfolge im Bereich der Gedanken und Handlungen zu erzielen.

EINZIGARTIGKEIT

Maharishis Technik der Transzendentalen Meditation ist einzigartig, da sie traditionelle Methoden der Meditation, wie sie nicht nur im Westen, sondern auch im Osten praktiziert werden, übertrifft.

Nach Maharishi:

1. Jeder besitzt die Fähigkeit zur Ausübung der Transzendentalen Meditation.
2. Keine besondere Fähigkeit zur Konzentration wird von Seiten des Meditierenden verlangt.
3. Sie erfordert kein Zurückziehen oder Abwenden von den normalen Aktivitäten des täglichen Lebens.
4. Nur ein paar Minuten täglicher Praxis sind notwendig, um sich an den Ergebnissen zu erfreuen.
5. Ihre Wirkungen werden von Beginn an sofort erfahren.
6. Weder ein Studium noch irgendwelche Vorbereitungen werden verlangt, um mit der Praxis der Transzendentalen Meditation zu beginnen und dauerhafte Resultate zu erzielen.
7. Sie ist vollständig frei von Hypnose oder Spiritismus.

ERSTE INTERNATIONALE VERSAMMLUNG

Dem ersten internationalen Kongress der Geistigen Erneuerungsbewegung kommt eine tiefe Bedeutung zu. Hier wurde im Juli 1959 im Sequoia National-Park in Kalifornien der Drei-Jahres-Plan ins Leben gerufen. Er symbolisiert den Traum und das edle Ziel des Menschen, guten Willens zu sein und Frieden in der Welt zu verwirklichen. Wir wollen uns erheben und in unseren Herzen beschließen, daß wir alles tun wollen, um Maharishi Mahesh Yogi zu einem großen Erfolg mit diesem Drei-Jahres-Plan zu verhelfen. Keine Aktivität, die wir je ausführen können, wird eine größere und ehrenvollere Wirkung auf die Welt und uns selbst haben.

DREI–JAHRES–PLAN
1960 – 1962

DAS HAUPTZIEL DES DREI–JAHRES–PLANES IST ES, EINE SOLIDE GRUNDLAGE FÜR EIN MUTIGES, KONSTRUKTIVES PROGRAMM ZU LEGEN, UM SO BALD

WIE MÖGLICH EINE GEISTIGE ERNEUERUNG DER WELT ZU ERREICHEN.

Geistige Erneuerung der Welt bedeutet ein Anwachsen des Friedens, der Harmonie und des Glücks und eine Entwicklung der Möglichkeiten in allen Bereichen des menschlichen Lebens — individuell, sozial, national und international. Sie soll alle Menschen von den Sorgen, Ängsten, der Disharmonie und den Leiden des tagtäglichen Lebens befreien und einen natürlichen Zustand von universalem Frieden und universaler Harmonie erschaffen.

UM DIESES ZIEL ZU ERREICHEN, HAT ES SICH DER DREI–JAHRES–PLAN ZUR AUFGABE GEMACHT, 25 000 ZENTREN IN DER GANZEN WELT ZU ETABLIEREN.

Diese Meditationszentren werden Stätten einer vollständigen Regeneration des Menschen sein, einer harmonischen Entwicklung von Körper, Geist und Seele. In moderner Sprache ausgedrückt, soll in diesen Meditationszentren das Studium der Wissenschaft, der Kunst und der Technologie durch das Studium der inneren Bereiche des Lebens und des Bewußtseins gefördert werden.

Diese Meditationszentren werden die Menschen anleiten, die Herrlichkeiten des inneren Lebens zu entfalten. Dies soll durch Maharishis praktische Technik der Transzendentalen Meditation erreicht werden. Dadurch kann jeder Mensch, der einen normal funktionierenden Geist besitzt, mühelos höhere Bewußtseinsebenen entfalten, dauerhaften Frieden und inneres Glück verwirklichen und latente Fähigkeiten entwickeln. Dies erschließt ihm mehr Energie und größere Möglichkeiten in allen Lebensbereichen.

Damit wird das Leben auf der Erde nicht länger ein Kampf sein. Jeder wird erfahren: LEBEN IST SELIGKEIT.

Der Fortschritt wird auf allen Ebenen vollständig sein, und die Welt wird in einem natürlichen Zustand von Frieden und Harmonie leben.

DAS ZIEL, INNERHALB VON DREI JAHREN 25 000 MEDITATIONSZENTREN IN DER GANZEN WELT ZU ERRICHTEN, WIRD AUF EINE SEHR SYSTEMATISCHE WEISE VERWIRKLICHT.

Unter der direkten Leitung von Seiner Heiligkeit Maharishi Mahesh Yogi werden Lehrer der Transzendentalen Meditation ausgebildet. Sie werden diese Meditationszentren gründen und als Meditationsführer in den jeweiligen Gebieten tätig sein.

VERWIRKLICHUNG DES DREI–JAHRES–PLANES

Nach Abschluß des Drei-Jahres-Planes wird es in der Welt ungefähr 25 000 ausgebildete Meditationsführer geben, die 25 000 Meditationszentren in verschiedenen Ländern leiten.

Zu dieser Zeit wird das Interesse in der Öffentlichkeit geweckt worden sein und etwa ein Zehntel der erwachsenen Bevölkerung der zivilisierten Welt wird Maharishis einfaches System der Transzendentalen Meditation praktizieren und sich an ihren großartigen Wirkungen erfreuen.

DIES WIRD IN DER TAT DER ERSTE WICHTIGE ERFOLG DER GEISTIGEN ERNEUERUNGSBEWEGUNG SEIN.

Maharishi ist der festen Überzeugung, daß zwei weitere Drei-Jahres-Pläne, die auf dieser Grundlage aufbauen, genügen werden, um in der ganzen Welt eine geistige Erneuerung zu bewirken.

INTERNATIONALE MEDITATIONSAKADEMIE

Am Ufer des heiligen Flusses Ganges, im Tal der Heiligen in Uttar Kashi, im Herzen des Himalayagebirges in Indien, wird ein Hauptausbildungszentrum errichtet, das als Leuchtturm für die Geistige Erneuerungsbewegung dienen soll.

Es wird den Komfort des modernen Lebens mit der Heiligkeit und der heiteren Ruhe der Himalaya-Höhlen des alten Indien vereinen. Es wird ein idealer Platz für die Sucher nach Wahrheit sein. 84 separat gebaute und verstreut liegende Meditationshöhlen mit darüber errichteten Zimmern werden den Studenten Platz zum Wohnen bieten. Mit den modernen Einrichtungen des Lebens und der Kommunikation ausgestattet, wird die internationale Meditationsakademie auch einen Vortragssaal und eine Bibliothek besitzen.

AUSBILDUNG IN DER INTERNATIONALEN MEDITATIONSAKADEMIE

Die Ausbildung zum Meditationsführer wird die folgenden Punkte enthalten:
1. Praktische Ausbildung in der Kunst der Ausübung von Maharishis einfachem System der Transzendentalen Meditation.
2. Unterweisung in den theoretischen Grundlagen der Transzendentalen Meditation mit ihren verschiedenen Aspekten — Einfachheit, Universalität, Wirksamkeit und weitreichende Resultate — und ihrer Beziehung zu verschiedenen Lehrrichtungen, philosophischen Schulen und Religionen in der Welt.
3. Studium der Möglichkeiten der Transzendentalen Meditation, die materiellen und spirituellen Werte des Lebens zu harmonisieren.
4. Ausbildung in der Fähigkeit, andere bei ihrer Ausübung der Transzendentalen Meditation zu leiten.
5. Theoretische und praktische Ausbildung in verschiedenen Methoden, perfekte Gesundheit zu entwickeln.
6. Theoretische und praktische Ausbildung in Methoden, geistige Blockaden, Sorgen und Spannungen im Menschen zu beseitigen.
7. Ausbildung in verschiedenen Aspekten der Führerschaft.

UNSERE EINLADUNG

Wir laden die Bürger der Welt ein, sich aktiv an dem Drei-Jahres-Plan zu beteiligen:
— sich über die Sorgen und Ärgernisse des täglichen Lebens zu erheben
— mehr Energie zu gewinnen
— mehr zu erreichen
— mehr und mehr Freude zu erfahren
— und alle Herrlichkeiten des Lebens — die materiellen wie die spirituellen — zu bereichern.

Wir laden einzelne Menschen ebenso wie die FÜHRER VON ORGANISATIONEN ein, an den Ausbildungsprogrammen der Geistigen Erneuerungsbewegung teilzunehmen und die Theorie und Praxis von Maharishis einfachem System der Transzendentalen Meditation zu erlernen. So können sie die großartigen Wirkungen an ihre Mitmenschen und an die Mitglieder ihrer Organisationen weitergeben.

Wir laden die VERANTWORTLICHEN FÜR DAS ERZIEHUNGSWESEN der verschiedenen Länder, die Verwaltungen der Universitäten und Hochschulen ein, mitzumachen und die Professoren dabei zu unterstützen, an einer Ausbildung als Meditationsführer teilzunehmen, so daß sie die Wirkungen der Meditation in das Leben ihrer Studenten integrieren und ihnen dabei helfen können, auf einfache Weise ihre latenten Anlagen zu entfalten und sich zu verantwortlichen und einflußreichen Bürgern zu entwickeln.(*) Siehe Fußnote S. 231.

Wenn darüber hinaus die Kinder angeleitet würden, nur 5 bis 10 Minuten täglich zu meditieren, würden sie niemals unrechte Neigungen entwickeln, wodurch das wachsende Problem der Jugendkriminalität beseitigt wäre.

Wir laden die AUTORITÄTEN DES GESUNDHEITSWESENS aller Länder, die Verwaltungen aller medizinischen Hochschulen und Institutionen, ein, Einrichtungen für das

Studium und die Praxis der Transzendentalen Meditation für all jene zu schaffen, die zu Ärzten, Krankenschwestern und Psychiatern ausgebildet werden und für alle, die an der geistigen und körperlichen Gesundheit der Menschheit interessiert sind, so daß sie den heilsamen Einfluß der tiefen Meditation weitervermitteln können, um Körper und Geist von Streß und Schmerzen zu befreien.(**)

Wir laden die FÖRDERER DES ÖFFENTLICHEN LEBENS aus allen Teilen der Welt sowie die Staats- und Regierungschefs aller Länder, die darum bemüht sind, das Leben ihres Volkes in jeder Beziehung zu verbessern, ein, den Impuls der Geistigen Erneuerungsbewegung aufzugreifen und bei der Einrichtung von Meditationszentren auch im letzten Winkel der menschlichen Zivilisation zu helfen, so daß das System der

---

* Wenn in den Seminaren der Universitäten und Hochschulen eine tägliche Meditationszeit von nur 20 Minuten eingeführt würde und die Studenten sachgemäß angeleitet würden, nach Maharishis einfachem System der Transzendentalen Meditation zu meditieren, würden sich die geistigen Anlagen der Studenten über alle Erwartungen hinaus entwickeln, und dem Zweck der Erziehung wäre besser gedient. „Role of Meditation in the Curriculum" von Maharishi behandelt dieses Thema im Detail.

Maharishis einfaches System der Transzendentalten Meditation ist eine universale Methode, um höhere Bewußtseinszustände zu entfalten und die geistigen Anlagen zu entwickeln.

** Es sei hier bemerkt, daß Maharishis einfaches System der Transzendentalen Meditation von Tausenden von nervösen Menschen als ein nicht-medikamentöses Beruhigungsmittel erfolgreich angewandt wurde. Es löst schnell geistige Verspannungen und beseitigt die eigentliche Ursache aller psychosomatischen Erkrankungen. Siehe Maharishis Broschüre „Transcendental Meditation in Relation to Mental and Physical Health."

Transzendentalen Meditation in die tägliche Routine eines jeden Menschen eingefügt werden kann.

FRIEDEN UND GLÜCK in der Welt können nur dann zu einem dauerhaften Zustand werden, wenn der einzelne darin ausgebildet wird, sich über die Verwirrungen und Sorgen des Lebens hinweg zu höheren Werten zu erheben. Der DREI-JAHRES-PLAN der Geistigen Erneuerungsbewegung hat sich zum Ziel gesetzt, durch die Erleuchtung einer größtmöglichen Gruppe in der kürzest möglichen Zeit den Weltfrieden zu erlangen.

UM DEN DREI-JAHRES-PLAN DER GEISTIGEN ERNEUERUNGSBEWEGUNG ZU VERWIRKLICHEN, WIRD DIE MITARBEIT UND HILFE JEDES EINZELNEN MENSCHEN GEBRAUCHT.

ANHANG C

NIEDERSCHRIFT EINES VORTRAGES
VON MAHARISHI MAHESH YOGI
AN DER UNIVERSITÄT VON SÜD-KALIFORNIEN
25. Mai 1959

Ich bin froh darüber, daß ich heute morgen bei den Studenten von Süd-Kalifornien sein kann. Das Leben eines Studenten ist eine Zeit der Vorbereitung, der Vorbereitung auf ein erfolgreiches Leben. Dies ist die Zeit, in der ihr euch darauf vorbereitet, einen gesunden Körper zu besitzen, einen klaren Geist und eine gute Seele; eine Zeit der Entwicklung aller Bereiche, um das Leben einmal besser leben und sich mehr daran erfreuen zu können und um sicherzustellen, daß es auch zukünftig bergauf geht. Es ist die besondere Aufgabe eines Studenten, sich auf das Leben vorzubereiten.

Wie ihr wißt, ist der ganze Bereich der Aktivität nichts als ein Spiel des Geistes. Ein Mensch mit einem starken Geist ist in der Welt erfolgreich. Er erreicht mehr, bekommt mehr und erlebt mehr Freude. Das alles hängt von der Stärke des Geistes ab. Ihr studiert vergleichende Religionswissenschaften. Mir wurde gesagt, daß ihr Studenten der Weltreligionen seid und daß ihr durch ein vergleichendes Studium aller Religionen versucht, eine klare Vorstellung über den Weg zu erlangen, der zu aller Herrlichkeit des Lebens führt.

Religion ist das Mittel, das zu jeder nur vorstellbaren Entwicklung im Leben führt, zu allen Herrlichkeiten des Lebens und schließlich zu der ewigen Herrlichkeit, die die eigentliche Natur des Lebens ist — ewige Seligkeit. Religion ist der direkte Pfad zu ewiger Seligkeit, zur Erlösung.

Philosophie ist mehr beschreibender Art. Die Philosophie beschreibt die Natur des Lebenszieles. Religion bietet einen Pfad — tue dies und lasse jenes, so daß du freien Eintritt in das

Königreich des Himmels in dir erhältst. Das Reich des Himmels, das Feld ewiger Seligkeit sollte innen und außen erfahren werden. So wie es innen erfahren wird, wird es auch außen erfahren. Alles, was nah und gleichzeitig fern ist, kann am leichtesten an seinem nächstgelegenen Ende erreicht werden. Darum ist es die Absicht aller Religionen, Frieden, Wohlstand und Glück jetzt und für alle Zukunft zu sichern. Es ist das Ziel des Lebens, das moralische Ziel des Lebens, einen tugendhaften Lebenswandel zu führen. Die Religion sagt uns, wie wir dieses und jenes tun sollen, sie beschreibt die Tugenden, beschreibt die Sünde, ermutigt uns, die Tugenden anzunehmen, warnt uns davor zu sündigen. Dies ist der praktische Weg zur Erlösung, dies ist der praktische Weg zu jeglicher Entwicklung im Leben. All das, was wir tun sollen, und die Art wie es getan wird, gehört in den Bereich der Religion. Und das, was als Ziel des Lebens erreicht werden soll, als Resultat religiösen Lebens, nennen wir Philosophie.

Als ich vorgestellt wurde, hat man erwähnt, daß ich aus dem Shankaracharya Orden komme. Die Philosophie von Shankara besagt, daß diese ganze Welt Seligkeit ist, daß man selbst Seligkeit ist und nichts sonst.

All dies ist Brahman. Brahman ist absolute Seligkeit, ewige Seligkeit, die höchste Realität, die Wahrheit der Existenz. So ist all dies Seligkeit, und DAS bin ich, und DAS allein ist. Nichts ist ohne DAS. Es gibt nichts, was DAS nicht ist, und DAS ist Seligkeit, also ist alles Seligkeit. Dies ist die Philosophie von Shankara.

Wie kann man das im Leben verwirklichen? Nun, dies ist die höchste Philosophie in der Welt. Alles ist Seligkeit; allgegenwärtig ist das Königreich des Himmels. Da ihr Religionswissenschaften studiert habt und ein paar der philosophischen Turnübungen kennt, wollen wir untersuchen, wie all dies Seligkeit sein kann, denn wir denken vielleicht, daß Seligkeit als einziges nicht erfahren, alles andere sehr wohl erfahren werden kann. Unglück wird erfahren, Schmerz wird erfahren, auch Glück wird erfahren, aber das, was wir Seligkeit nennen

— Seligkeit bedeutet ein Glück größter Ordnung und dabei von dauerhafter Natur, Glück von größter Intensität und dabei von dauerhafter Natur — kann auch erfahren werden.

Wenn wir sehen, daß alles vergeht und alles sich wandelt und es nichts gibt, was dauerhaft ist... wie kann dann Glück dauerhaft sein? Wie kann diese Blume Glück sein, und wie können diese Blätter Glück sein? Was bedeutet das?

Die Wissenschaft verhilft uns zu dem Schluß, daß diese Philosophie von Shankara, alles sei Seligkeit, nicht die leere Einbildung eines verwirrten Geistes ist. Es ist die Erkenntnis der klügsten, wissenschaftlichen Köpfe. Wir wissen heute, daß die materielle Wissenschaft, die Forschung im Bereich der Chemie, der Materie, erklärt, daß all dies aus Molekülen und Atomen besteht und daß die Atome sich in Elektronen und Protonen aufteilen. Elektronen und Protonen sind nichts als Energieladungen. So ist all dies Energie; all diese Formen sind nichts als formlose Energie. Darüber läßt sich nicht streiten. Es ist eine feststehende Tatsache der Wissenschaft. So ist gemäß der heutigen Wissenschaft die letzte Wirklichkeit dieses Blattes und die letzte Wirklichkeit dieser Blume nichts als formlose Elektrizität, formlose Energie. So sind all diese Formen, die Schönheit der Rose, nichts als eine Projektion dieser formlosen Energie. All das Grün des Blattes ist nichts als eine Projektion der formlosen Energie. So hat uns die Forschung der Wissenschaft zu der Annahme geführt, daß wir durch all diese verschiedenen Formen und Muster und Farben in Wirklichkeit nichts anderes als Energie erfahren. Dies ist die letzte Wirklichkeit der Materie — formlose Energie.

Nun ist die Form also aufgehoben, und was existiert, ist Energie. So können wir heute, aufgrund der Ergebnisse der materiellen Wissenschaft, sagen, daß diese ganze Welt nichts ist als formlose Energie, obwohl wir dieses und jenes und jenes sehr wohl sehen.

Eis ist nichts als Wasser. Jedes Teilchen des Eises ist ein Teilchen von Wasser; und das Eis ist durch und durch Wasser, obwohl wir nichts sehen als Eis. Aber es ist nichts anderes als Wasser. All diese Formen und verschiedenen Erfahrungen der Phänomene sind nichts als formlose Energie. Wenn wir einmal in der Lage sind, die Energie als Grundlage der Existenz zu erkennen, ist alles, was existiert, Energie und nichts anderes. Dies ist eine unumstößliche Tatsache.

Wir können noch weiter gehen in unserer Analyse. Da nun Materie zu Energie reduziert worden ist, sind alle Formen zur Formlosigkeit reduziert worden. Der Bereich der materiellen Wissenschaft ist überschritten. Diese Forschungen gehörten der materiellen Wissenschaft an, also der Forschung im Bereich der Materie. Nun hat die Materie ein Ende gefunden. Aber das ist nicht alles, was die Existenz umfaßt. Wir wissen, daß wir einen Körper besitzen, der materiell ist. Nun wurde festgestellt, daß die Realität des Körpers Energie ist.

Aber es gibt noch einen anderen Aspekt unserer Existenz, und das ist ihr subjektiver Aspekt. Dieser Körper stellt den objektiven Aspekt unserer Existenz dar; Geist, Intellekt, Ego und Seele gehören dem subjektiven Aspekt unserer Existenz an. Die Forschungen im Bereich der materiellen Wissenschaft sind also nur objektiv. Aber sie bieten noch keine vollständige Analyse von allem, was im Universum existiert.

Wenn wir einen Weg hätten, zu feineren Phasen der Analyse vorzudringen, wenn wir herausfinden könnten, woraus der Geist geschaffen ist und woraus der Intellekt gemacht ist und woraus das Ego gemacht ist, so kommen wir letztlich zu einer Schlußfolgerung: Jenes Brahman, jene Seligkeit ist die höchste Wirklichkeit, woraus das Ego gemacht ist, der Intellekt gemacht ist, der Geist gemacht ist und woraus weiterhin, im Bereich der größten Manifestation, der Körper gemacht ist und woraus dieses ganze, grenzenlose, weite Universum gemacht ist. Der gleiche eine Stoff, die gleiche elektronische, protonische Energie, hat sich in die Form des Blattes transformiert, in die Form des Stieles, in die Form der

Blume, in die Form all der verschiedenen Elemente, all der Variationen und Kombinationen im ganzen Universum. So drückt sich die eine, formlose Energie in verschiedenen Formen aus. Führen wir die Analyse des Universums weiter: Die eine, selige Wirklichkeit durchdringt das Ego, den Intellekt, den Geist, den Körper, das ganze Universum. Hier stellen wir nun fest, daß es EINE Wirklichkeit gibt, die sich nie wandelt, daß diese höchste Wirklichkeit unwandelbar ist.

Alle Wandlungen finden im Bereich der Relativität statt – der relativen Ordnung. Die höchste Wirklichkeit aller Relativität ist absolut. Sie wandelt sich nie; sie kennt keine Wandlung; sie ist immer die gleiche, und ihre wesentliche Natur ist Seligkeitsbewußtsein, ‚Sat-Chit-Ananda', und ‚DAS allein ist', und ‚DAS bin ich', und ‚DAS bist Du'. Dies ist die Wirklichkeit des Lebens. Dies ist die Wirklichkeit aller subjektiven Aspekte des Lebens. Dies ist die Wirklichkeit aller objektiven Aspekte des Lebens. Der subjektive und der objektive Aspekt sind die zwei Bereiche unserer Persönlichkeit.

Subjektive Persönlichkeit: Alle Erfahrungen, der Erfahrende in uns – der Erfahrende setzt sich aus allen Eindrücken, die er durch die Sinne, den Geist, den Intellekt und das Ego erhält, zusammen. Und die Seele liegt jenseits des subjektiven und des objektiven Aspektes. Ihr wißt, daß so, wie der objektive Aspekt sich verändert, sich auch die Subjektivität unserer Persönlichkeit verändert. Der Körper ist niemals stetig, er verändert sich. Genauso verändert sich der subjektive Aspekt unserer Persönlichkeit. Der Geist ist immer auf der Suche, immer in Veränderung begriffen. Der Intellekt wandelt sich ständig, das Ego wandelt sich ständig. So wandelt sich also der subjektive Aspekt unserer Persönlichkeit; und ebenso wandeln sich die objektiven Aspekte unserer Persönlichkeit.

An der Wurzel all dieser Wandlung liegt das sich nie wandelnde Prinzip des Lebens; und DAS bin ich; und DAS ist die Wirklichkeit des Lebens. DAS wandelt sich nie, und DAS nennen wir in der Sprache der Shankaracharya-Philosophie Brahman. Die Natur von Brahman ist das, was Christus ‚das

Königreich des Himmels' oder ‚Ich und der Vater sind eins', nannte. Das ist die Ebene der Einheit, die keine Dualität kennt, die alle Bereiche der Natur transzendiert, die subjektiven wie die objektiven.

Das ist das Feld des Absoluten, der Zustand des Seins, der reine Zustand des Seins. Er ist transzendent, er transzendiert die ganze objektive und die ganze subjektive Persönlichkeit — er ist transzendentale Wirklichkeit. Seine Natur ist Seligkeit. Seligkeit bedeutet ein Glück größter Ordnung. Diese Seligkeit, ist allgegenwärtig, da sie die höchste Wirklichkeit ist. Sie ist die höchste Wirklichkeit all der Gase in der Luft, die höchste Wirklichkeit aller Dinge. Und das, was die höchste Wirklichkeit aller Dinge ist, ist der wesentliche Bestandteil aller Dinge. Das allein durchdringt alles. Und das stellt sich in verschiedenen Abstufungen dar, so als ob jener abstrakte, formlose Stoff sich in verschiedenen Abstufungen manifestiert, um zu all den Namen und Formen zu werden, zu all den Aspekten der subjektiven Persönlichkeit des Menschen. Irgendwo ist er zum Ego geworden, irgendwo ist er zum Intellekt geworden, irgendwo zum Geist und irgendwo zu den Sinnen, irgendwo zum Prana, dem Atem, irgendwo zum Körper, irgendwo zu den Fingernägeln, irgendwo zu den Fingern, irgendwo zu der Decke, irgendwo zur Erde, zu Steinen, Bäumen. Er hat sich in verschiedenen Abstufungen manifestiert. Der ganze Kosmos ist aus nichts anderem als den Veränderungen und Kombinationen des einen, unwandelbaren Prinzips entstanden, während es sich wandelt... wandelt. Und dieses Prinzip ist seiner Natur nach Seligkeit. Wenn Seligkeit universal ist, wenn Seligkeit allgegenwärtig ist, wenn Seligkeit innen ist und außen ist, wenn alles Seligkeit ist, warum ist Seligkeit dann aus der Erfahrung verschwunden? Das ist die Frage. Wie kann etwas aus der Erfahrung verloren gehen, das alles durchdringt, das innen und außen ist — wie kann so etwas jemals aus der Erfahrung verschwinden?

Um dieses ‚Wie?' zu beantworten, wollen wir die Funktionsweise unserer Wahrnehmung analysieren. Das Instrumentarium unserer Wahrnehmung ist der Geist, und Wahrnehmung geschieht über die Sinne. Nun wissen wir, daß die Sinne nur solange ein Objekt wahrnehmen können, wie es grob genug ist. Wenn die Blume groß ist, können die Augen sie sehen; wenn die Blume sehr winzig wird, können die Augen sie nicht mehr sehen, und wir brauchen ein Mikroskop. Wenn ein Ton laut ist, können die Ohren ihn hören. Wenn der Ton sehr subtil wird, können die Ohren ihn nicht mehr hören. Wenn ein Duft stark ist, grob, kann die Nase ihn riechen; wenn der Geruch fein wird, kann die Nase ihn nicht mehr riechen.

Wir sehen, daß das Instrumentarium der Wahrnehmung nur fähig ist, die groben Aspekte des objektiven Bereiches zu erfahren. Die feinen Aspekte des objektiven Bereiches erfahren die Sinne nicht. Und da der Geist immer damit beschäftigt ist, Dinge durch die Sinne zu erfahren, ist der Geist nur fähig, sich an den groben Aspekten der Natur zu erfreuen. Der subtile Aspekt der Natur bleibt hinter den Formen und Erscheinungen zurück, da die Maschinerie zu grob dafür ist. Die Sinne haben nicht die Kapazität, das Feine zu erfahren. Die Augen können die winzigen Dinge nicht sehen. Wir brauchen dazu ein Mikroskop und größere Mikroskope, um die feinen Dinge größer zu machen, bis das feinste Objekt schließlich über die Grenze jedes noch so großen Mikroskops hinausgeht. Da der Geist sehr lange Zeit damit beschäftigt war, Dinge durch die Sinne zu erfahren, scheint die Kapazität des Geistes, Erfahrungen zu machen, abgestumpft zu sein. Die subtilen Bereiche der Natur erfahren wir nicht. Unser ganzes Leben spielt sich im Bereich der Erfahrung der gröberen Herrlichkeiten der Natur ab.

Wie wir wissen, liegen Macht und Schönheit in der Feinheit der Natur. Wenn du jemanden mit dieser Blume schlägst, mag es ihm weh tun, aber wenn du ein Atom in der Blume anregen könntest, würde sie explodieren.

Die Macht liegt in der Feinheit der Natur. Du brichst ein Blütenblatt; dadurch entsteht eine gewisse Energie, etwas Wärmeenergie, aber nicht sehr viel. Wenn du aber ein Atom spalten könntest, würde das Ganze explodieren. Die Macht liegt in der Feinheit der Natur, Herrlichkeit liegt in der Feinheit der Natur, Schönheit liegt in der Feinheit der Natur. Die Feinheiten der Natur sind viel faszinierender, bezaubernder, herrlicher, als der grobe Bereich der Natur. Solange wir nur den groben Bereich durch die Sinne erfahren, begrenzen wir unsere Freude am Leben. Der ganze Bereich umfaßt den materiellen den groben, aber auch den feinen Bereich. Der materielle Bereich und unser Leben, wie wir es durch unsere Sinne wahrzunehmen gewohnt sind, ist dem groben Bereich zuzuordnen.

Transzendentale Meditation ist die Technik, durch die der Geist dahin geführt wird, die feineren Herrlichkeiten der Natur zu erfahren; und dann erfährt der Geist bei jedem weiteren Schritt eine größere Herrlichkeit, bis er die Herrlichkeit der Transzendenz erfährt, welche ewige Seligkeit ist. Solange wir nur diese eine Seite erfahren, liegt unsere Wahrnehmung der Erfahrungen im äußeren Bereich. Die Ausdrücke äußerlich und innerlich bezeichnen einfach die grobe Herrlichkeit der Natur und die feine Herrlichkeit der Natur. Wenn sich der Geist irgendwo in der Mitte der Natur befindet, zwischen der groben und der feinen Herrlichkeit der Natur, neigt sich der Geist dieser Seite zu. Und wenn er diese Seite anschaut, wird er von den größeren Herrlichkeiten des Lebens, von dem feineren Bereich der Natur, angezogen. Wenn es einen Weg gäbe, mit der Aufmerksamkeit dort zu bleiben, würde der Geist in dieser Richtung weitergehen, da der größere Zauber, der in diesem Bereich des Lebens liegt, den Geist ganz natürlich anzieht.

Mit jedem weiteren Schritt nähert sich der Geist größerer Herrlichkeit und erfreut sich mehr und mehr an ihr, bis er sich schließlich an der größten Herrlichkeit erfreut, wo die Form des Klanges sich mit der Natur, der Form und dem Geruch zu einem Punkt vereint und dann schließlich noch diesen transzendiert und das Feld des Absoluten erreicht, losgelöst vom Bereich dieser Erde.

Der nach innen gerichtete Weg ist ein Vorwärtsschreiten zu größeren Herrlichkeiten des Lebens hin, zur größten Herrlichkeit hin, zur dauerhaften Herrlichkeit des Lebens, ewiger und absoluter Seligkeit.

Was du im äußeren Bereich erfährst, ist unbedeutend; innen beginnst du, direkt deine eigene Natur zu erfahren. Die Erfahrung deiner eigenen Natur ist die Erfahrung der Seligkeit, die absolut ist, die Erfahrung der allgegenwärtigen, transzendentalen Wirklichkeit.

Es läuft einzig darauf hinaus, dem Geist zu erlauben, die inneren Herrlichkeiten eines bestimmten Mediums zu erfahren, was immer dieses Medium ist. Du nimmst eine Form und reduzierst sie, bis sie zu nichts geworden ist, so daß der Geist in die Transzendenz geworfen wird. Du nimmst einen Klang und reduzierst ihn. Du wanderst in einen subtileren Bereich des Klanges, in einen noch subtileren Bereich des Klanges und kommst zu dieser geistigen Empfindung; und du weißt, sie ist der feinste Klang. Wenn du nun eine Technik hättest, diese geistige Empfindung des Klanges zu reduzieren und die feineren Stadien dieses Gedankens zu erfahren (die geistige Empfindung des Klanges ist nur ein Gedanke) und wenn der Klang allmählich reduziert werden könnte, bis der Gedanke zu nichts geworden ist und der Geist in die Transzendenz geworfen wird, so ist dies der Weg, sich an größeren Herrlichkeiten der Natur zu erfreuen. Darin liegt kein Mystizismus. Der ganze Vorgang ist ein Vorgang direkter Erfahrung. Der ganze Weg dorthin ist ein wissenschaftlicher Weg. All das ist erfahrbar, all das kann auf seine direkte Erfahrbarkeit hin getestet werden, ist wissenschaftlich. Der ganze Vorgang der Transzendentalen Meditation ist wissenschaftlich und er führt dazu, die feineren Herrlichkeiten der Natur zu erfahren und sich letztlich an der Herrlichkeit des Allgegenwärtigen zu erfreuen.

Da der Geist immerfort damit beschäftigt ist, Erfahrungen durch die Sinne zu tätigen, erfährt er nur den groben Bereich der Natur, als ob die Kapazität des Geistes abgestumpft wäre. Laß ihn einige feinere Bereiche der Natur erfahren, und die Kapazität des Geistes, Erfahrungen zu machen, wird wachsen, wachsen und wachsen. Dies ist der Weg, den Geist zu reinigen.

Dies ist der Weg, den Geist zu schärfen. Dies ist der Weg, all die latenten Anlagen, die verborgen im Ozean des Geistes liegen, zu entfalten. Der ganze Bereich der subtilen Natur ist der Bereich des Geistes. Und der ganze Bereich des Geistes ist ein Ozean, der bewußte Geist, der unterbewußte Geist, der überbewußte Geist und endlich reines Bewußtsein. Und so, wie du deinem Geist erlaubst, feinere Phasen eines Mediums zu erfahren, erschließt du tiefere Ebenen des Bewußtseins und erreichst schließlich reines Bewußtsein.

Dieser ganze Bereich ist der Bereich der Psychologie. Aber unglücklicherweise berührt die gegenwärtige Psychologie nur die Oberfläche des Ozeans des Geistes. Es ist der Vorgang der Transzendentalen Meditation, der den Geist dahin führt, mit jedem Schritt einen größeren Zauber zu erfahren. Dabei wird der Geist dahin geführt, alle tieferen Ebenen des Unterbewußtseins zu erschließen und schließlich die Grenze des individuellen Geistes zu überschreiten, zu transzendieren und den Bereich des kosmischen Geistes zu erreichen, den universalen Geist. Der universale Geist ist Kosmisches Bewußtsein und das ist allgegenwärtig. Seine Natur ist Seligkeit.

Ohne die Praxis der Transzendentalen Meditation wird das Leben zu einem Kampf. Du weißt, wenn du jemanden zu einem guten Schwimmer machen möchtest, muß er erst das Tauchen lernen. Wenn er tief in das Wasser hineingetaucht ist, dann kann er auf der Oberfläche gut schwimmen. Wenn du im Innern größere Herrlichkeiten des Lebens und größeres Glück erfährst, dann schwimmst du auf der Oberfläche des Lebens viel besser. Die inneren Ebenen des Ozeans des Geistes müssen berührt werden, die unterbewußten Ebenen des Geistes müssen erschlossen werden, dann werden all die Anlagen, die latent vorhanden sind, all die Macht, all die latenten Fähigkeiten an die Oberfläche gebracht.

Ich möchte die Menschen eine direkte Methode lehren, mit der sie nach innen tauchen, alle latenten Anlagen entfalten und jene Seligkeit im Leben erfahren können. Der Geist ist mit

Seligkeit erfüllt, wenn er wieder herauskommt, voller Energie, voller Frieden, voller Glück, und mit dieser großen Energie, diesem Frieden und Glück, erfreut er sich viel mehr an der Welt. Wir tauchen nach innen, um in die Tiefe des Meeres zu gelangen, dort die Perlen zu sammeln, sie mit hinauf zu nehmen und uns an der Oberfläche an ihrem Wert zu erfreuen. Wir gehen nach innen, tauchen ein, erreichen das Reich der Seligkeit, lassen den Geist damit verschmelzen, lassen den Geist zur Seligkeit werden, lassen den Geist sich damit vollsaugen, wie sich ein Schwamm vollsaugt und kommen dann wieder heraus, angefüllt mit jener großen Seligkeit und erfreuen uns voller Zufriedenheit an der Welt.

Der eine Weg ist also der Gang zum Göttlichen, der eine Weg ist der Gang zur Seligkeit, der andere Weg ist der Gang der Seligkeit in die Welt. Wir gehen zum Göttlichen und bringen das Göttliche in die Welt, und dann wird die Welt göttlich. Und damit entwickeln sich alle Anlagen des Geistes, und mit entwickelten Anlagen des Geistes kannst du dich besser an der Welt erfreuen. Alles wird von Erfolg gekrönt sein. Andernfalls ist das Leben einfach begrenzt, und wenn es begrenzt ist, ist nichts zufriedenstellend. Dann wird das Leben zu einem Kampf, und wir beginnen, das Leben als Kampf zu definieren, während das Leben in Wahrheit Seligkeit ist.

Ohne die Technik des Lebens, wenn wir nicht in der Lage sind, mit dem inneren Raum des Glücks in Kontakt zu treten, stört uns alles, denn nichts in der äußeren Welt wird in der Lage sein, die Menschen zu befriedigen. Die Technik des Lebens ist einfach, in die Seligkeit einzutauchen, den Geist mit Seligkeit zu füllen, selig zu sein und mit dieser Seligkeit herauszukommen — dann ist das Leben Seligkeit. Nichts ist so faszinierend, so bezaubernd, wie den Durst des Geistes nach Glück zu stillen. Der Geist dürstet nach großem Glück, wandert hierhin und dorthin, immer durstig. Es gibt Menschen, die behaupten, man könne den Geist mit einem Affen vergleichen. Man sagt, der Geist sei schlecht und überhaupt nicht fähig, sich zu konzentrieren. Ich weise diese Idee, der Geist sei ein Affe, entschieden zurück. Der Geist ist der König der Könige; der Geist eines jeden Menschen ist ein König der Könige. Ihn einen Affen zu nennen, ist schlimm.

Jeder geachtete Mensch braucht einen angemessenen Platz, auf den er sich setzen kann. Wenn wir sehen, daß ein König hierhin und dorthin wandert, ist es falsch, daraus zu schließen, daß es in der Natur eines Königs liegt zu wandern. Dies stimmt nicht. Der arme Kerl hat keinen angemessenen Platz zum Sitzen. Wie kann er sich setzen? Sein Geist braucht einen angemessenen Platz, einen bezaubernden Platz, einen Platz voller Schönheit, einen Platz großer Freude, und dann wird er ruhen. Nichts in der Welt ist in der Lage, jene große Freude zu geben, die wirklich zufriedenstellend ist. Es gibt in der äußeren Herrlichkeit keinen angemessenen Platz für den Geist, und das ist der Grund, warum er hierhin und dorthin wandert, hierhin und dorthin. Und dann hat man das Gefühl, daß man Abwechslung braucht und daß die Abwechslung dem Menschen Frieden bringt. Das ist eine falsche Annahme. Es ist nicht die Abwechslung, die Frieden bringt. Es ist nur ein Mangel an Herrlichkeit. Die Herrlichkeit ist nicht ausreichend, und darum wird der Geist wie ein Fußball hierhin und dorthin gestoßen.

Ein durstiger Mann, der nirgends Wasser findet, beginnt, die Tautropfen, die am grünen Gras hängen, zu kosten. Warum? Nur weil kein einziger Tropfen ausreicht, seinen Durst zu löschen. Er wird vom nächsten Tropfen angezogen, nicht weil die Herrlichkeit des Tropfens ihn anzieht, sondern weil der erste Tropfen nicht ausgereicht hat, seinen Durst zu löschen. Wenn der erste Tropfen in der Lage wäre, den Geist zu befriedigen, dann würde er sich keinem zweiten Tropfen zuwenden. So ist es also nicht die Herrlichkeit des zweiten Tropfens, die ihn anzieht. Die Unzulänglichkeit des ersten Tropfens stößt ihn ab, und er ist genötigt, sich einem zweiten Tropfen zuzuwenden. Dieser stößt ihn wiederum ab und wiederum ab; so wandert der Geist hierhin und dorthin und dorthin, nicht weil die Herrlichkeit dort größer ist, sondern weil die Unzulänglichkeit sich als noch größer als beim ersten Mal herausstellt. Das ist das Leben. Und der Geist wandert nur, um sich irgendwo in der Seligkeit niederzulassen.

Es ist falsch, daraus zu schließen, daß es die Natur des Geistes ist, zu wandern. Es ist nur der äußere Zwang, der ihn wandern läßt. Was sonst könnte er tun als wandern? Wandern ist nicht die Natur des Geistes. Er wird gezwungen zu wandern, weil er keinen angemessenen Sitz findet. Und er wandert, um sich irgendwo in Seligkeit niederlassen zu können.

Das Prinzip ist einfach falsch, und dann sagen die Leute, daß der Geist eben wandert. Und sie beginnen, den Geist zu kontrollieren. Was ist denn die Kontrolle des Geistes? Der Geist kann durch nichts, was nicht anziehend für ihn ist, kontrolliert werden. Der Geist kann durch nichts kontrolliert werden, was nicht hundert Prozent Seligkeit ist. Wie kann ein durstiger Mensch kontrolliert werden, wenn er kein Wasser bekommt, um seinen Durst zu stillen? Du läufst hinter einem Hund her, um ihn zu fangen, und dann rennt der Hund los, und er rennt schneller und schneller, und schließlich erreichst du ihn, und er beißt dich. Es ist schwierig, den Hund zu kontrollieren. Das beste ist es, ein wenig Futter vor die Tür zu legen, dann läuft der Hund nicht fort. Versuche, den Hund zufriedenzustellen. Wenn du ihn zufriedenstellst, hast du all die Vorteile der Kontrolle, ohne daß du härtere Mittel der Kontrolle anwenden mußt. Hier ist der Weg, den Hund unter Kontrolle zu halten. Ihm nachzulaufen ist eine schlechte Möglichkeit der Kontrolle. Der Versuch, den Geist zu kontrollieren, ohne ein Mittel größeren Glücks anzuwenden, ist eine schlechte Technik der Kontrolle. Es ist ein schlechter Stil der Kontrolle. Dieser Weg kann nicht erfolgreich sein. Nein, der beste Weg ist es, ihm einfach etwas zu geben, das ihn befriedigt. Noch einmal: Füttere den Hund an der Tür, und irgendwann wird er nicht mehr fortlaufen, selbst wenn du ihn schlägst.

Wenn der Geist kontrolliert werden soll, führe ihn einfach zur Seligkeit und schon ist er unter Kontrolle. Das ist der Grund, warum ich eine Technik anbiete, den Geist zu befriedigen und nicht zu kontrollieren. Wir führen den Geist nach innen; es ist ganz natürlich, den Geist nach innen zu führen. Der Geist ist der vielen äußeren Dinge sowieso müde. Er ist schon zu müde, um irgendwo in der äußeren Welt zu verharren. Nur eine kleine Wendung nach innen, und die inneren Herrlichkeiten beginnen, den Geist zu faszinieren, und da dieser Bereich herrlich ist, geht der Geist diesen Weg. Er geht nicht nur, er eilt fort zu den tieferen Quellen. Wir lauschen irgendeiner Melodie, und dann kommt aus einer anderen Quelle eine bessere Melodie. Sofort wendet sich der Geist dieser Melodie zu. Es ist nicht nötig, den Geist zu trainieren, sich an einer schöneren Melodie zu erfreuen. Es nimmt nicht viel Zeit in Anspruch, keine anstrengende Übung, kein Training des Geistes ist nötig, damit er größere Freude erfährt, denn er versucht bereits, sich immer intensiver zu erfreuen. Nur eine Hinwendung nach innen, eine Wendung ist nötig, und der Geist geht glücklich diesen Weg. Wenn du dich einem Licht näherst, nimmt das Licht mit jedem Schritt zu. Wenn du den Geist zur ewigen Seligkeit führst, nimmt das Glück mit jedem Schritt zu; und das wachsende Glück ist eine natürliche Anziehung für den Geist, es verzaubert den Geist, und der Geist geht diesen Weg. Wenn also jemand sagt, die Ausübung der Meditation ist schwierig, und nach innen zu gehen ist sehr schwierig, und das Königreich des Himmels ist schwierig zu erlangen und so weiter und so weiter, dann ist das alles Unsinn. Dies ist alles nur auf der Basis von Unwissenheit gültig, solange die Natur des Geistes nicht bekannt ist.

Es ist nicht die Natur des Geistes zu wandern; die Natur des Geistes ist beständig. Wenn es die Natur des Geistes wäre zu wandern, dann würde der Geist sich glücklich fühlen, glücklich und erfreut, wenn es ihm erlaubt wäre, immer mehr und mehr zu wandern. Alles, was im Einklang mit der Natur geschieht, ist angenehm für den Menschen. Wenn Wandern die

Natur des Geistes wäre, dann würde er sich glücklich fühlen, wenn es ihm erlaubt würde, mehr und mehr zu wandern. Wenn wir dem Geist jedoch erlauben, immer mehr zu wandern, wenn er nichts Angenehmes findet, worauf er ruhen kann, woran er sich erfreuen kann, dann fühlt er sich elend, unglücklich, unzufrieden. Wenn der Geist keinen angemessenen Sitz findet, wenn der Geist keinerlei Medium der Freude findet, dann wandert er von einem Ort zum anderen, und das Wandern macht ihn elend; und so kommen wir zu der Schlußfolgerung, daß Wandern nicht die Natur des Geistes ist. Sich niederzulassen, ist die Natur des Geistes, und dort zu bleiben, ist die Natur des Geistes. Ruhe und Frieden zu erfahren, ist die Natur des Geistes. Der Geist wird nur dann ruhig und friedvoll sein, wenn er in Seligkeit gegründet ist. Nicht weniger als einhundert Prozent Seligkeit wird den Geist zufriedenstellen. Er wird immer suchen, suchen, suchen.

All die gegenwärtigen Systeme der Meditation, welche heute vorherrschend sind, all die Systeme, den Geist zu kontrollieren, auch sie versuchen, den Geist zu verfeinern. Die Methoden der Verfeinerung des Geistes teile ich in zwei Systeme ein. Hier eine Analogie: Da steht ein Haus, ein sehr armes Haus, in einem schlechten Zustand, heruntergekommen, ganz schmutzig und dumpf. Es gibt zwei Möglichkeiten, das Haus zu betreten. Die eine ist, das Haus zu renovieren, es zu säubern, es attraktiv und schön zu machen, so daß du, wenn du dich ihm näherst, das Gefühl hast, daß du gern eintreten möchtest. Das nenne ich objektive Verherrlichung. Du verherrlichst das Objekt, so daß du ihm gegenüber ein gutes Gefühl hast. Hier hast du die objektive Verherrlichung.

Die andere Möglichkeit ist die subjektive Verfeinerung. Du verfeinerst deinen Geist, und was machst du? Du gehst zu dem Haus und fühlst den Schmutz und kommst zurück und gehst wieder hin und fühlst dich abgestoßen und gehst wieder hin, um seinen Schmutz zu erleben und kommst zurück. Du gewöhnst den Geist daran, gewöhnst ihn daran, gewöhnst ihn daran... schmutzig, widerwärtig... und kommst wieder zurück, so daß der Schmutz zur Natur des Geistes wird, und eines Tages ignorierst du ihn und betrittst das Haus. Das ist subjektive Verfeinerung. Das heißt, du gewöhnst den Geist an das Medium, was immer es ist. Das ist am Anfang unangenehm, aber wenn der Schmutz dann zur Natur des Geistes geworden ist, geht er in den Geist ein.

All die heute vorherrschenden Übungen, den Geist zu trainieren, machen genau das. Du lockst den Geist an, du heftest ihn an etwas, du setzt den Geist irgendwo hin. Du setzt den Geist hierhin, du setzt ihn dorthin, du setzt ihn irgendwohin, und dann rebelliert der Geist; und wieder stößt du den Geist dorthin und wieder kommt er zurück. Er kommt zurück, weil er dort keinerlei positive Anziehung findet. Ohne eine positive Anziehung fühlt er sich abgestoßen, und es ist natürlich, daß er sich abgestoßen fühlt. Und wieder drängst du ihn dorthin, und er kommt zurück; so ist alles nur ein beständiges Stoßen und Drängen. Der ganze Vorgang wird zu einer ermüdenden Angelegenheit. Wenn etwas ermüdend ist, nimmt es dem Leben etwas fort, anstatt etwas zu geben. Und wenn es ermüdend wird, sagen die Leute, daß es schwierig ist, den Geist zu kontrollieren und daß der Pfad zur Erleuchtung schwierig ist und daß man keine Erleuchtung erreichen kann, wenn man nicht ausdauernd dafür übt. Sie vermuten einfach, daß die Herrlichkeit der äußeren Welt größer ist und die Herrlichkeit der inneren Welt viel geringer ist, so daß der Geist nicht zu der geringeren Herrlichkeit gehen mag, sondern in der größeren Herrlichkeit bleiben möchte. Dieses ganze Prinzip ist falsch.

Die äußere Welt ist nicht so bezaubernd und besitzt nicht die Macht, den Geist zu faszinieren, denn der Geist ist bereits müde geworden. Nichts in der äußeren Welt kann ihn befriedigen. Dies ist eine tägliche Erfahrung. Innen liegt die größere Herrlichkeit, aber die Methode, sich dieser Herrlichkeit zu nähern, ist falsch. Du schaust in eine Richtung und erfreust dich an den Tropfen. In der anderen Richtung liegt ein großer See. Bevor du dich nicht umwendest, ist es nicht möglich, das dich die andere Seite fasziniert. Du wendest dich dreißig Grad —

die gleiche Misere und dann sechzig Grad, immer noch die gleiche Misere. Die Herrlichkeit liegt darin, dich vollständig umzuwenden, um einhundertachtzig Grad. Wende dich gänzlich um, und du bist da. Doch du beginnst, dich allmählich umzuwenden, zehn Grad, dreißig Grad, neunzig Grad, einhundertdreißig Grad. All dieses Umwenden läuft nur auf eine größere Misere hinaus. Wenn nicht größer, so ist die Misere zumindest gleich. Auf dieser Seite findest du Tropfen der Misere, auf jener Seite ebenfalls. Du findest nicht mehr, als immer nur einen Tropfen. Der Geist ist von Tropfen zu Tropfen gegangen, da der See nun einmal bei einhundertachtzig Grad liegt. Je feiner die äußere Welt, desto feiner ist die innere Natur. Also stelle dich einfach auf diese Seite ein und zwar in einem einzigen Augenblick.

Ich habe gehört, daß man in diesem Land viel über Zen spricht, und man spricht von augenblicklicher Erleuchtung. Aber unglücklicherweise gibt es heute keinen Zen-Meister, der augenblickliche Erleuchtung vermitteln kann. Die Theorie ist in Ordnung; jene Seligkeit ist allgegenwärtig, sie ist bereits da; und ich bin DAS, und du bist DAS, und warum es nicht sofort haben? Aber es sollte einen Weg geben. Der Geist muß verfeinert werden, und der Geist wird verfeinert werden, denn der Geist erfährt das Grobe, um die Fähigkeit zu erlangen, das Subtile zu erfahren. Um die Transzendenz erfahren zu können, sollte der Geist in der Lage sein, alle subtileren Stadien zu erfahren, um schließlich DAS zu erfahren. Also wende dich nur um und beginne, die subtileren Stadien eines Mediums zu erfahren, eines positiven Mediums. Wenn du die subtileren Stadien erfährst, erreichst du direkt die Transzendenz.

So versuchen also all die Meditationsübungen, die heutzutage von allen möglichen Gruppen und Religionen ausgeführt werden, nicht den Geist umzuwenden, sondern sie verändern nur ein wenig die Blickrichtung, und der Geist wird nicht zufriedengestellt. Wenn der Geist nicht zufriedengestellt ist, dann denkt sich ein intelligenter Mensch, daß das Ganze eine Zeitverschwendung ist, und warum sich damit abplagen?

Du gehst zum Tennisplatz und verbringst dort eine Stunde, und du hast ohne Zweifel Freude daran. Du setzt dich hin, schließt die Augen, sprichst über nichts, und du hast das Gefühl, ‚Was soll's, warum Zeit verschwenden?' Das ist der Grund, warum der Trend der Zeit sich wandelt. Die Leute wenden sich von dem Weg nach innen ab, da die Richtung nicht stimmt. Die Richtung, die Führung ist nicht korrekt. Um den Leuten diese direkte Führung und korrekte Anleitung zu geben, habe ich die Geistige Erneuerungsbewegung gegründet und zwar in der ganzen Welt durch den einfachen Vorgang der Transzendentalen Meditation, der den Geist direkt um einhundertachtzig Grad wendet. Dadurch wird die Menschheit geistig erneuert, und der Geist erfreut sich daran. Es läuft darauf hinaus, daß das gesamte innere Leben erfahren wird. Alle Anlagen des Geistes, das ganze Feld der Psychologie wird gewonnen, das ganze Feld der Philosophie wird erreicht. Dies ist die Philosophie von Shankara. Um diese Erfahrung zu ermöglichen, biete ich diese einfache Technik an. Dies ist die praktische Herrlichkeit der indischen Philosophie. Alle früheren Behauptungen der indischen Philosophie besagen, daß all dies Seligkeit ist und daß ich DAS bin. Hier ist eine Technik, es zu erfahren, eine Technik, selig zu sein. Dies erfüllt den Zweck der Religion. Dies erfüllt die Gebote aller großen Meister der Religion.

Christus sagt: ,,Trachte zuerst nach dem Königreich Gottes, und alles andere wird dir hinzugefügt." Dies ist das Königreich Gottes, das Königreich des Himmels. Trachte allein nach dem Königreich des Himmels, und dann wird dir alles andere hinzugefügt, weil der Geist so machtvoll wird. Seligkeit, erfüllte Gedankenkraft wird so groß. Auf welche Weise wird die Gedankenkraft groß? Wenn der Geist großes Glück erfährt, ist er zufrieden. Wenn er zufrieden ist, plagt er sich nicht mehr mit so vielen Dingen ab. Wenn er sich nicht mehr so viel abplagt, wird Energie gespart. Ansonsten, wenn der Geist unerfüllt ist, nicht erfüllt, wird Energie verschwendet. Wenn wir zehntausend Gedanken denken und dann nur noch zehn Gedanken — dann hat jeder Gedanke die Kapazität von tausend Gedanken — plus ihre Stärke. Auf diese Weise nimmt die Macht, die Gedankenkraft zu, das Glück wird größer. Und dies ist die Erfüllung des Lebens. Dies ist der Zustand von Nirvana in der Sprache von Buddha. Dies ist der Zustand des Königreichs des Himmels nach Christus. Das ist Jivan Mukti, Kosmisches Bewußtsein, jene große Stille der Transzendenz, die im Leben gelebt werden soll, auch dann, wenn wir mit der Aktivität der Vielfalt beschäftigt sind. Das ist Nirvana, das ist Jivan Mukti, das ist das Königreich des Himmels; das ist das Ziel aller Religionen, und das erfüllt den Zweck jeglicher Erziehung.

Erziehung bedeutet die Entfaltung der inneren Fähigkeiten, der inneren Anlagen des Menschen. Und bevor der Geist sich nicht nach innen wendet, bevor die Aufmerksamkeit nicht nach innen gerichtet wird, wird die Erziehung immer unvollständig bleiben. Dies ist die Erfüllung aller Studienzweige, aller Zweige der Wissenschaft, der wissenschaftlichen Erforschung der Wahrheit; und dies ist die wissenschaftliche Wahrheit von allem, was in der Welt existiert. Dies ist die Erfüllung der Philosophie, dies ist das Ziel aller Religionen. Mit einem Schlag, mit der Transzendentalen Meditation, ist die Erfüllung des Lebens erreicht.

Ich denke, meine Zeit ist nun um, und ich habe euch in Kürze die Zusammenfassung des ganzen Lebens gegeben, seines Sinns und des Weges, ihn zu erreichen.

Nun möchte ich gern eure Fragen beantworten.

FRAGEN UND ANTWORTEN

F. Gibt es bestimmte Dinge, die aufgegeben werden müssen?
A. Was sollte man aufgeben müssen, um sich an der großen Herrlichkeit, die hinter den Dingen liegt, zu erfreuen? Was sollte man da aufgeben müssen? Wir wollen einfach nach innen gehen und wieder herauskommen. Nichts muß aufgegeben werden. Ihr wißt, wenn ein Mann in einer kleinen Hütte lebt und in einen Palast hinüberwechselt, sehen wir die Aufgabe der Hütte nicht als Verlust an, da er einen Palast dafür bekommt. Es ist kein Verlust. Ein Mann, der ein Geschäft betreibt, zehntausend Dollar im Jahr verdient und später eine Million Dollar im Jahr verdient — was hat er verloren? Es ist nicht der Verlust von zehntausend Dollar, es ist ein zusätzlicher Gewinn von einer Million Dollar — wir sehen es also nicht als einen Verlust an. Wir setzen uns einfach eine Zeitlang hin, erfreuen uns und kommen dann wieder heraus. Die Theorie der Entsagung und die Theorie der Loslösung sind nicht für die Menschen in der Welt geschaffen. Wenn die Seligkeit allgegenwärtig ist, wenn das Königreich des Himmels direkt in mir liegt, dann sollte das, was in mir liegt, ganz natürlich gelebt werden, auch wenn sich die Augen an diesem und jenem erfreuen. Das, was in mir ist, sollte ganz natürlich gelebt werden, selbst dann, wenn die Augen damit beschäftigt sind, sich an den äußeren Herrlichkeiten zu erfreuen. Jene, die sagen ‚laß dieses, und dann wirst du jenes erreichen', und ‚laß die Freuden der Welt, damit du die Freude der Seele erlangst' und all das, sie sagen damit: „Bevor du dieses Licht nicht ausmachst, wie kannst du da den hellen Sonnenschein im Zimmer haben?". Das ist eine schlechte Logik. Schalte das Licht aus. . . . wie kannst du das helle Sonnenlicht haben, solange das Licht an ist. Ich sage dir, bleibe in diesem Licht, öffne mit Hilfe dieses Lichtes die Tür, und das helle Sonnenlicht kommt herein. Dem Sonnenlicht zu erlauben, hereinzukommen, bedeutet nichts anderes, als die Tür zu öffnen,

und es ist nicht nötig, das Licht auszuschalten.

Jene, die behaupten, man müsse diesem und jenem entsagen, sie meinen offenbar, daß die Herrlichkeit dieser Dinge sehr groß ist. Und sie fragen sich, wie der Geist zu einem Bereich geringerer Herrlichkeit gehen könne, bevor diese größere Herrlichkeit nicht aufgegeben sei. Sie setzen also voraus, daß die Welt herrlicher als die Herrlichkeit Gottes ist. Man verliert also die größere Herrlichkeit, und nur dann, in Abwesenheit der größeren Herrlichkeit der Welt, wird die geringere Herrlichkeit Gottes akzeptiert. Die Theorie der Loslösung basiert allein auf der Meinung, daß die Welt herrlich und faszinierend ist und den Geist gefangen nimmt. Und wie kann man sich am Göttlichen erfreuen, bevor man nicht die Türen der Welt schließt. Aber das ist eine schlechte Logik. Der Bereich des Göttlichen ist wie das helle Sonnenlicht dort draußen. Der Bereich der Welt ist wie das kleine, elektrische Licht im Zimmer. Obwohl es zu genügen scheint, ist man mit diesem Licht nur solange zufrieden, wie die Türen nicht geöffnet sind. Wir bleiben also in der Welt, erfreuen uns an all den Herrlichkeiten des inneren Lebens und lassen einfach die innere Tür geöffnet, um der Erfahrung willen, um für einige Augenblicke DAS betreten zu können. Und das ist es.

Es braucht lange Zeit, die Dinge der äußeren Welt zu erreichen. Du gehst ins Büro. Du gehst hin und kommst zurück, gehst hin und kommst zurück, und dann verdienst du etwas. So braucht alles, was weiter von dir entfernt ist, größere Kraft und mehr Zeit. Zu dem, was im Innern liegt, brauchen wir nur hinzugehen und uns einige Minuten daran erfreuen. Wenn wir dorthin gegangen sind, gibt es zwei weitere Dinge: Einmal — nichts in der Welt muß verloren gehen, und keinerlei Loslösung ist nötig — das ist die eine Sache. Die andere, die von größerer Bedeutung ist, ist die, daß die Helligkeit der Welt durch das Licht des inneren Selbstes gesteigert wird. Nicht, daß die materiellen und spirituellen Werte Hand in Hand gehen würden, aber durch

die Erfahrung des inneren Lichtes werden die äußeren Herrlichkeiten mit noch mehr Glanz erfüllt.
Das ist der Wert spiritueller Entwicklung. Du erfährst ihn direkt und kannst dich anschließend besser an der Welt erfreuen. Hier ist ein Mittel, sich besser an der Welt zu erfreuen und die Freuden der Welt nicht aufzugeben.

F. Was ist das ‚Gewahrsein des Bewußtseins des Selbstes‘?
A. Gewahrsein des Bewußtseins des Selbstes, Selbst-Gewahrsein, ist ein Zustand des Seins, und dieser Zustand des Seins ist der Zustand, von dem uns nichts anderes ablenken kann. Zum Beispiel: Ein Student hat erfahren, daß er seine Prüfung bestanden hat, und die Freude darüber erfüllt seine ganze Natur, und natürlich ist er glücklich. Er ist glücklich, wenn er mit anderen spricht, wenn er hierhin und dorthin geht, selbst, wenn er gar nicht daran denkt, daß er bestanden hat. Obwohl er intellektuell den Gedanken, daß er bestanden hat, nicht festhält, erfreut er sich doch an dem Resultat. Selbst wenn also kein intellektueller Gedanke an das Selbst-Gewahrsein vorhanden ist, wird der Zustand des Seins aufrechterhalten. Und man lebt ihn in allen Erfahrungen des Lebens.
Kosmisches Bewußtsein ist der Zustand, in dem jene ewige Stille inmitten all der Aktivität gelebt wird. Keine Aktivität ist in der Lage, etwas davon fortzunehmen, kein Zurücknehmen der Aktivität kann ihm etwas hinzufügen. Der Zustand des Seins ist absolut in seiner Natur und nicht von irgendwelchen äußeren Erfahrungen abhängig. Darum ist nichts in der äußeren Welt in der Lage, etwas davon fortzunehmen oder etwas hinzuzufügen. Und das ist das Resultat weniger Minuten Meditation. Tauche in die tieferen Ebenen des Bewußtseins ein und komme wieder heraus, gehe hinein und komme heraus. Je länger wir das praktizieren und mit dem Göttlichen mehr und mehr in Kontakt treten, umso mehr Frieden, Glück und Energie können wir nach außen tragen, und schließlich werden wir hundert Prozent davon

nach außen tragen. Innen und außen machen keinen Unterschied mehr. Während wir voll im Bereich der Aktivität bleiben, wird jener Friede im Leben gelebt. Dieser Zustand des Selbst-Gewahrseins ist also kein Zustand, dem es völlig an Energie, Aktivität und Erfahrung mangelt. Durch alle Erfahrungen hindurch wird er gelebt.

F. Ich muß da an etwas denken, das du mir bei einem Gespräch gesagt hast. Uns interessiert, weshalb du meinst, daß man dadurch mit den relativen Problemen viel besser umgehen kann, zum Beispiel mit ökonomischen Problemen. Sie werden dadurch nicht beseitigt, aber man kann ihnen viel besser begegnen.

A. Ja. Ein unsteter Geist kann keinen Frieden finden. Und du wirst sehen, daß das Geldverdienen mit einem erfüllten Geist viel besser geht. Ein spiritueller Geist hat größere Energie zur Verfügung. Wenn der Geist eines Menschen unzufrieden und bekümmert ist, ohne Energie, dann fängt der Mensch an, alles zu essen. Und wenn er alles ißt, kann er krank werden. Das Essen mag also überhaupt keinen Wert besitzen. Mit mehr Energie, mit einem klaren, zufriedenen Geist, würde er nicht einfach alles essen, er würde etwas Gutes essen.

F. Was genau ist der Zustand des Geistes während der Transzendentalen Meditation?

A. Es ist schwer, das zu beschreiben, aber ich will euch eine Analogie geben. Ein guter Freund von dir, den du seit zehn Jahren kennst, lebt in New York, und du möchtest ihn sehr gerne sehen. Wenn er plötzlich kommt, um dich zu besuchen — wie sehr freust du dich da, und dein ganzes Herz ist mit Freude erfüllt. Dieses gehobene Gefühl eine Million Mal gesteigert ist damit vergleichbar. Denn das eine ist eine Sache von relativem Rang, und das andere ist eine Sache des Absoluten, sie füllt den Geist völlig aus, so daß die Wirkung den ganzen Tag anhält, viele Tage anhält, ein ganzes Leben lang anhält. Genau so.

F. Ich wollte fragen, was genau macht der Geist?
A. Der Geist macht eine Erfahrung. Das bedeutet, er erfährt zum Beispiel das Wort Blume...Blume...Blume...Blume...Blume...Blume. Was macht der Geist dabei? Er erfährt verschiedene Stärken des Klanges. Hier erfährt der Geist verschiedene Stadien eines Gedankens, feinere Stadien eines Gedankens.

In der Transzendentalen Meditation sagen wir nicht ‚Ich gehe zur Seligkeit, ich gehe zur Seligkeit, ich gehe zur Seligkeit'; all das ist oberflächlich, Hypnose, Selbst-Hypnose. ‚Ich gehe zur Seligkeit, ich gehe zur Seligkeit', und dann beginnt man, Seligkeit zu erfahren. Das ist ein aufgesetzter Gedanke von Seligkeit. Das ist Selbst-Hypnose. Selbst-Hypnose ist etwas, das die emotionalen Gefühle anregt und die intellektuellen Aspekte vollständig abblockt. Obwohl wir also sagen könnten: ‚Ich bin ein König, ich bin ein König, ich bin ein König', weiß der Intellekt in Wahrheit doch, daß ich kein König bin. Aber der Intellekt ist blockiert, es wird ihm nicht erlaubt, in Funktion zu treten. Und die Emotionen werden so stark angeregt, daß man beginnt, das Königtum zu fühlen. Dies ist die Idee, eine manipulierte Vorstellung vom Königtum, nicht der wirkliche Status eines Königs.

Hypnose blockt die intellektuellen Aspekte des Geistes ab und regt die Emotionen an. Du befindest dich nicht in einem bestimmten Zustand, aber du hast das Gefühl, in diesem Zustand zu sein. Die Praxis der Hypnose ist ein großer Verlust für die Leistungsfähigkeit des Menschen, denn sie blockiert den intellektuellen Aspekt. Du beginnst, etwas zu fühlen. Du schläfst nicht wirklich, aber du beginnst das Gefühl zu haben, schläfrig zu sein. Du schläfst nicht, aber du hast das Gefühl, ‚Ich schlafe'. Das ist der Grund, warum du am Morgen nicht so frisch aufwachst, wie du aufwachen könntest. Wirklicher Schlaf bedeutet eine vollständige Erfrischung. Geistige Worte bringen dir die Idee des Schlafens, aber es bedeutet, nicht so erfrischend zu schlafen.

Der Friede, den du fühlst, nachdem du aufgestanden bist, ist nur ein oberflächlicher Friede, der nach ein oder zwei Stunden verschwunden ist.

Die Praxis der Transzendentalen Meditation entwickelt alle Fähigkeiten des Intellekts gleichzeitig mit allen Fähigkeiten der Emotion. Die Emotionen werden zur Vollkommenheit geführt, der Intellekt wird zur Vollkommenheit geführt — der ganze Mensch wird integriert.

F. Benutzt du Blumen in deinem System der Transzendentalen Meditation?
A. Nein, Blumen sind etwas, das man betrachtet. Ein Goldschmied betrachtet ein Musterstück, einen Entwurf und schätzt gleichzeitig den Wert des Goldes. Während er den Entwurf betrachtet, ist sein Blick geschärft, den Wert des Goldes zu schätzen, . . dies sind 16 Karat, 14 Karat. Nicht, daß er die Form nicht mehr sieht, während er das Gold auf 16 oder 14 Karat schätzt. Es ist die Form, die ihm die Möglichkeit gibt, den Wert zu schätzen. Es ist das Design, die Form, die ihm bei seiner Schätzung hilft.

So können wir uns an der Herrlichkeit des Unmanifesten, Absoluten, Abstrakten durch den Anblick der manifesten Objektivität erfreuen. Dies ist der Nutzen der Objektivität, dies ist der Wert der Dualität. Der Bereich der Dualität ermöglicht es uns, die Einheit inmitten des Lebens zu erfahren. Du wirst sonst oft hören: Dies ist die Dualität — und sie bedeutet Leid.

Ich sage dagegen, wenn wir einmal mit der Einheit des Lebens in Kontakt getreten sind, ist es das Feld der Dualität, das es uns ermöglicht, jene Einheit in allen Erfahrungen des Lebens zu leben. Dies ist die Herrlichkeit. Und dies ist die große Shankara-Philosophie. Normalerweise spreche ich in der Öffentlichkeit nicht in Begriffen der Shankara-Philosophie, da sie eher in Begriffen von Entsagung und Loslösung interpretiert worden ist. Dies ist Vedanta, welcher über die Universalität der Seligkeit in all den Verschiedenheiten der Natur spricht, in all den verschiedenen Erfahrungen. Dies ist wirklicher Vedanta; und dies ist der Zweck des Yoga. Der Zweck des Yoga ist es, den Geist um einhundertachtzig Grad nach innen zu wenden, und dann kann der Geist die Seligkeit erfahren. Und der Zweck des Vedanta ist es, dir intellektuell zu sagen, daß du jene Seligkeit im transzendentalen Zustand erlebt hast; und wenn du herauskommst, nimmst du etwas von jener Seligkeit mit heraus, etwas von jener Stille, bis du diese Stille lebst. Diese Information wird vom Vedanta gegeben. Dies ist also Yoga. Der eine Weg der Meditation ist Vedanta, der es der Selbst-Bewußtheit erlaubt, sich zum Kosmischen Bewußtsein zu entwickeln. Der nach innen gerichtete Gang des Geistes geht zur Selbst-Bewußtheit hin, das ist der Zweck des Yoga, und der nach außen gerichtete Weg des Geistes vom Göttlichen in die Welt ist der Weg des Vedanta — Kosmisches Bewußtsein, das von der Basis der Selbst-Bewußtheit aus erlangt wird. Von der Selbst-Bewußtheit zum Kosmischen Bewußtsein reicht das Feld des Vedanta. Vom objektiven Bewußtsein zur Selbst-Bewußtheit reicht das Feld des Yoga. Beide werden durch Transzendentale Meditation gleichzeitig verwirklicht.

Dies ist die Botschaft der Geistigen Erneuerungsbewegung, und deshalb gründe ich überall Zentren der Transzendentalen Meditation. Dies ist der Weg, das Leben zu integrieren, sich am Leben in all seinen verschiedenen Aspekten zu erfreuen, sich am Leben in seiner vollen Herrlichkeit zu erfreuen und alles durch Transzendentale Meditation.

JAI GURU DEV

ANHANG D

WICHTIGSTE ERFOLGE,*
DIE DAS WACHSTUM DER TM-BEWEGUNG
IN DER GANZEN WELT VERDEUTLICHEN

	1956	Maharishi bereist Südindien und gründet die ersten Center für geistige Entwicklung;
Dezember	1957	Maharishi weiht die geistige Erneuerungsbewegung in Madras, Indien, ein;
Januar	1958	Maharishi beginnt seine Welttourneen;
Juli	1959	Erste Internationale Konferenz über Transzendentale Meditation, Sequoia National Park, U.S.A.;
	1961	Erster Ausbildungskurs für Lehrer der Transzendentalen Meditation, Indien;
	1965	Bau der ersten Akademie für Transzendentale Meditation, Bremen, Westdeutschland;
Februar	1970	Erster Kurs in der Wissenschaft der Kreativen Intelligenz an der Stanford University, Kalifornien, U.S.A.;
März	1970	Erste wissenschaftliche Veröffentlichung über Transzendentale Meditation in dem Magazin ‚Science‘;
September	1971	Gründung der Maharishi International University, U.S.A.;
Januar	1972	Einweihung des Welt-Plans, Mallorca;
Dezember	1974	Die Entdeckung, daß ein Prozent der Bevölkerung einer Stadt, die die Technik der Transzendentalen Meditation ausübt, die

* Aus dem Buch „Enlightenment and Invincibility‘, herausgegeben von der MERU-Press, 1978

		Qualität des Lebens in der Stadt verbessert, ein Phänomen, das als der Maharishi-Effekt bekannt ist;
Januar	1975	Einweihung der Morgendämmerung des Zeitalters der Erleuchtung, Schweiz;
Januar	1976	Gründung der Weltregierung des Zeitalters der Erleuchtung, Schweiz;
Januar	1977	Einweihung des weltweiten Unternehmens zur Verwirklichung einer idealen Gesellschaft in jeder Nation, Schweiz;
Januar	1978	Einweihung des weltweiten Unternehmens, jeder Nation Unbesiegbarkeit zu bringen, Schweiz;
Juni	1978	Maharishi weiht die Kampagne der Weltregierung ein, Modelle einer idealen Gesellschaft in 108 Ländern zu schaffen;
November	1978	Maharishi und die Weltregierung strukturieren ‚Weltfrieden in einer Woche', durch die Entsendung fliegender Gouverneure des Zeitalters der Erleuchtung in die fünf größten Krisengebiete der Welt.